Unter *www.heyne-hardcore.de* finden Sie das komplette
Hardcore-Programm, den monatlichen Newsletter sowie
alles rund um das Hardcore-Universum.

Weitere News unter *www.heyne.hardcore.de/facebook*

Penguin Random House Verlagsgruppe FSC® N001967

Tim Jürgens & Philipp Köster

LIEBER HERR BUNDESTRAINER!

Briefe, die die Fußballwelt bewegten

Wilhelm Heyne Verlag, München

Bernd Schuster kann sich heute gar nicht mehr genau erinnern, in welcher Gefühlslage er sich 1981 in seiner neuen Heimat Barcelona an die Schreibmaschine setzte und an den DFB-Präsidenten schrieb. „Sehr geehrter Herr Neuberger", begann er, entschuldigte sich wortreich und untertänigst für sein Nichterscheinen beim WM-Qualifikationsspiel der Nationalelf im bulgarischen Sofia und schloss den Brief mit der dringlichen Bitte, ihm diesen Fehler nachzusehen, „da mir nichts mehr am Herzen liegt, als für Deutschland, Sie und Herrn Derwall wieder Fußball zu spielen!"

Schusters per Post übersandte Bitte ist einer von rund 80 Briefen, Telegrammen, Tagebucheinträgen und Notizen, die in diesem Buch auf faszinierende Weise die Geschichte des Fußballs erzählen. Es sind Zeugnisse unterschiedlicher Dekaden, die an Ereignisse erinnern, die ganze Fußballnationen bewegten und erschütterten, bisweilen aber auch zum Schmunzeln brachten. Und was für Geschichten die Briefe erzählen: Bobby Moore wurde als Dieb verhaftet, Gregorio Canellas löste den Bundesliga-Skandal aus, die Europameisterinnen von 1989 bekamen ein Kaffeeservice von Villeroy & Boch als Prämie. Zugleich künden die Schriftstücke aber auch vom rasanten Aufstieg eines etwas schnauzbärtigen Volkssports zu einem weltumspannenden und milliardenschweren Zweig der Entertainmentindustrie. Wer etwa den Brief des späteren Bundestrainers Helmut Schön an den Adidas-Boss Adi Dassler liest, in dem der Dresdner im Jahre 1950 fast unterwürfig um eine Nebenbeschäftigung bittet, gleicht dieses Stellengesuch ganz automatisch mit den horrenden Gehältern ab, die den Profis heute monatlich überwiesen werden. Und wer liest, wie der Deutsche Fußballbund 1989 den Antrag des Präsidenten des FC Homburg, Manfred Ommer, zurückweist, der die Mannschaft mit Werbung der Kondomfirma „London" auflaufen lassen wollte, ahnt, welch biedere Moral früher durch die Funktionärsstuben wehte.

Klarer Fall: Es muss auf der Hut sein, wer schriftliche Zeugnisse interpretiert. Die historische Patina eines Briefes oder einer Notiz verleiht jedem Schriftstück auf den ersten Blick eine besondere Wahrhaftigkeit. Doch natürlich erzählen die Dokumente stets von der sehr subjektiven Perspektive des Verfassers. So erweckt NS-Propagandaminister Joseph Goebbels den Eindruck, Adolf Hitler habe sich beim olympischen Fußballturnier gut amüsiert, in Wirklichkeit verließ der Diktator das Stadion schon vor dem Abpfiff, zutiefst verärgert über die deutsche Niederlage gegen Norwegen.

Und es wirkt fast verwegen, ausgerechnet mit dem statischsten aller Medien, dem Brief, eine so rasante Sportart wie Fußball nacherzählen zu wollen. Gerade deshalb finden sich in diesem Buch viele Korrespondenzen, die von der Dynamik und dem Wachstum dieser Sportart zeugen, die um die Wende zum 20. Jahrhundert herum ihren Siegeszug antrat. Es ist heute kaum noch vorstellbar, wie neu, aufregend und revolutionär der Fußball in die deutsche Turner-Biederkeit einbrach. Ein rohes Kampfspiel, das so viel temporeicher und attraktiver für die Zuschauer war als die Übungen an Reck und Barren. Einige Briefe aus der Frühzeit des Fußballs erzählen von diesem Boom, von dem auch die Funktionäre profitieren, die den Sport zugleich aber durch immer neue Regularien berechenbarer machen wollen. Spätere Briefwechsel sind dann bereits erkennbar Teil eines großen Unterhaltungsbetriebs, in dem viele Menschen ihr finanzielles Auskommen suchen. Aus dem Sport als fröhlichem Wettstreit ist längst ein erbitterter Konkurrenzkampf geworden, bei dem oft mit harten Bandagen gekämpft wird.

Heute ist der Brief als Kommunikationsmittel aus der Mode gekommen. Zwar werden Verträge immer noch publikumswirksam ausgedruckt und signiert, ansonsten aber schicken nur noch wenige, vorwiegend ältere Funktionäre längere Schriftwechsel hin und her. Die jüngere Generation spricht und schreibt digital, Trainingspläne, Reiseinformationen und persönliche Nachrichten werden in Chatgruppen und über Messengerdienste ausgetauscht. Die Verständigung ist schneller und flüchtiger geworden, was dazu führt, dass sich große Fußballmomente nur noch selten in einem Schreiben verdichten.

Genau so war es nämlich über Jahrzehnte hinweg. Exemplarisch für diese Symbolkraft steht ein Geschenk, das Geschichte geschrieben hat. Überreicht wurde es von der Spitze des Deutschen Fußballbundes an die frisch gekürten

Europameisterinnen von 1989. Statt einer üppigen finanziellen Prämie bekamen die Spielerinnen zwei Geschirrgarnituren geschenkt. „Das Kaffeeservice wird 23-teilig sein, das Tafelservice 18-teilig", betont DFB-Chef Hermann Neuberger nicht ohne onkeligen Schenkerstolz in seinem Informationsschreiben an die Nationalelf. Und wer diesen Brief heute liest, bekommt eine Ahnung davon, gegen welche Widerstände Fußballerinnen ankämpfen mussten, um in ihrem Streben nach Professionalisierung und Gleichberechtigung voranzukommen.

Wer eine Sammlung von Briefen zur Fußballgeschichte herausgibt, ist sich natürlich der Lücken bewusst. Das Begleitschreiben von Dr. Käferstein zur Haarprobe von Christoph Daum oder die Quittung von FIFA-Offiziellen für den Erhalt diskreter Zuwendungen würdigen wir dann im Nachfolgeband. Nun wünschen wir aber eine vergnügliche und lehrreiche Lektüre dieses Buches, dessen Titel von der einstigen Vertrautheit zwischen Nationalspielern und Bundestrainer kündet. Und dessen Vorwort mit der gebräuchlichsten aller Formeln unserer Briefeschreiber schließen soll.

„Mit sportlichem Gruß!"
Philipp Köster & Tim Jürgens

INHALT

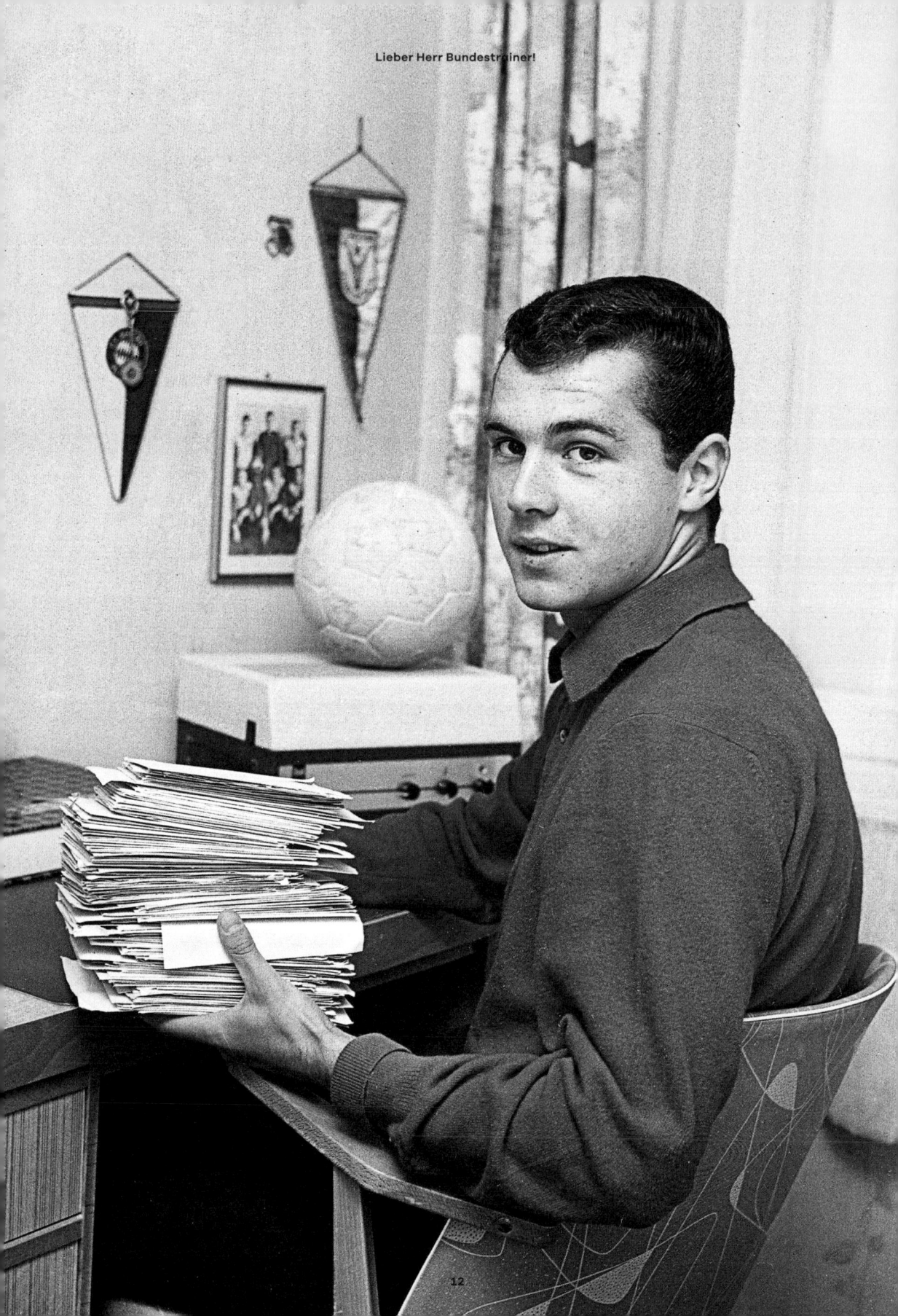

„Am Anfang habe ich versucht, Doppelpass mit dir zu spielen. Und habe mich gewundert, dass du den Ball nie zurückgespielt hast. Du hast ihn dir genommen und bist losgelaufen. Dann habe ich dir den Ball also nur noch zugespielt und habe von hinten staunend zugeschaut, was du gemacht hast."

Franz Beckenbauer über Pelé
— *Bild am Sonntag*, 18. Oktober 2020

Franz Beckenbauer ——— Pelé

FC-Präsident Franz Kremer beklagt sich über den *unstillbaren Durst* des neuen Kölner Stars „Tschik" Cajkovski — 9. August 1955

Zlatko Cajkovski wechselte 1955 von Partizan Belgrad zum 1. FC Köln. Nach dem Trainerexamen an der Kölner Sporthochschule wurde er 1962 als FC-Trainer Meister und holte 1967 mit dem FC Bayern den Europacup.

Als der 31-jährige Zlatko „Tschik" Cajkovski am 17. Juli 1955 am Geißbockheim aufschlägt, glaubt der 1. FC Köln, einen Weltstar verpflichtet zu haben. Der 1,64 Meter kleine Kroate hat 55 Länderspiele für Jugoslawien auf dem Buckel und zwei WM-Turniere gespielt. Mit seiner Ballgewandtheit scheint er perfekt geeignet, um neben Hans Schäfer im Mittelfeld die Strippen zu ziehen und den FC nach dem Gewinn der Westdeutschen Meisterschaft 1954 endgültig zu einem gesamtdeutschen Spitzenteam zu machen. Horrende 10 000 Mark Ablöse haben die Kölner für ihn an Partizan Belgrad gezahlt. Doch die Oberliga-Saison 1955/56 hat noch nicht angefangen, da offenbart Cajkovski bereits nachhaltige Probleme mit der Disziplin. „59 Flaschen Wasser, Apfelsaft, Limonade vom 20.7 bis 5.8.55", notiert FC-Präsident Franz Kremer wütend auf seinem maschinengeschriebenen Vermerk an Buchhalter Heinz Holthoff und die Vorstandskollegen Werner Müller und Julius Laugomer, der detailliert auflistet, was der neue Star in den Wochen nach seiner Ankunft am Tresen des Geißbockheims beim Gastwirtehepaar Trautvetter auf Vereinskosten konsumiert hat. Trainer Hennes Weisweiler sanktioniert Cajkovskis laxe Einstellung, indem er ihn in den ersten fünf Saisonspielen nicht aufstellt. Erst ab Oktober rückt der Kroate in die Stammelf auf und wird bis November 1957 in 57 Pflichtspielen sechs Tore für die Kölner erzielen. Richtig warm wird Weisweiler mit dem phlegmatischen Kugelblitz jedoch nie. Noch Jahre später erinnert sich Cajkovski an die ständigen Befehle des Coachs: „Er brüllte mich auf dem Spielfeld immer nur an: ‚Arschloch, decken!'"

1. FC Köln
Notiz des 1. Vorsitzenden an

Herren Holthoff
Laugomer
Müller

KÖLN, 9. 8. 1955

(01)

Betrifft:

Für die Verpflegung des Herrn Cajkovski habe ich lt. untenstehender
Aufstellung von Herrn Trautvetter für die Zeit vom 20. 7. bis 5.8.1955
20 Belege in Gesamthöhe von DM 239,89 erhalten.

Für die Übergangszeit muß unbedingt mit Herrn Trautvetter und Herrn
Cajkovski eine Regelung getroffen werden, was an Speisen und Getränken zu unseren Lasten verausgabt werden darf. Mir fällt auf, daß sich
diese Rechnungen zu einem großen Teil aus Getränken und Eis zusammen-
setzen, was andrerseits beweist, daß Herr Cajkovski viel zu viel
Flüssigkeit zu sich nitt. Ohne kleinlich zu sein, dürfen wir auf keinen Fall gestatten, daß wir hier willkürlich belastet werden und wenn
man einzelne Tage nimmt, muß man doch sagen, daß die Ausgaben unver-
hältnismäßig hoch sind. Ganz abgesehen davon ist es nicht möglich, die
Belege in dieser Form zu verbuchen, sie müßten ohnehin in eine Rechnung für Mannschaftsverpflegung umgewandelt werden. Es entzieht sich
meiner Kenntnis, ob Herr Holthoff außerdem schon Belege auf direktem
Wege von Herrn Trautvetter erhalten hat. Wenn nun noch die Ausgaben
für Hotel, Frühstück und vielleicht auch noch Essen an anderer Stelle
hinzugezogen werden, entsteht ein enormer Betrag.

20.7.1955	DM	13,20
21.7. "	"	6,35
21.7. "	"	13,50
22.7. "	"	6,60
23.7. "	"	13,75
25.7. "	"	13,40
25.7. "	"	17,05
26.7. "	"	22,10
26.7. "	"	5,80
27.7. "	"	13,20
27.7. "	"	13,64
28.7. "	"	8,25
30.7. "	"	13,—
30.7. "	"	13,20
31.7. "	"	10,20
1.8. "	"	8,80
2.8. "	"	8,80
3.8. "	"	14,85
4.8. "	"	12,10
5.8. "	"	12,10
	DM	239,89

*(59 Flaschen Wasser,
Apfelsaft, Limonade
vom 20.7. bis 5.8.55)*

gez. Franz Kremer

Franz Kremer ——— Vorstandskollegen

02

ENDLICH IN MEXIKO ANGEKOMMEN, STOP,
GUTE GESUNDHEIT, STOP, DANKE, DASS IHR TINA
GEHOLFEN HABT, STOP, SCHÄTZE DAS SEHR,
GOTTES SEGEN, BOBBY

Bobby Moore kommt aus kolumbianischem Arrest frei und *schreibt erleichtert ein Telegramm* — Juni 1970

Bobby Moore (1941–1993), Kapitän von West Ham United und der englischen Weltmeister von 1966. Er war einer der besten Abwehrspieler seiner Zeit und ein für seine Fairness berühmter Sportsmann.

Am 30. Mai 1970 kann Bobby Moore erleichtert an das befreundete Ehepaar Keston telegrafieren. „Endlich in Mexiko angekommen!" Nach endlosen vier Tagen Hausarrest in der kolumbianischen Hauptstadt Bogota ist der englische Nationalspieler freigelassen worden und darf seiner Mannschaft nachreisen, die sich darauf vorbereitet, bei der WM in Mexiko ihren 1966 gegen Deutschland errungenen Titel zu verteidigen. Zwölf Tage zuvor hatte Moore in einem Juweliergeschäft auf dem weitläufigen Gelände des Hotel Tequendama nach Geschmeide für die Ehefrau gesucht, als ihn plötzlich die Verkäuferin Clara Padilla beschuldigte, ein 1500 Dollar teures Smaragd-Armband, ohne zu bezahlen, in die Jackentasche gesteckt zu haben. Als sich einige Tage später ein Zeuge meldet, der den Diebstahl zufällig durchs Schaufenster beobachtet haben will, wird Moore bei einem erneuten Zwischenstopp in Bogota verhaftet, zum Entsetzen seiner Mitspieler. Tottenhams Alan Mullery höhnt angesichts der Polizeiposse: „Sie machen wohl Witze? Moore hat so viel Geld, dass er das ganze Hotel kaufen könnte." Ein paar Tage später offenbaren sich die Anschuldigungen als Räuberpistole, orchestriert vom schurkischen Ladenbesitzer, der ein großes Geschäft gewittert hatte. Darauf, dass an der Sache was faul war, hätten die Behörden allerdings schon früher kommen können: Bobby Moores Trainingsjacke hat nämlich gar keine Taschen, in denen er das Armband hätte verschwinden lassen können. Für die Verkäuferin endet die Affäre mit einem abrupten Ortswechsel: Sie flieht in die USA.

Bundestrainer Derwall ist sauer, weil Bernd Schuster unentschuldigt beim Länderspiel fehlt. Der blonde Engel klärt auf: *Alles ein großes Missverständnis!* — 8. Dezember 1980

Bernd Schuster (*1959) gilt als Begnadeter, spielt aber nur 21 Mal für Deutschland. Im Mai 1981 verbannt ihn Bundestrainer Derwall erstmals. Nach der Rückkehr im Herbst 1982 kommt es bald erneut zum Streit.

„Das ist eine Gemeinheit, eine Frechheit, eine Unverschämtheit", schimpft Jupp Derwall am 3. Dezember 1980. Der Bundestrainer sitzt in der Lobby des Hotels Vitosho in Sofia und fühlt sich im Stich gelassen. Hat er Bernd Schuster, dessen Stern bei der EM 1980 in Italien aufgegangen ist, nicht stets in Schutz genommen und ihm nach dem Wechsel von Köln zum FC Barcelona alle Freiheiten eingeräumt? Und jetzt das. Die deutsche Elf ist abfahrbereit zum WM-Qualifikationsspiel gegen Bulgarien – nur der 20-jährige Star ist nicht aufgetaucht. Gerüchte schießen ins Kraut. „Vielleicht ist er mit dem Flugzeug abgestürzt, oder sein Kind ist krank geworden", mutmaßt Keeper Toni Schumacher. *Welt*-Reporter wollen gehört haben, dass Schuster in Barcelona auf dem Trainingsplatz steht. „Dat is 'ne Scheiße!", platzt es aus dem Bundestrainer heraus. Noch nie hat ein deutscher Nationalspieler unentschuldigt bei einem Länderspiel gefehlt. Warum hat Schuster nicht wenigstens angerufen? Schon tags darauf klärt sich der Fall: Der Jungstar teilt mit, er sei an einer Darminfektion erkrankt. Am Wochenende zuvor habe er nur unter Zuhilfenahme von Penicillin gegen Real Madrid spielen können. Er sei davon ausgegangen, dass Barças Geschäftsleitung den DFB über seinen Gesundheitszustand und sein damit verbundenes Fernbleiben gegen Bulgarien unterrichtet. In der Woche nach Erhalt von Schusters Entschuldigungsbrief reist Jupp Derwall deshalb nach Katalonien, um sich mit ihm auszusprechen. Am Ende begnadigt er sein Mittelfeld-Ass: „Der Junge hat eingesehen, dass er selbst hätte anrufen müssen. Er will sich in Zukunft danach richten."

Bernd S C H U S T E R   Palleya - Urb. Fontpineda
                                           Av. ⸺onma⸺y
                                          · Sobrirocca 12 / Casa Tor⸺e,
                                           den 8. Dezember 1980

PERSÖNLICH

An den Präsidenten des
Deutschen Fußballbundes
Herrn Hermann NEUBERGER
Postfach 710405

6000 Frankfurt 71

Copien: Präsidium Derwall Ritteck 12.12.

Sehr geehrter Herr Neuberger,

ich möchte es nicht versäumt wissen, mich durch dieses
Schreiben höflichst für mein Nichterscheinen beim
Qualifikationsspiel der Deutschen Nationalmannschaft
in Sofia zu entschuldigen.

Wie Ihnen aus des Medien hinreichend bekannt sein
wird, wurden die abenteuerlichsten Vermutungen hierüber geäußert.

Ich möchte Ihnen versichern, daß ich Ihrer Einladung
aufgrund meines Gesundheitszustandes nicht Folge leisten
konnte.
Es ist zwar ein unverzeihlicher Fehler meinerseits gewesen, mich nicht bei Ihnen, Herrn Derwall oder beim
D F B persönlich entschuldigt zu haben, aber ich
bitte Sie, diesbezüglich Nachsicht zu üben. Mir war zu
meinem größten Bedauern die Tragweite nicht bewußt.

Da mir nichts mehr am Herzen liegt als wieder für
Deutschland, Sie und Herrn Derwall Fußball zu spielen,
bitte ich nochmals mein Fehlverhalten zu entschuldigen.

Mit freundlichen Grüssen

Bernd Schuster

Bernd Schuster ———— Hermann Neuberger

Schuster schreibt Beckenbauer

In einem Offenen Brief hat der ehemalige Fußball-Nationalspieler Bernd Schuster an DFB-Teamchef Franz Beckenbauer zu den aktuellen Spekulationen um seine Person Stellung bezogen:

„Lieber Franz Beckenbauer, durch die Pressemeldungen der letzten Tage ist wieder einmal der Eindruck in der deutschen Öffentlichkeit entstanden, daß ich dauernd meine Meinung ändern würde. So hieß es einen Tag, ‚Schuster will zurück in die Nationalelf‘, am anderen wieder, er will nicht. Hierzu möchte ich einmal klipp und klar sagen, daß in der Donnerstag-Ausgabe des *Kicker* mir die Schlagzeile ‚Ich will zurück in die Nationalelf‘, in den Mund gelegt wurde, obwohl dieses Zitat im gesamten Interview nicht mehr auftaucht und ich es auch nicht gesagt habe.

Wenn ich mich entschließe, wieder für Deutschland zu spielen, wären Sie der Erste, dem ich dies mitteilen würde. Aber durch solche Methoden, bei denen man mich versucht zu manipulieren, werde ich natürlich erneut verunsichert. Ich weiß, daß sich in Deutschland einige Freunde Gedanken gemacht haben, wie ein Comeback möglich wäre. Mir wurden auch schon Angebote aus der Werbung unterbreitet, wenn ich wieder in der Nationalelf spielen würde. Über all diese Dinge habe ich in den letzten Wochen natürlich viel nachgedacht. Auch über einen Wechsel zurück in die Bundesliga, zumal mich

Barcelona wahrscheinlich nicht mehr aufstellt. Aber daraus sollte niemand folgern: Jetzt hat der Schuster in Spanien Probleme, deshalb erinnert er sich wieder an Deutschland. Eine Rückkehr nach Deutschland kann, aber muß nicht sein. Mich zieht es zwar ins Rheinland, weiß aber auch, daß ein Transfer aus finanziellen Gründen schwierig ist. Deswegen bin ich da weiterhin offen.

Über ein Comeback in der Nationalelf rede ich erst – und zuerst mit Ihnen – wenn ich mir selbst klar bin, daß dies für uns beide die beste Lösung ist, zumal ich derzeit nach meiner Verletzung noch nicht hundertprozentig fit bin. Ich weiß, daß die Zeit im Hinblick auf die Weltmeisterschaft drängt. Aber ich wehre mich dagegen, daß man mich mit unlauteren Dingen in Zugzwang versetzen will und ich hinterher, wenn es nicht klappt, wieder der Sündenbock bin. In der Hoffnung auf Ihr Verständnis, grüßt Sie Ihr Bernd Schuster."

(dpa)

BRIEF AN BECKENBAUER: *Bernd Schuster.* Photo: Rzepka

„*Es waren turbulente Zeiten!*" Teamchef Beckenbauer buhlt vor der WM 1986 um *Schusters Rückkehr.* Doch die beiden finden nicht mehr zusammen — 8. März 1986

Bernd Schuster, erinnern Sie sich noch, wie Sie 1980 den Entschuldigungsbrief an den DFB schrieben?
Ehrlich gesagt: nein. Ich war ein junger Kerl in Spanien, das Leben in Barcelona verlief turbulent, und ich hatte anfangs auch oft Heimweh nach Deutschland. An jedes Details kann ich mich deshalb nicht mehr erinnern.

Nachdem Sie sich mit Jupp Derwall nach Ihrem Fehlen beim Quali-Spiel in Sofia ausgeprochen hatten, suspendierte er Sie im Mai 1981 nach einem Match gegen Brasilien. Was war los?
Noch so ein Missverständnis: Der FC Barcelona wollte mich nicht freigeben, weil wir tags drauf im Pokal gegen Rayo Vallecano spielten. Also flog ich auf eigene Faust zum Länderspiel nach Stuttgart, um wenigstens eine Halbzeit gegen Stars wie Socrates und Zico zu spielen.

Nach dem Match gab Ihr Mitspieler Hansi Müller daheim eine Kellerparty, zu der das DFB-Team geladen war.
Sie können sich vorstellen, dass es ein ziemlicher Stress für mich war, auch weil spanische Journalisten mir auf den Fersen waren. Als der Mannschaftsbus nach Spielende direkt zu Hansi nach Hause fuhr, war ich ziemlich geschockt und sagte an der Wohnungstür zu Toni *(Schumacher)*: „Sei nicht böse, ich kann da nicht mit. Sag dem Trainer, dass ich ins Bett muss." Und bin mit dem Taxi ins Hotel. Aber was dann vorgefallen ist, war der Wahnsinn.

Was meinen Sie damit?
Auf der Feier haben offenbar einige Spieler auf den Trainer eingeredet. Jedenfalls rief Derwall in den frühen Morgenstunden bei mir auf dem Zimmer an. Meine Frau hob den Hörer ab, und er teilte ihr mit, dass ich zum WM-Quali-Spiel gegen Finnland fünf Tage später gar nicht mehr anreisen müsse.

Ein Rausschmiss per Telefon.
Es hat ihn wohl gekränkt, dass ich ihm nicht persönlich sagte, was bei mir anliegt. Dennoch enttäuschte mich die Reaktion. Ich hatte mich doch in den Dienst der Mannschaft gestellt. Warum hat er mir nicht den Rücken gestärkt?

Wegen des Eklats in Stuttgart verpassten Sie die WM in Spanien, kehrten im Herbst 1982 aber noch mal für sieben Spiele zur Nationalelf zurück.
Doch das Verhältnis hatte sich verändert. Im Herbst 1983 gab es dann wieder Ärger, als ich ein Länderspiel in Albanien absagte, weil mein Sohn auf die Welt kam. Heute ist es völlig normal, aber damals fehlte den DFB-Leuten jegliches Verständnis. Ich glaube, mein Pech war, dass ich zu früh dran war. In der Ära Beckenbauer wäre ich besser zurechtgekommen.

Franz Beckenbauer wurde nach 1984 DFB-Teamchef. Warum konnte er Sie nicht mehr zur Rückkehr überreden?
Ich merkte, dass der Zug abgefahren ist. Einerseits, weil ich das Gefühl hatte, bei einigen in der Mannschaft nicht mehr willkommen zu sein. Andererseits, weil mir bewusst war, dass der Druck enorm gewesen wäre, wenn ich nicht sofort Leistung gebracht hätte. Das wollte ich mir in dem Moment nicht geben.

So profan ist die Erklärung?
Am Ende war es meine Sturheit, aber ich hatte nicht das Gefühl, dass ich in dieses funktionierende Team vor der WM 1986 reinpasse. Glauben Sie mir, es war eine schwere Entscheidung, aber ich empfand die Situation als Belastung.

Italia Walter —— Fritz Walter

K'lautern, den 10. 6. 54

J.W.   Geliebtes Goldschätzchen!

Als erste möchte ich dich, zwar nur
Brieflich, in der Schweiz auf's allerherzlichste begrüssen und dir eine recht angenehme Aufenthalt wünschen. Für dich u.
die Spieler u Herrn Herberger soll, so wünsche
ich es Euch von ganzen Herzen, diese Aufenthalt Erfolgreich sein. Ich bin fest davon
überzeugt dass Ihr alle mit gute Wille und
etwas Konzentration und vor allen Dingen
Ehrgeiz der ganzen Welt zeigen werdet dass
Deutschland nicht zu den Punkte Liefe-
ranten gehört, sondern zu den Punkte-
Sammler.

Mein Liebes Schnucgeschen! Für dich
sollen diese Spiele in der Schweiz die Krone

Am Tag seiner Abreise zur WM 1954 nach Spiez schreibt Italia Walter *einen Liebesbrief* an ihren Ehemann Fritz — 10. Juni 1954

Am Abend des 10. Juni 1954 schreibt Italia Walter im Schlafzimmer ihres Hauses in der Beethovenstraße 44 in Kaiserslautern ihrem Mann Fritz einen Brief. Es ist der Tag, an dem die deutsche Nationalelf zur WM 1954 abgereist ist und ihr Quartier am Thuner See bezieht: das Hotel Belvedere in Spiez. Fritz und Italia sind seit 1948 verheiratet. Unter der Regie des Ausnahmespielers ist der FCK 1951 und 1953 deutscher Meister geworden. Die WM in der Schweiz soll der Höhepunkt seiner Karriere werden. Doch die lebenslustige Italienerin weiß, dass ihren Gatten privat Selbstzweifel plagen und er viel Zuspruch braucht, wenn er dem Turnier seinen Stempel aufdrücken will. In dem Brief, der seinen Empfänger drei Tage später in Spiez erreichen wird, gesteht sie ihrem Fritz ihre tief empfundene Liebe und spornt ihn gleichzeitig an. In feiner Handschrift und bemerkenswert gutem Deutsch liefert das Schreiben einen authentischen Einblick in die Beziehung, die stets von einem zärtlichen Umgang und großem gegenseitigem Respekt geprägt sein wird. Italia ist überzeugt vom untadeligen Wesen ihres Mannes, und sie beweist fast seherische Kräfte, indem sie voraussagt, dass die DFB-Elf sich bei der WM als „Punkte-Sammler" und nicht „Punkte-Lieferant" entpuppen wird. Eine Woche nach der Niederschrift werden ihr „Schnuggeschen" und seine Mitspieler ins Turnier starten. Fritz Walter wird die Mannschaft in allen sechs WM-Spielen als Kapitän anführen, sich im Turnierverlauf von Spiel zu Spiel steigern und als Weltmeister nach Deutschland zurückkehren. Italias Liebesbrief hat daran einen nicht zu vernachlässigenden Anteil.

Italia Walter ———— Fritz Walter

Geliebtes Goldschätzchen!

Als erste möchte ich Dich, zwar nur Brieflich, in der Schweiz aufs allerherzlichste begrüssen und Dir eine
recht angenehme Aufenthalt wünschen. Für Dich u. die Spieler und Herrn Herberger soll, so wünsche
ich es Euch von ganzem Herzen, diese Aufenthalt erfolgreich sein. Ich bin fest davon überzeugt, dass Ihr alle
mit gute Wille und etwas Konzentration und vor allen Dingen Ehrgeiz der ganzen Welt zeigen werdet,
dass Deutschland nicht zu den Punkte-Lieferanten gehört, sondern zu den Punkte-Sammler.

Mein Liebes Schnuggeschen! Für Dich sollen diese Spiele in der Schweiz die Krone eine langjährige volle
Hingabe sein. Als Abschluss sollst Du die Spiele Deines Leben zeigen, dass ich auch weiss warum ich
Dich so oft und so lange habe hergeben müssen. Vor allen Dingen soll man Dich in gute Erinnerung behalten
und man soll, und es muss so sein, solange Fußball gespielt wird an Dich denken, vor allen Dingen
an Deine anständiges Benehmen u. Deinen sauberen Karakter, vor allem Deine Treue. Ich wünsche Dir mit
der ganzen Kraft meiner Liebe alles Gute und glaube fest dass unser Herr Gott uns beistehen wird.

Liebling für Heute will ich schließen den es brummt mir der Kopf wie eine Motor, ich hoffe dass Du Dich
wenigstens für diese Paar Zeilen gefreut hast, sobald ich kann verspreche ich Dir mehr zu schreiben.
Hoffentlich kannst Du meine schlechte Schrift lesen, im Bett geht es nicht so gut, aber der Wille war da.
Und nun viele herzl. Grüße an H. Herberger, die ganze Kameraden und deine Stubenkamerad …
Ein schönes Spiel mein heißgeliebter böser Bub sei herzlich gegrüsst und 1000 und noch mehrmals heiss geküsst,

Deine Italia

Eintracht Frankfurt spielt in der Saison 1991/92 *Fussball wie von einem anderen Stern.* Reiner Schäfer träumt schon vorzeitig von der Meisterschaft — 12. Mai 1992

Wer genau hinschaut, ahnt bereits, dass Unheil droht. Am 12. Mai 1992, drei Tage nach dem vorletzten Spieltag 1991/92, versendet Eintracht-Geschäftsführer Reiner Schäfer die Einladung zur Saisonabschlussfeier im Frankfurter Sheraton-Hotel. Etwa 700 Gäste aus Politik, Kultur und Sport sollen dabei sein, wenn der Klub seine erste Bundesliga-Meisterschaft feiert. Ein kleiner Flüchtigkeitsfehler hat sich eingeschlichen: Schäfer lädt zu „Samstag, den 16. Mai 1991" ein – ein Datum, das es so nicht gibt. Offenbar neigt er nicht zum Aberglauben, schon in der ersten Zeile erwähnt er, auf was sich die Besucher freuen können. Weiß er nicht, dass ein Spiel erst gewonnen ist, wenn der Schiri abpfeift? Das Team von Trainer Dragoslav Stepanovic steht vor dem letzten Match punktgleich mit dem VfB Stuttgart und dem BVB an der Tabellenspitze. Dank des blendenden Torverhältnisses, herausgeschossen von der gut geölten Angriffsmaschine, bestehend aus Tony Yeboah, Uwe Bein und Andreas Möller, reicht Eintracht beim Tabellenvorletzten Hansa Rostock ein einfacher Sieg für den Titel. Doch das Match an der Ostsee geht – auch wegen strittiger Schirientscheidungen – mit 1:2 verloren, und Stuttgart schnappt den Frankfurtern den sicher geglaubten Titel vor der Nase weg. Als das Team am Abend bei der Feier im Hotel aufschlägt, herrscht Stimmung wie auf einer Beerdigung. Nur ein Drittel der geladenen Gäste ist gekommen, die offiziellen Reden dauern acht Minuten, das Büfett landet größtenteils im Müll, und für den „Hanauer Beat Express" interessiert sich niemand. Und Reiner Schäfer? Dankt Ende 1992 als Geschäftsführer ab.

Basketball	Eintracht Frankfurt e.V.
Boxen	Geschäftsstelle:
Eissport	Am Erlenbruch 25
Fußball	Sportplatz am Riederwald
Handball	6000 Frankfurt am Main 60
Hockey	Telefon (069) 42 09 70-0
Leichtathletik	Kartenvorverkauf
Rugby	(069) 42 09 70-70
Tennis	Telefax (069) 42 09 70 43
Tischtennis	Teletex (17) 699 7348 Eintr
Turnen	
Volleyball	

12. Mai 1992

E I N L A D U N G

Sehr geehrte Damen und Herren,

am Samstag, den 16. Mai 1992, geht für EINTRACHT FRANKFURT die
29. Bundesliga-Saison hoffentlich mit dem Gewinn der Deutschen Meisterschaft zu Ende.

Mit einer Saison-Abschlußfeier möchten wir uns bei Ihnen für Ihre Unterstützung bedanken.

Im Namen des Präsidiums lade ich Sie für

Samstag, den 16. Mai 1991, ab 21.30 Uhr,
in das

Sheraton-Hotel, Frankfurt am Main,

Flughafen Terminal Mitte, Congress-Center,

ein. Wir bitten Sie, diese Einladung beim Einlaß vorzuzeigen. Bitte
haben Sie Verständnis dafür, daß diese Einladung nicht übertragbar ist.

Parkplätze stehen ausreichend im Parkhaus des Flughafens zur Verfügung.

Sollten Sie Zimmerwünsche haben, so können Sie diese zum Preis von
250,-- DM für das Einzel-/oder Doppelzimmer über unsere Geschäftsstelle
(Frau Ursula Diehl) buchen.

Wir freuen uns auf Ihr Kommen. Drücken Sie unserer Mannschaft bis dahin die Daumen.

Mit freundlichen Grüßen
EINTRACHT FRANKFURT E.V.

- Geschäftsführung -

Reiner Schäfer

Der Verein kann gemäß § 26 BGB nur durch zwei Präsidiums-
mitglieder gemeinsam wirksam vertreten werden.

Bank für Gemeinwirtschaft	Stadtsparkasse	Postgirokonto
Frankfurt am Main	Frankfurt am Main	Nr. 931 84-604
Nr. 1007 878 200	Nr. 155 333	Frankfurt
BLZ 500 101 11	BLZ 500 501 02	BLZ 500 100 60

Helmut Schön   Berlin,den 27.11.1950
Berlin - Wilmersdorf
Hildegard Strasse 9

Sehr geehrter Herr Dassler !

Hiermit erlaube ich mir,diesmal nicht mit einer Bitte,sondern mit einer
Anfrage an Sie heranzutreten.Wie Ihnen vielleicht bekannt ist,habe ich
im Sommer dieses Jahres meine Heimat Dresden verlassen,weil ein weiterer
Aufenthalt in dieser Zone nicht mehr möglich war.Ich habe bei Hertha BSC
den Trainerposten übernommen.Diese Tätigkeit gestattet mir aber,dass ich
fast den ganzen Tag über bis in die Nachmittagstunden hinein viel freie
Zeit habe und demzufolge,um meine Finanzlage zu verbessern,diese Zeit
gern nutzbringend ausnützen möchte.In Unkenntnis der Lage,ob Sie es überhaupt Ihren Dispositionen nach für erforderlich erkennen,erlaube ich mir
die Anfrage,ob ich für Ihre Erzeugnisse für den Platz Westberlin die Vertretung übernehmen könnte.Dabei masse ich mir nicht an,Ihnen über die
Durchführung einer solchen Tätigkeit irgendwelche Vorschläge zu machen,
vielmehr wäre ich Ihnen ausserordentlich dankbar,wenn Sie mir möglichst
bald einen Bescheid zugehen liessen,damit ich mich weiterhin kümmern
könnte.Gehaltlich stelle ich keine besonderen Forderungen;die Tätigkeit
für Sie soll vielmehr nur eine Ergänzung zu meinem augenblicklichen Hauptberuf als Fussballlehrer sein.
Im Januar dieses Jahres sandten Sie mir liebenswürdigerweise ein Probe-
paar Ihrer Fussballstiefel mit Leichtgummischle und Saugnäpfen.Ich habe
damals in der Ostzonen-Fussballzeitung darüber berichtet.Die Schuhe haben
mir ausgezeichnete Dienst erwiesen,nur beginnen sich leider jetzt,viel-
leicht infolge unsachgemässer Behandlung meinerseits,Teile der Sohle ein-
zureissen und zwar an den Rändern der Saugnäpfe.Die Eleastizität der Be-
sohlung habe ich gerade für mein krankes Knie als angenehm empfunden.
Ich sehe Ihrem Bescheid gern entgegen und verbleibe hochachtungsvoll

Helmut Schön verlässt Dresden, wird Trainer bei Hertha BSC und *sucht trotzdem eine neue Anstellung* — 27. November 1950

Helmut Schön (1915–1996) war Stürmer und National-spieler in Dresden und prägte als Bundestrainer eine Ära. Lohn seiner Arbeit: die Titelgewinne bei der EM 1972 und der WM 1974 im eigenen Land.

Das Jahr 1950 ist ein bewegtes Jahr in der deutschen Geschichte. Die Nachkriegswirren weichen langsam staatlichen Ordnungen, die sich entlang der großen Konfrontationslinie zwischen den früheren Alliierten USA und UdSSR bilden. Zwei deutsche Staaten sind gegründet worden, und Millionen Menschen müssen sich entscheiden, wie und wo sie leben wollen. Auch Helmut Schön, der vielfache Nationalspieler und deutsche Meister mit dem Dresdner SC, hat Konsequenzen gezogen. Er lebt nun in Berlin-Wilmersdorf und ist Spielertrainer von Hertha BSC, weil „ein weiterer Aufenthalt in dieser Zone nicht möglich war", wie Schön an den Adidas-Boss Adi Dassler schreibt. Der Brief, den der spätere Bundestrainer in seine Schreibmaschine tippt, steht exemplarisch für die fußballerischen Verhältnisse dieser Zeit. Die berufstätigen Spieler, die den Trainern viel Tagesfreizeit verschaffen. Die kargen Löhne, die Schön dazu veranlassen, sich um einen Job als Adidas-Vertreter in West-Berlin zu bewerben. Und der devote Ton gegenüber dem Firmenboss, der die Hierarchie zwischen dem jungen Coach Schön und dem Patriarchen Dassler offenlegt. Dabei wird es den Exil-Dresdner nicht lange in Berlin halten. Schon bald nach dem Jahreswechsel bricht er seine Zelte in Berlin ab, wird zunächst Trainer in Wiesbaden und anschließend Nationaltrainer des noch autonomen Saarlandes. Eine gute Vorbereitung für den Job, für den er bis heute in Deutschland bekannt ist: als Nationaltrainer, der die deutsche Elf zu ihren größten Triumphen führte, dem Gewinn der Europameisterschaft 1972 und der Weltmeisterschaft 1974.

DFB-Präsident Hermann Neuberger kündigt *den Europameisterinnen* ein großzügiges Geschenk an
— 4. August 1989

Die EM 1989 ist ein Triumph-zug für die DFB-Elf. Das Team von Gero Bisanz bleibt in der Quali und in der Endrunde ungeschlagen. Den Finalsieg gegen Norwegen in Osnabrück erleben 22 000 Zuschauer live mit.

Die Altherrenriege in der DFB-Führung ist ziemlich über-rumpelt, als die Frauennationalelf im EM-Finale 1989 die favorisierten Norwegerinnen mit 4:1 besiegt. Erst 19 Jahre zuvor hat der Verband das 1955 erlassene Verbot des Frauenfußballs aufgehoben. Dennoch werden Fuß-ballerinnen eher geduldet als nach Kräften unterstützt. Das erste offizielle Länderspiel einer DFB-Auswahl findet im November 1982 statt, doch erst bei der Europameis-terschaft im eigenen Land bekommt der Frauenfußball eine große Bühne. Das Halbfinale gegen Italien vor 8000 Zuschauern in Siegen ist das erste Frauenländerspiel, das die ARD live überträgt. Die Elf um Kapitänin Silvia Neid spielt attraktiven Angriffsfußball, Millionen am Bildschirm erleben einen Krimi, den die DFB-Spielerin-nen im Elfmeterschießen mit 4:3 für sich entscheiden. Als das Team vier Tage später in Osnabrück auch im Finale triumphiert, kommt es einer Zeitenwende gleich: Bis dato eher kritische Medien wie der *Kicker* ergehen sich plötzlich in Lobeshymnen auf den Frauenfußball. Die Anmeldezahlen von Mädchen und Frauen bei Fuß-ballklubs schnellen in die Höhe. Im September 1990 geht die Frauen-Bundesliga an den Start. Lediglich DFB-Prä-sident Hermann Neuberger verharrt in alten Mustern, als er trotz des gewonnenen EM-Titels kundtut, er habe sich die Spielerinnen „ein bisschen gazellenhafter und weiblicher" gewünscht. Als Prämie, so verfügt der Funk-tionär jedoch, soll jede Europameisterin ein Kaffee- und Tafelservice erhalten. Als die Männer im Folgejahr den WM-Titel gewinnen, zahlt der Verband jedem Spieler im Kader ein Honorar von 125 000 Mark.

Deutscher Fußball-Bund

Schreiben an die
Spielerinnen der Damen-Nationalmannschaft "EURO 89"
(anliegend Liste)

Hermann Neuberger
Präsident

Oberer Geisberg 27a
6601 Bischmisheim

Kopien:
Präsidium
Herrn H.R. Schmidt
Herrn H. Schmidt
Frau Ratzeburg
Herrn Bisanz
Frau Theune-Meyer
Herrn Bungert, Villeroy + Boch

Telefon 06 81 / 3 10 42
Telefax 06 81 / 39 88 84
Telex 4 421 227

08

04.08.1989
N/Bo

Liebe ....,

die Tage der "EURO 89" liegen nunmehr mit einem gewissen ·Abstand hinter
uns, sodaß wir nicht in die Gefahr kommen, in der ersten Euphorie eventuell
den Boden unter den Füßen zu verlieren. Ich sage aber ebenso deutlich sofort,
daß ich zu keiner Minute in und um Kaiserau diese Angst empfand.

Auch nach dem notwendigen Abstand bleibt Ihre Leistung und Ihr Auftreten als
vorbildhaft herauszustellen!

Die Art und Weise, mit der Mannschaft und Betreuer anläßlich der "EURO 89"
auftraten, auf dem Spielfeld, rund um es, in Kaiserau, bei den verschiedensten
Begebenheiten, wie z.B. Pressekonferenzen, Interviews u.ä., war beeindruckend.
Sie haben dazu wesentlich beigetragen, daß man nun im breiten Fußball-
Deutschland den Damenfußball viel freundlicher ansieht, als dies zu Ihrem und
unserem Leidwesen vorher oft festzustellen war. Dafür sei Ihnen vonseiten des
DFB und nicht zuletzt auch von mir persönlich noch einmal von Herzen
gedankt.

Als eine meiner ersten Aufgaben nach Osnabrück sah ich es an, die Landes-
verbandsvorsitzenden anzuschreiben und sie zu bitten, die Stunde ganz entscheidend zu nutzen, den Damenfußball durch gezielte Aktionen und Werbungen
zu fördern und ihm insonderheit die vielerorts noch fehlende Breite durch die
Bildung von Mädchenmannschaften, durch die Ausbildung von Übungsleiterinnen,
Betreuerinnen, Schiedsrichterinnen u.ä. zu schaffen.

- 2 -

DFB —— Europameisterinnen 1989

- 2 -

Im kleinsten Kreise des Präsidiums haben wir uns darüber Gedanken gemacht, wie wir Ihnen persönlich als Anerkennung wohl am besten eine Freude machen könnten. Neben einer beabsichtigten Spielreise, vorgesehen in den asiatischen Teil unserer Weltkugel (Japan, evtl. Hongkong oder Singapur), soll der Versuch gemacht werden, auch durch ein praktisches Geschenk Freude auszulösen. Ich hoffe, daß es uns dadurch gelingt, daß Sie in Bälde bereits ein bei Villeroy + Boch ausgesuchtes Kaffee- und Tafelservice mit dem Bone-China-Dekor Mariposa in Ihre Wohnung gebracht erhalten. Das Kaffeeservice wird 23-teilig sein, das Tafelservice 18-teilig.

Nun wollten wir Sie nicht damit belasten, von dem nächsten Treffpunkt der Nationalmannschaft aus die zwei riesigen Pakete mit in Ihr Heim schleppen zu müssen. Deshalb haben wir Ihre Anschrift mit Telefonnummer, soweit wir letztere kennen, an Villeroy + Boch gegeben. Von dort wird man versuchen, mit Ihnen Fühlung aufzunehmen und Übergabetermine u.ä. abzustimmen.

Schon heute wünsche ich Ihnen eine gute Zustellung ohne Bruch, viel Freude an dem Geschenk, verbinde mit meinem nochmaligen Dank den Wunsch, daß Sie auch in Zukunft unserer guten Sache des Damenfußballs im DFB durch Leistung und Auftreten helfen und bin

mit einem sehr freundlichen Gruß
Ihr

„Einem geschenkten Gaul ..."
Petra Landers, Europameisterin 1989, über den Brief von Hermann Neuberger

Petra Landers, erinnern Sie sich daran, als Sie diesen Brief erhielten?
Nein, ich war vom EM-Erfolg wohl noch so euphorisch, dass ich das Schreiben damals nicht zur Kenntnis genommen habe.

Mit welchen Empfindungen lesen Sie die Zeilen heute?
Man merkt, wie Frauenfußball damals beim DFB angesehen war. Präsident Neuberger hat sich nie groß für uns interessiert. Allein wie er im Brief unser vorbildhaftes Auftreten lobt. Als hätte er befürchtet, dass wir uns beim Turnier irgendwie danebenbenehmen.

Haben Sie sich trotzdem über das Tafelservice gefreut?
Es wurde per UPS zugestellt, und ich habe die beiden Kartons direkt in den Keller getragen. Ich bin nicht so der Hausfrauen-Typ, so was steht bei mir nicht in der Schrankwand. Für mich war der sportliche Erfolg wichtiger.

Sie waren mit einem Kreuzbandriss zur EM gereist.
Ich hatte mir bei einem Pokalspiel in Berlin vier Wochen vor Beginn der Vorbereitung das vordere Kreuzband gerissen. Vor der Operation sagte ich dem Chirurgen: „Bitte tue alles, dass ich zur EM kann." Als ich aufwachte, sagte er: „Ich habe getan, was ich konnte, jetzt liegt es an dir." Dann bin ich fast direkt vom OP-Tisch mit getapetem Knie ins Trainingslager gefahren. Erschwerend kam noch hinzu, dass mein Chef in der Druckerei, in der ich arbeitete, in der EM-Zeit in Kur gehen und mir deshalb keinen Urlaub geben wollte.

Und was sagten Sie?
Dass ich ihm eine schöne Kur wünsche, er aber davon ausgehen solle, dass ich zur EM fahre und kündige. Er hat die Kur dann verschoben.

Haben Sie vom DFB für den Titel auch eine Prämie erhalten?
Keinen Pfennig, nur das entzückende Service.

Waren Sie mit auf der von Neuberger angekündigten Asienreise?
Ich weiß nicht, wann die gewesen sein soll? Vielleicht meinte er die WM 1991 in China. (*Lacht.*) Nein, es hat meines Wissens nie eine Asienreise mit der Mannschaft gegeben.

Wie wurde im Team über das Service gesprochen?
Manche fanden es ganz hübsch und haben es benutzt. Bei mir stand es jahrelang im Keller. 2009 habe ich in einer TV-Doku erwähnt, dass dieses Service über hundert Teile habe, und bekam Nachfragen, was das denn für ein riesiges Service sei. Daraufhin habe ich es gezählt und kam auf 44 Teile. Und nun lese ich im Brief, dass es eigentlich nur 41 Teile haben soll.

Sie haben es nie benutzt?
Bei einer Geburtstagsfeier ging mir mal das Geschirr aus, da habe ich vier Teile aus den Kisten geholt und stolz verkündet: „Schaut mal, mein EM-Service." Für Ausstellungen in Museen im In- und Ausland gebe ich es gern raus. Wenn ich es schon nicht benutze, geht es so wenigstens auf Wanderschaft.

Empfinden Sie diese Art der Auszeichnung als herablassend?
Einem geschenkten Gaul ... Es war ein Geschenk, also nehme ich es mit Humor. Außerdem ist die Geschichte doch inzwischen Kult, ich werde oft darauf angesprochen, und die Menschen erinnern sich. Aber ich gebe zu, der Brief, in dem mir DFB-Präsident Theo Zwanziger zum 25. Jahrestag des ersten Frauen-Länderspiels im Jahr 2007 für unsere Verdienste für den Frauenfußball dankt, bedeutet mir wesentlich mehr als dieser hier.

Wo ist das Kaffeeservice heute?
Die beiden Originalkartons sind inzwischen vom Keller auf den Dachboden gewandert, und, wie gesagt, einige Teile daraus gehen bis heute noch ab und zu auf Reisen.

(09)

Liebe Borussen! Aus Russland sendet allen Borussen herzliche Grüße Euer Sportkollege Paul. Mir geht es sehr gut.
Wie ist es denn mit Eurer Meisterschaft? Besten Gruß an Maria und Frau Draute. Auf Wiedersehen!

Paul Pohl fehlt Borussia im Kampf um die Meisterschaft. *Gladbachs Mittelstürmer sendet deshalb aufmunternde Grüße von der Front* — 25. März 1916

Paul Pohl war bis in die 1920er Jahre Stürmer bei Borussia. In der Endrunde um die Deutsche Meisterschaft 1920 scheiterte er mit dem Klub an der SpVgg Fürth. 1950 war er für eine Saison Gladbacher Trainer.

Im Ersten Weltkrieg ist Paul Pohl ein Star in Reihen von Borussia Mönchengladbach. Wie viele deutsche Männer zieht es auch den Stürmer in der ersten Euphorie an die Front, wo er 1916 in Russland zum Einsatz kommt. Borussia spielt zu dieser Zeit in der Rheinischen Nordkreisliga um die Meisterschaft. Wegen des Krieges jedoch muss das Team ständig mit Nachwuchsspielern und Fronturlaubern aufgefüllt werden, um weiter am Spielbetrieb teilzunehmen. Als Pohl am 25. März 1916 seine Feldpostkarte an den „Stammtisch F.C. Borussia Mönchengladbach" in der Wirtschaft der Familie Draute in der Eickener Straße 1 sendet, ist seine Hoffnung groß, dass seine Mitspieler den Titel holen. Er ahnt nicht, dass ab Mai 1916 der Ligabetrieb ruhen und erst zwei Jahre später wieder aufgenommen wird. Pohls frommer Wunsch („Auf Wiedersehen!") jedoch wird wahr: Im Gegensatz zu vielen Teamkollegen hat er das Glück, 1918 unversehrt aus Russland heimzukehren. Nach Ende des Krieges mausert sich Borussia dank seiner Tore zu einer Spitzenmannschaft. Im Finale um die Westdeutsche Meisterschaft 1920 erzielt Paul Pohl acht Minuten vor Spielende per Elfmeter den 1:1-Ausgleich gegen den Kölner BC (einem Vorläufer des 1. FC Köln) und rettet Borussia in die Verlängerung, wo er und Willi Jansen den 3:1-Sieg für die Gladbacher perfekt machen.

Weißt Du noch, damals in Manhattan? Pelé und Franz Beckenbauer gratulieren sich gegenseitig zum Geburtstag — 9. September 2005 & 18. Oktober 2020

*Als Pelé und Franz Becken-
bauer mit Cosmos 1977
US-Meister in der NASL werden,
erlebt Soccer einen Boom
in Amerika. Ab 2007 sitzen die
beiden Fußball-Legenden
auch Seite an Seite im FIFA-
Exekutivkomitee.*

Die Freundschaft zwischen Franz Beckenbauer und Pelé beginnt im Sommer 1977, als sich der „Kaiser" von München auf den Weg nach New York macht. Der Unterhaltungskonzern Warner Brothers lockt den Libero mit einer Millionenofferte. Die Geschäftsleute wollen Fußball in den USA populär machen und casten das Team der New York Cosmopolitans deshalb wie die Besetzung für einen Blockbuster. Heißt: Je berühmter die Stars, desto mehr Aussicht auf Erfolg. Brasiliens Legende Pelé ist bereits zwei Jahre zuvor zu den Cosmos gewechselt. In Bezug auf Soccer ist das Land der unbegrenzten Möglichkeiten noch ein Entwicklungsland. Die Spiele finden auf Kunstrasen oder staubigen Ascheplätzen statt. Doch Warner weiß, wie man eine große Show aufzieht. Mit den beiden Weltstars dominieren die Cosmos fortan die US-Profiliga NASL, und zumindest anfangs pilgern die Amerikaner zu Tausenden in die Stadien. Auch wenn das sportliche Niveau keinesfalls den europäischen Maßstäben entspricht, erleben Beckenbauer und Pelé in Manhattan eine unvergessliche Zeit. Sie verkehren in der Hautevolee der Stadt und tanzen im „Studio 54" die Nächte durch. Ihre gemeinsame Zeit endet zwar bereits nach der Meisterschaft im Herbst 1977, doch die wilden Tage im Big Apple sorgen dafür, dass die beiden auf Lebenszeit freundschaftlich verbunden bleiben. Und wenn zu runden Geburtstagen die *Bild*-Zeitung anfragt, ob sie dem alten Kumpel einen Gruß formulieren, machen sie bereitwillig mit. Gemeinsam haben sie allein fünf WM-Titel gewonnen, dennoch geht es in den Glückwünschen meist nur um die verrückten Tage einst in New York City.

BILD am SONNTAG, 18. Oktober 2020

SPORT . 11

PELÉ WIRD 80! In BamS gratuliert **FRANZ BECKENBAUER** seinem Idol, Freund und Mitspieler

Du warst mein Vorbild! Und der Beste aller Zeiten

Lieber Pelé,

zu deinem 80. Geburtstag habe ich dir bereits ein Glückwunsch-Video geschickt. Auch auf diesem Wege möchte ich dir von Herzen gratulieren und nur das Allerbeste wünschen. Vor allem Gesundheit.

Uns verbindet seit Jahrzehnten eine wunderbare Freundschaft, die mir immer viel bedeutet hat. Als Fußballer warst du mein großes Vorbild. Auch, wenn ich damals nicht allzu viel von dir wusste. Natürlich wusste ich, dass du mit 17 schon Weltmeister 1958 in Brasilien war im deutschen Fernsehen wenig aus Brasilien zu sehen. Und 1962 noch einmal. Aber abgesehen von den großen Turnieren war im deutschen Fernsehen wenig aus Brasilien zu sehen. Was den internationalen Fußball betrifft, fehlte uns ein wenig die Orientierung.

Aber was ich von dir gesehen habe, war immer ein großes Schauspiel. Für mich, das habe ich immer gesagt, warst und bist du der größte Fußballer aller Zeiten!

Dabei haben wir so häufig nicht gegeneinander gespielt. Bei einer WM leider nie. Das Spiel unserer Nationalmannschaften war ja bekanntlich erst das Finale 2...

Aber ich erinnere mich noch an unser erstes Zusammentreffen. Bei ... wesen sein. Wir spielten mit einer Weltauswahl in Brasilien. Bei uns ... dich sah, war ich voller Respekt und Ehrfurcht.

Richtig kennengelernt habe ich dich dann 1977, als wir gemeinsam ... haben. Da habe ich deine Fußballkunst fast täglich bewundern könn ... sucht, Doppelpass mit dir zu spielen. Und habe mich gewundert, dass ... hast. Du hast ihn dir genommen und bist losgelaufen. Dann habe ich d ... spielt und habe von hinten staunend zugeschaut, was du gemacht hast ...

Du bist im vollen Tempo auf drei oder vier Gegenspieler los und hast ... Panther, ausgetrickst und umspielt. So etwas habe ich weder vorher noc ... ren Fußballer gesehen.

Wir waren in dieser Zeit viel zusammen. Es gab bei Cosmos eine bras ... Carlos Alberto und anderen. Wir haben alle in Manhattan gewohnt und ... men. Da habe ich auch den großen Menschen Pelé schätzen gelernt. Du ... mer geholfen. Und wenn wir schon längst im Mannschaftsbus saßen, und ... grammsammler, dann bist du ausgestiegen und hast geschrieben.

In den Jahren danach haben wir uns immer wieder auf der großen intern ... getroffen. Mindestens ein- oder zweimal jährlich. Und es war immer eine gr ... hen. In den letzten Jahren hatten wir beide mit ein paar gesundheitlichen We ... deshalb ist der Kontakt nicht mehr ganz so intensiv, wie er einmal war. An dei ... werde ich natürlich an dich und an unsere schöne Freundschaft denken.

Dein

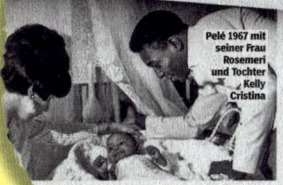

Pelé (hier 1960 bei einem 7:1 in Schweden) spielte 14 Jahre für die Nationalmannschaft. In 92 Einsätzen machte er 77 Tore, ist damit Rekord-Torschütze Brasiliens

Stolz zeigt Pelé den ...

Pelé 1967 mit seiner Frau Rosemeri und Tochter Kelly Cristina

Athletik und Torgefahr ver... Fallrückzieher. Gegen Belgie ... er dreimal

---

5

...enbauer 60

Geburtstagspost von Pelé

„Franz, Dich bewundert die ganze Welt"

Mein lieber Franz Beckenbauer,
ich habe erfahren, daß Du im September 60 wirst.

Normalerweise wird man zu einem solchen Anlaß sehr nachdenklich, vor allem, wenn man wie Du Familienvater und noch dazu ein Weltidol ist. Franz, ich bin schon 60 geworden und kann Dir versichern, das tut überhaupt nicht weh. Ich habe immer noch dieselbe Kraft wie mit 20 Jahren, nur mit viel mehr Erfahrung und Weisheit.

Ich wünsche Dir viel Gesundheit und Glück, weil Du der ...

„Fußball-Familie", der größten Familie des Planeten, viel Freude gemacht hast. Ich habe Glück gehabt, persönlich von der Freundschaft und der Treue von Franz Beckenbauer beschenkt zu werden, als wir zusammen bei Cosmos New York waren. Dort habe ich jenseits des Fußballfelds den wirklichen Menschen Beckenbauer kennengelernt, einen Menschen, den die Welt bewundert. Heutzutage ist unser Fußball der am weitesten verbreitete Sport in den USA, sowohl bei den Jungen von acht bis 20 Jahren als auch bei Sportlerinnen – und Franz Beckenbauer nimmt an diesem Wachstum als Vorbild auf dem Fußballfeld und außerhalb teil.

Neben unserer Freundschaft sind wir natürlich auch Kollegen etwa im Komitee der Fifa, wo wir uns häufig treffen. Ich könnte viel mehr von meinem Respekt Dir gegenüber und meiner Bewunderung für Dich erzählen. Ich hätte dann aber ein dickes Buch schreiben müssen, um alle Deine Begabungen erwähnen zu können. Ich hoffe, daß das Buch, das Dich ehren soll, allen Jungendlichen, die ihre Lebensziele verwirklichen wollen, als Vorbild und Inspirationsquelle dienen wird.

Mit herzlichen Grüßen,
Edson Arantes do Nascimento
Pelé

Pelé
Edson Arantes do Nascimento

Freunde: Franz und Pele, mit Brasilien 3x Weltmeister

Pelé ——— Franz Beckenbauer

⑪

1.) 124

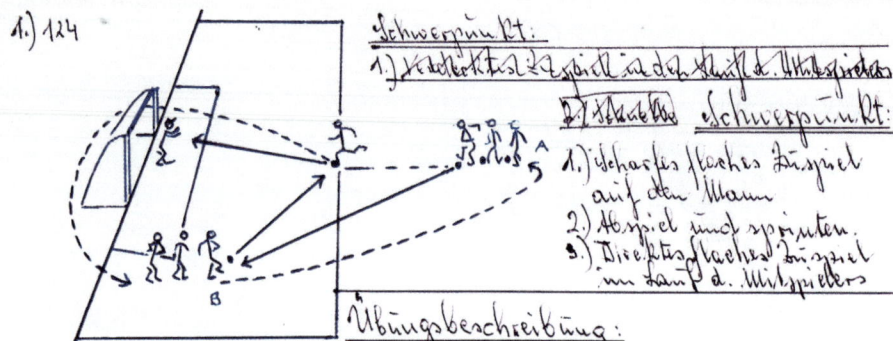

Schwerpunkt:

1.) Verdecktes Zuspiel in den Lauf d. Mitspielers

2.) Direktes Schwerpunkt:

1.) Scharfes flaches Zuspiel auf den Mann

2.) Abspiel und sprinten.

3.) Direktes flaches Zuspiel in den Lauf d. Mitspielers

Übungsbeschreibung:

Der vordere Spieler der Gruppe A spielt einen flachen scharfen Paß zu B der an der äußeren rechten Seite des Torraumes steht. Spieler B spielt den Ball direkt und scharf in den Lauf von A zurück, der ohne anzuhalten auf das Tor schießt. Spieler A läuft nach dem Torschuß sofort weiter, holt den Ball und begibt sich an das Ende der Gruppe B. Spieler B begibt sich nach dem Rückspiel zu A an das Ende der Gruppe A.

2.) 123

1332   684140   Dortmund

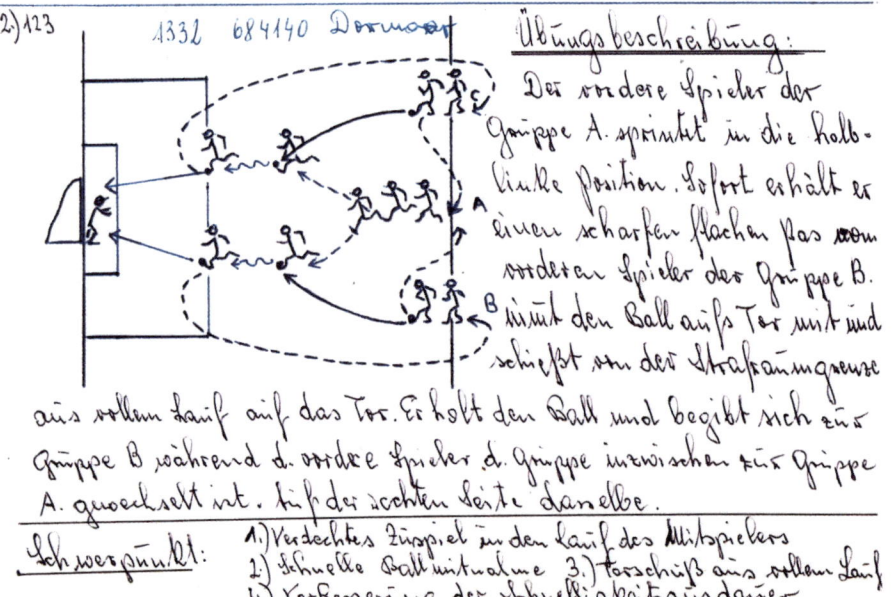

Übungsbeschreibung:

Der vordere Spieler der Gruppe A sprintet in die halblinke Position. Sofort erhält er einen scharfen flachen Pas vom vorderen Spieler der Gruppe B. nimmt den Ball aufs Tor mit und schießt von der Strafraumgrenze aus vollem Lauf auf das Tor. Er holt den Ball und begibt sich zur Gruppe B während d. vordere Spieler d. Gruppe inzwischen zur Gruppe A gewechselt ist. Auf der rechten Seite dasselbe.

Schwerpunkt: 1.) Verdecktes Zuspiel in den Lauf des Mitspielers
2.) Schnelle Ballmitnahme 3.) Torschuß aus vollem Lauf
4.) Verbesserung der Schnelligkeitsausdauer.

Ernst Happels *Aufzeichnungen von Trainingsübungen* beweisen: Der Wiener war nicht nur ein genialer Taktiker, sondern auch ein akribischer Arbeiter — um 1960

Ernst Happel (1925–1992) gewann als Trainer in vier Ländern bedeutende Titel. Den HSV machte er zum Europacup- und Weltpokalsieger. Mit den Niederlanden wurde er 1978 in Argentinien Vizeweltmeister.

Lange bevor Modebegriffe wie „schnelles Umschaltspiel" oder „Tiki-Taka" Einzug im Fußball halten, verzaubert Ernst Happel mit seinem Offensivstil die Welt. Mit dem von ihm praktizierten „Pressing" schnürt der Wiener auch hochklassige Gegner derart ein, dass deren Akteure das Gefühl haben, Happels Elf stünde mit einem Spieler mehr auf dem Rasen. Dass hinter diesem System nicht nur ein grandioses Taktikverständnis und gute Intuition stecken, sondern auch akribische Arbeit, beweisen zahllose Zeichnungen von Angriffsvarianten aus dem Nachlass des Coachs. Vermutlich stammen die Tableaus aus seinen Anfangsjahren als Trainer um 1960, als er in der Funktion des Sektionsleiters mit Robert Körner die Mannschaft von Rapid Wien betreut. Minutiös weist Happel bei den Übungen jedem Akteur eine klare Handlungsanweisung zu. Anhand der durchlaufenden Nummern ist erkennbar, wie kreativ er bei seiner Idee von Fußball ist. Von Spielern verlangt er eine extreme Laufbereitschaft und Einsatzwillen, damit der Gegner nie zur Ruhe kommen kann. Sein System perfektioniert Happel derart, dass er mit Feyenoord Rotterdam (1970) und dem Hamburger SV (1983) den Landesmeisterpokal gewinnt. Zwei Teams, die zuvor eher als Außenseiter auf europäischer Bühne gelten. Die Stilisierung seiner Lehre zur Geheimwissenschaft bleibt ihm jedoch zeitlebens ein Graus. Horst Hrubesch, Kapitän der großen HSV-Elf, erzählt: „1988 saß ich mit Happel im Kaffeehaus. Holland war Europameister geworden. Es hieß, die würden ‚Fußball 2000' spielen. Sagt der Happel: ‚Den Scheiß habe ich schon 1948 auf Eiche und Buche gespielt.'"

M.) 128

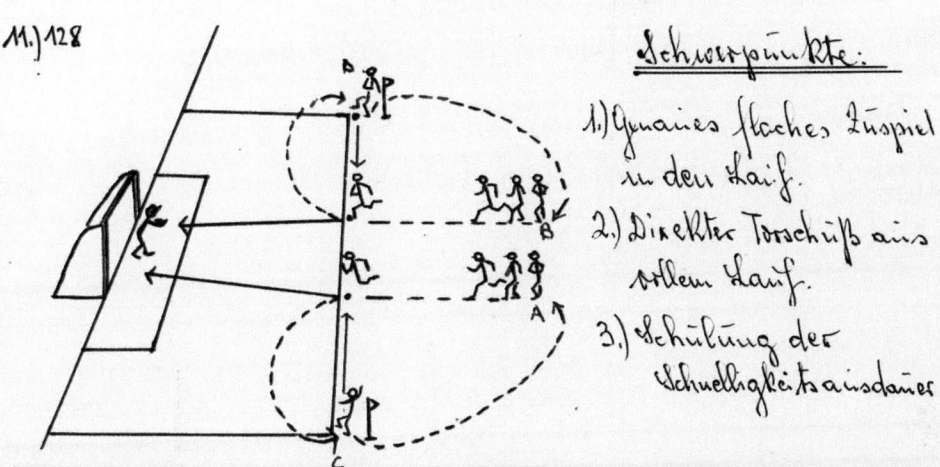

11

Schwerpunkte:

1.) Genaues flaches Zuspiel in den Lauf.

2.) Direkter Torschuß aus vollem Lauf.

3.) Schulung der Schnelligkeitsausdauer

Übungsbeschreibung: Die Spieler der Gruppen A u. B sprinten nach vorn. In der Nähe des Strafraumes wird ihnen quer zur Laufrichtung der Ball scharf u. flach von den Spielern C u. D zugespielt. Es erfolgt ein direkter Torschuß. Die Spieler C u. D begeben sich nach dem Abspiel sofort an das Ende der Gruppen A u. B während die Spieler A u. B nach dem Torschuß in die Positionen von C u. D weiterlaufen, um den nachfolgenden Spielern d. Positionen A u. B in den Lauf spielen zu können.

Schwerpunkte:

1.) Genaues Zuspiel in den Lauf des Mitspielers.

2.) Direkter Torschuß aus vollem Lauf.

3.) Verbesserung der Schnelligkeitsausdauer.

4.) Nachsetzen beim Torschuß.

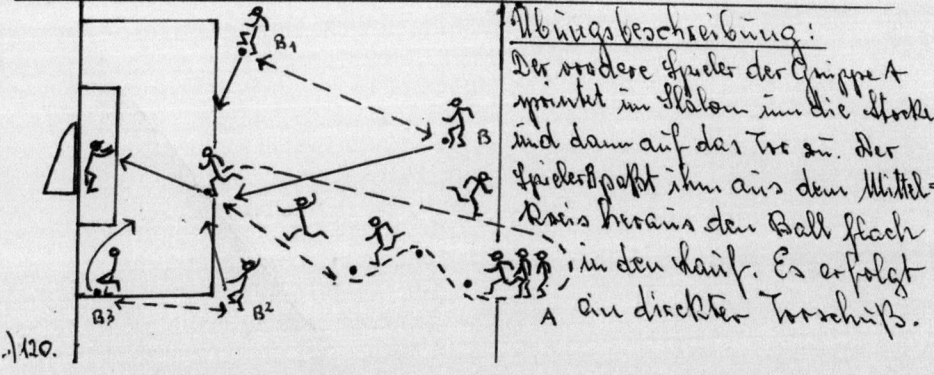

Übungsbeschreibung:

Der vordere Spieler der Gruppe A sprintet im Slalom um die Strecke und dann auf das Tor zu. Der Spieler B paßt ihm aus dem Mittelkreis heraus den Ball flach in den Lauf. Es erfolgt ein direkter Torschuß.

Ernst Happel —— Fußballer

Erich Beer ist eine Hertha-Legende. Aber wenn man ihn nach *seiner schönsten Erinnerung an Berlin* fragt, erzählt er eine Geschichte aus Tiflis — 28. Februar 1992

Erich „Ete" Beer (*1946, l.) kam 1971 von Rot-Weiss Essen zu Hertha BSC und erlebte acht erfolgreiche Jahre. Für die Berliner erzielte er in 254 Erstligaspielen 83 Tore und spielte ab 1975 auch 24 Mal in der Nationalelf.

Als Erich Beer im Jahre 1992 von Pressesprecher Klaus-Dieter Vollrath gebeten wird, sein schönstes Erlebnis mit der Berliner Hertha zu schildern, kann Beer aus dem Vollen schöpfen. Die acht Jahre, die der Franke in Berlin gespielt hat, sind eine höchst erfolgreiche Ära gewesen. Er kommt 1971 mit hohen Erwartungen, die Klubpräsident Wolfgang Holst in ihm schürt: „Wir waren zwei Mal Dritter, wir haben die meisten Zuschauer." Und es geht tatsächlich noch weiter nach oben. Einmal wird die Hertha Vizemeister, zweimal steht sie im Pokalfinale und einmal sogar im Halbfinale des UEFA-Cups. Dass es nicht zur Meisterschaft reicht, trübt ein wenig die Bilanz, schmälert aber nicht die Zuneigung, die Beer in Berlin erfährt. Zwischendurch ist er sogar Kapitän, bis er wegen eines spätabendlich im Trainingslager organisierten Wurstbrotes mit Coach Kuno Klötzer aneinandergerät: „Plötzlich steht Klötzer an unserem Tisch und faltet uns lautstark zusammen. Am nächsten Morgen habe ich ihm mitgeteilt, dass ich nicht länger Mannschaftskapitän bin." Im Jahr 1979 ist „Ete" Beer mit 83 Ligatreffern Rekordtorschütze und verlässt den Klub nur, weil die Hertha dringend Geld braucht und mit dem Angreifer eine üppige Ablösesumme erzielen kann. Für Beer bleibt die Zeit in der Mauerstadt jedoch bis heute unvergesslich, auch weil viele kuriose Dinge passieren, wie jene Begegnung mit drei Ostberliner Hertha-Fans, die ihren Lieblingsklub bei einer Europacup-Reise in Tiflis endlich live sehen, zwei Tage das Vorbereitungsprogramm miterleben wollen und denen bei der Zwischenlandung in Moskau ganz unbürokratisch geholfen werden kann.

Erich Beer

Geranienstr. 1
8022 Grünwald
den 28.2.92

An
Hertha BSC e.V.
Reichstraße 17
1000 Berlin 19

12

Lieber Dieter,

anbei mein schönstes Erlebnis mit Hertha BSC.

Bei einem Europa-Pokalspiel im Jahr 1978 bei Dynamo Tiflis
kamen drei Hertha-Fans aus dem damaligen Ost-Berlin in unser
Hotel,sie wollten "Ihre Hertha" einmal live sehen.Zwei Tage
lang durften sie das Vorbereitungsprogramm von uns hautnah mit-
erleben.Zwar verloren wir das Spiel mit 1:0,aber durch unseren
2:0 Hinspielsieg sind wir eine Runde weitergekommen.
Beim Rückflug hatten wir einen Zwischenlandung in Moskau,dort
trafen wir unsere 3 Fußball-Fans wieder.Ihr Flugzeug nach Ost-
Berlin war bereits ausgebucht.
Mit Mühe und vielen Tricks konnten Sie mit uns im Flugzeug zurück-
fliegen.Für die 3 Hertha-Fans aus Ost-Berlin ging ein Fußball-Traum
mit "Tränen und viel Hallo" in Erfüllung.
So eine Geschichte kann ja heute "Gott sei Dank" nicht mehr passieren,
da ja nun endlich diese "Mauer" zwischen Ost und West gefallen ist.

Mit sportlichen Grüßen

PS: Allee,alles Gute für die "Hertha" in der Aufstiegsrunde und
ein baldiges Wiedersehen in der 1. Bundesliga.

„Ich kann Ihnen nicht mehr glauben. Soweit haben Sie es endlich gebracht. (…) Sie haben es – wie kein anderer zuvor – in überzeugender Weise verstanden, mir beizubringen, dass Ihnen weder zu raten noch zu helfen ist. Sie werden in Zukunft von mir unbehelligt bleiben. In Freundschaft!"

Sepp Herberger entlässt
Helmut Rahn aus der Nationalelf
— 1. Juli 1960

Sepp Herberger ———— Helmut Rahn

Der Zweite Weltkrieg hat den Spielbetrieb zum Erliegen gebracht. Trotzdem hält *Sepp Herberger den Kontakt zu den Spielern* – vor allem zu Fritz Walter
— 30. August 1944

Noch knapp ein Jahr wird der Krieg andauern und Millionen Menschen das Leben kosten. Der Weltenbrand, den das Nazi-Regime entfesselt hat, ist im Schreiben Sepp Herbergers an seinen Kapitän Fritz Walter jedoch allenfalls zu erahnen. Fürsorglich erkundigt sich der Reichstrainer beim „lieben Fritz" nach der hoffentlich überstandenen Malariaerkrankung, äußert Freude über die Rückverlegung des Spielers von der Westfront nach Deutschland und wirkt melancholisch angesichts des zum Erliegen gekommenen Spielbetriebs, der auch Zusammenkünfte der Nationalmannschaft nahezu unmöglich macht. „Jetzt ist an etwas Derartiges gar nicht zu denken", schreibt Herberger, der seine Hauptaufgabe in diesen Monaten darin sieht, den Kontakt zu den Auswahlspielern zu halten, die den Kriegshandlungen an der Front noch nicht zum Opfer gefallen sind, so wie etliche andere, die der Trainer auf einer beigelegten Verstorbenenliste notiert hat. Bereits am 20. Dezember 1942 hatte Herberger an Fritz Walter geschrieben: „Halten Sie sich zurück, machen Sie sich selten und sorgen Sie dafür, dass Ihr Name in den nächsten Wochen nicht genannt wird." Für alle seine Nationalspieler tat Herberger sein Möglichstes, etwa um sie für gar nicht mal so wichtige Lehrgänge vor der Kriegsfront zu bewahren. Sein Einsatz für Fritz Walter jedoch war von besonderer Fürsorge geprägt. Er hatte sein Jahrhunderttalent gefunden und wollte es nicht verlieren. Als Walter 1941 als Nationalspieler zu Einsätzen in der Pariser Soldatenmannschaft berufen wurde, intervenierte Herberger beim Oberfeldwebel, und schon „war die ganze Angelegenheit in unserem Sinne erledigt". In den letzten Kriegstagen, die Walter dank des Reichstrainers bei der Fliegerstaffel „Rote Jäger" an der Heimatfront verbringt, schreibt er: „Fritz, wenn wir überleben, dann werden Sie mal Nachfolger von Paul Janes als Spielführer. Überhaupt werden wir … wohl auf lange Zeit zusammenbleiben."

13

30. August 1944

Uffz.
Fritz Walter
L 52400 Hamburg I

Lieber Fritz!

Vor einiger Zeit schrieb ich Jhnen als Sie noch in Frankreich lagen.
Da ich bisher ohne Antwort bin, muss ich annehmen, dass Sie dieser
Brief nicht erreicht hat. Jnzwischen sind Sie und die anderen Kameraden ja wieder auf deutschem Boden gelandet, wie ich den Sportberich-
ten entnehmen konnte.
Heute lese ich, dass Sie erkrankt seien und dabei denke ich an das,
was mir Oberstleutnant Graf gelegentlich unseres letzten Zusammensei
über Sie und Jhre Krankheit erzählt hat. Jch vermute nun, dass es
wieder ein Malariaanfall war, der Sie auf das Krankenbett geworfen
hat. Schreiben Sie mir doch einmal wie sich dies alles verhält, um
wases sich eigentlich handelt, vielleicht kann ich etwas für Sie
tun.
Mit gleicher Post schreibe ich auch an den Kommodore, der ja nach
wie vor an seiner Mannschaft und an jedem einzelnen von Euch hängt.
Es wäre doch möglich, dass sich über den Oberstleutnant das Eine
oder Andere machen liesse.

Wie geht es denn sonst, Fritz ? Das Spielen geht ja noch gut so gut
wie ehedem, was micht ja nicht verwundert. Wie geht es denn all ! de
Kameraden ? Grüssen Sie alle bestens von mir.
Wer führt denn jetzt Eure Mannschaft ?

Jch wünsche Jhnen alles Gute, Fritz, Wünsche die mit gleicher Herz-
lichkeit auch an die Adressen der Kameraden aus der " Roten Jägerman
schaft " gerichtet sind.

Wegen Hans Rohde mache ich mir Sorgen. Jch bekam einen Brief an ihn
zurück mit dem Vermerk " Neue Anschrift abwarten ". Nun weiss ich,
dass er im Mittelabschnitt der Ostfront war und befürchte, dass man
ihn geschnapp hat.
Der totale Krieg hat nun alle meine Pläne, die ich in bezug auf
neue Möglichkeiten des Einsatzes unserer Ländermannschaft hatte, wie
der zerrinnen lassen. Jetzt ist an etwas derartiges überhaupt nicht
zu denken.
Besten Gruss, lieber Fritz, und auf ein baldiges gesundes Wiedersehen!

Jhr

[Unterschrift: Seppel Herberger]

(13)

Liste der verstorbenen Nationalspieler

Arlt	Willi	10	
Ascherl ?	Willy	1	
Berg	Walter	1	
B¤ggmaier	Josef	8	
Eckert	Jakob	1	
Eschenlohr	Albert	1	
Frank	Georg	4	
Goede	Erich	1	
Gramlich	Hermann	3	
Hergert	Heinrich	5	
Hofmann	Ludwig	25	
Holz	(Duisbg.)	1	
Hutter	Willi	2	
Jäger	Adolf	18	
Jakobs	(Hannover)	1	
Jellinek	Franz	1	(Wiener Sport Club)
Kalb	Hans	15	
Kipp	Eugen	18	
Köhl	Georg	1	
Krumm	Franz	2	
Lang	Hans	10	
Leinberger	Ludwig	24	
Mantel	Hugo	5	
Martinek	Alex	1	(Wacker Wien)
Mauch	Paul	1	
Mengel	Hans	1	
Noack	Rudolf	3	
Paulsen	Paul	6	(Fümpner)
Picard	Alfred	1	
Ruch	Hans	3	
Seiderer	Lony	8	
Siffling	Otto	31	
Sonnrein	Heinrich	2	
Stürkh	Erwin	3	
Tiefel	Willi	7	
Urban	Adolf	19	
Wigold	Willi	4	
Zörner Dr.	Carl	4	

(14)

25. August 1958

Herrn
Helmut Rahn
Essen-Fronhausen
Ingelheimerstr. 16

Lieber Helmut,

aus dem Urlaub zurück, beginnt auch gleich
wieder die Arbeit. Am 24. 9. treffen wir in Kopenhagen auf
Dänemark. In Gedanken beschäftigt mich dieses Spiel schon
sehr, das sicherlich nicht leicht sein wird. Ich rechne dabei
mit Ihnen als einem der wenigen noch verbliebenen Alten, wobei ich hoffe, daß Sie bis dahin in bester Kondition und Form
sein werden, was sicherlich nicht schwer fallen dürfte, wenn
Sie es verstanden haben das während der Spiele in Schweden
erreichte Gewicht in diesen Wochen zu erhalten. Also, lieber
Helmut, ich setze für Kopenhagen sehr stark auf Sie.

Am 10. 9., einem Mittwoch, ist im Rahmen eines Lehrganges für
Junioren der in Duisburg durchgeführt wird, zur Vorbereitung
auf das Länderspiel gegen Dänemark auch ein offizielles Trai-
ningsspiel der A-Mannschaft vorgesehen, an dem auch Sie teilnehmen sollen. Wenn Sie Zeit und Lust haben, können Sie auch
an dem Lehrgang selbst teilnehmen oder mich doch an diesem
oder jenem Tag dort besuchen. Am Tage nach diesem Spiel, also
am Donnerstag dem 11. 9., kommt Herr Dr. Wiegand nach Duisburg
wobei er mit Ihnen und mir die Möglichkeit der Übernahme einer
Vertretung für sein Geschäft besprechen möchte. Halten Sie also
auch diesen Tag schon für diese Besprechung frei.

Gelegentlich des Lehrganges in Duisburg werde ich Ihnen auch
Ihr Geburtstagsgeschenk überreichen.

Mit den besten Grüßen an Ihre Frau, Ihre Kinder und an Sie
verbleibe ich,

Ihr

D.: Dr. Wiegand

Das Verhältnis von Sepp Herberger zu seinem Stürmer Helmut Rahn ist komplex, *wechselt zwischen großer Liebe und tiefem Verdruss* — 25. August 1958

Der Essener Helmut Rahn (1929–2003) wurde von Herberger 40 Mal in die Nationalelf berufen. Sein Debüt im DFB-Dress gab er 1951 gegen die Türkei, sein letztes Länderspiel machte er im April 1960 gegen Portugal.

Vier Jahre ist das Wunder von Bern schon wieder her. Deutschland hat bei der WM 1958 in einem hitzigen Halbfinalspiel gegen Gastgeber Schweden verloren und anschließend auch im Spiel um Platz drei gegen quirlige Franzosen, was Coach Sepp Herberger aber nicht nachhaltig die Laune verdirbt. Denn der vierte Platz ist sein Triumph. Er zeigt, dass der Sieg in Wankdorf kein Zufall war. Dementsprechend generös zeigt er sich in den Wochen danach gegenüber seinen Spielern und lobt sogar Erich Juskowiak, den er nach seinem Platzverweis im Schweden-Spiel zunächst aus der Nationalelf verbannt hatte. „Man fliegt nicht vom Platz", hat er dem Spieler noch im Stadion mitgeteilt. Besondere Streicheleinheiten bekommt nun, im Spätsommer 1958, der Held von Bern, Helmut Rahn. Herbergers Verhältnis zum Stürmer aus Essen ist stets ein spezielles gewesen. Der Werdegang des Stürmers, aufgewachsen in bescheidenen Verhältnissen und mit einfachster Schulbildung ausgestattet, erinnert ihn an seine eigene Jugend. Rahns oft schlichter und lebensfroher Blick auf die Welt und das Leben rührt ihn an. Und er weiß um dessen große Stärke, auf dem Platz unkonventionell und instinktiv das Richtige zu tun. Zugleich ist ihm die bisweilen durchbrechende Disziplinlosigkeit des Stürmers ein steter Sorgenquell. So verwendet Herberger Teile des Schreibens auf zwar freundliche, dennoch dringliche Appelle, auf Kondition, Gewicht und Form zu achten, „was sicherlich nicht schwer fallen dürfte". Dann, so lockt Herberger den Spieler, ist ihm ein Einsatz beim nächsten Länderspiel sicher: „Ich setze für Kopenhagen sehr auf Sie."

(14)

31. März 1960

Herrn
Helmut Rahn
<u>Köln – Lindenthal</u>
Hohentwiel 3

23.3.60 Chile

Lieber Freund Helmut,

        das Spiel in Stuttgart hat Ihre
Kritiker wieder einmal auf den Plan gerufen. Man greift
mich an, weil ich immer wieder auf Sie zurückgreife und
wirft dabei Ihnen vor, daß Sie keinen Sinn für Mannschafts-
spiel hätten und durch Ihren Eigensinn nur stören und der
Mannschaft schaden würden. Die Sie jetzt angreifen, sind
sicherlich dieselben Leute, die sonst schnell bei der Hand
sind, Sie zum Weltklassemann zu stempeln.

Nun, lieber Helmut, ich weiß selbst um Ihre Stärke und um
Ihre Schwächen. Wir haben uns oft und lange darüber unterhalten, als daß ich hier noch einmal darauf eingehen müßte.
Sie wissen, daß Ihre Leistung einzig und allein von Ihrer
Kondition abhängt und daß Ihre Berufung in die Nationalmannschaft nur zu verantworten ist, wenn Sie in bester Kondition
sind. Ich kann mir auf Grund unserer jahrelangen engen Be-
kanntschaft jedes weitere Wort sparen. Wenn Sie trainiert
sind, brauchen Sie keine Konkurrenz zu scheuen. Mangelt es
Ihnen aber an Kondition, so fordern Sie selbst Ihre Rivalen.

Lieber Helmut, Sie wissen um was es geht. Ich schätze Sie als
Freund und Spieler und habe nur den einen Wunsch, daß Sie
noch recht lange in erster Front Mitglied unserer Nationalmannschaft sein werden.

In alter Verbundenheit und Freundschaft verbleibe ich mit
den besten Grüßen an Ihre Frau und Ihre Kinder,

       Ihr

Hier schreibt der Chef noch selbst

Das Verhältnis zwischen Herberger und Rahn zerbricht. Der Bundestrainer ist *schwer enttäuscht über Skandale* und mangelnde Disziplin — 1. Juli 1960

Die besten Jahre seiner Fußballerkarriere hat Helmut Rahn im Jahr 1960 hinter sich. Als Torschütze von Bern ist er zwar ein Volksheld, aber im Alltag mehren sich die Aussetzer, die auch Herberger nicht verborgen bleiben. Schon 1957 ist er unrühmlich aufgefallen, als er sein Auto mit 2,6 Promille im Blut geradewegs in eine Baugrube steuert. Als herbeigerufene Polizisten ihn aus dem Auto ziehen, schwingt Rahn die Fäuste und wird später zu zwei Wochen Gefängnis verurteilt. Zur WM 1958 wird er danach dennoch fit, was Herberger auch für das darauffolgende Turnier in Chile optimistisch stimmt. Doch Rahn will sich nicht mehr quälen, will zum SC Enschede nach Holland wechseln, für 100 000 Mark Handgeld und die Zusicherung, für Länderspiele der Nationalelf stets freigegeben zu werden. Herberger ist stinksauer, wegen des anstehenden Wechsels, aber auch weil Rahn wieder fröhliche Zechtouren unternimmt, was nicht ohne Folgen bleibt. Es kommt zum Zerwürfnis. Bitter schreibt Herberger: „Meine Geduld und Nachsicht – in all den Jahren Ihrer Zugehörigkeit zur Nationalmannschaft immer und immer wieder von Ihnen auf harte und härteste Proben gestellt – sind endgültig am Ende. (...) Sie werden in Zukunft von mir unbehelligt bleiben!“ Doch der vermeintlich endgültige Bruch, der aus diesem Schreiben spricht, ist keiner. „Ein Jahr später schwärmt er schon wieder von diesem einmaligen Talent“, schreibt Biograf Jürgen Leinemann und zitiert den Bundestrainer: „Wenn er heute käme und durch Dauerleistungen beweisen würde, dass er noch der alte ist, ich gäbe ihm wieder eine Chance!“

1. Juli 1960

Herrn
Helmut R a h n
Köln – Lindenthal
Hohentwielstrasse 3

14

Lieber Helmut Rahn !

Sie sind Ihr freier Mann und können als solcher natürlich
tun und lassen, ganz wie es Ihnen beliebt.

Aber als Nationalspieler haben Sie durch die Art Ihrer
Freizeitgestaltung die weitere Zugehörigkeit zu unserer
Nationalmannschaft auf das äusserste gefährdet. Meine Geduld
und Nachsicht – in all' den Jahren Ihrer Zugehörigkeit zur
Nationalmannschaft immer und immer wieder von Ihnen auf
harte und härteste Proben gestellt –, sind endgültig am
Ende.

Ihr Verhalten in den letzten Wochen und Monaten hat mein
Vertrauen zu Ihnen und Ihrer Verlässlichkeit auf das tiefste
erschüttert. Ich kann Ihnen nicht mehr glauben. Soweit haben
Sie es endlich gebracht!

Die Ihnen gestern über die Geschäftsstelle des DFB. zugegangene
Einladung zur Teilnahme am Länderspiel gegen Island ist nicht
mehr gültig.

Sie haben es – wie kein anderer zuvor – in überzeugender
Weise verstanden, mir beizubringen, dass Ihnen weder zu raten
noch zu helfen ist. Sie werden in Zukunft von mir völlig
unbehelligt bleiben.

                    In Freundschaft !

Sepp Herberger ———— Helmut Rahn

Adolf „Adi" Dassler hat einen *Fußballschuh mit auswechselbaren Klötzchen* entwickelt, den er Sepp Herberger zeigen möchte — 30. Januar 1951

Ab den frühen 1920er-Jahren produzieren die Brüder Dassler in Herzogenaurach Sportschuhe. 1948 kommt es zum Bruch: Rudolf Dassler gründet Puma, Adolf die Firma Adidas, die ab 1950 bis heute den DFB ausstattet.

„Adi, stoll auf!", ruft Bundestrainer Sepp Herberger in der Halbzeit des WM-Finals 1954 dem DFB-Zeugwart Adolf Dassler zu. Der Regen hat den Rasen im Wankdorf-Stadion in Morast verwandelt. Die favorisierten Ungarn spielen in Schuhen, bei denen kleine Noppen mit der Sohle eine Einheit bilden. Dassler aber hat der deutschen Elf zur WM in der Schweiz eine Weltneuheit geschustert. Bereits im November 1952 meldet der Adidas-Chef beim Patentamt München die Innovation „Buchse mit durchgehender Gewindebohrung zur Aufnahme von unterhalb der Sohle eines Sportschuhes angebrachten Stollen" an. Und während die Ungarn im Schlamm von Bern nach Halt suchen, schraubt er nun die handgefertigten Stollen („Klötzchen") der Metallbaufirma Schlösser in die Sohlen der DFB-Akteure. Der Rest ist Geschichte: Deutschland gewinnt nach 0:2-Rückstand mit 3:2, wird Weltmeister, und für das fränkische Unternehmen von Adi Dassler beginnt eine neue Zeitrechnung. Bis 1950 hat sein Bruder Rudolf mit der Firma Puma die deutsche Elf ausgestattet. Doch diese Kooperation zerbricht, als Herberger 1000 Mark Prämie verlangt, wenn sein Team weiterhin in Puma aufläuft. Adi nutzt die Gunst der Stunde und wird zum offiziellen Ausrüster des DFB. Im steten Austausch mit Sepp Herberger kümmert er sich fortan auch um die Weiterentwicklung des erstmals 1925 patentierten Schraubstollenschuhs. Welchen Vorteil das Produkt hat, zeigt sich bereits im Meisterfinale 1954, das Hannover 96 – mit Stollen – 5:1 gegen Kaiserslautern gewinnt. Ihren weltweiten Siegeszug treten Dasslers „Klötzchen" schließlich mit dem WM-Endspiel 1954 an.

ADOLF DASSLER

Herrn
Josef Herberger

Köln - Müngersdorf
Sporthochschule

ⓢ **HERZOGENAURACH**
BEI NÜRNBERG
AM BAHNHOF – TELEFON 153
POSTFACH 1

Ihre Zeichen:	Ihre Nachricht vom:	Unsere Zeichen: AD/M	Tag: 30.1.51

Lieber Herr Herberger!

Inliegend übersende ich Ihnen mein neues Werbeblatt. Wie Sie
daraus ersehen, mußte ich noch einmal den Torschützen anführen, um der Propaganda der Firma Puma zu begegnen. Wie ich
aus einem Anruf heute aus Bremen hörte, amüsiert sich unsere
Kundschaft darüber. Vor allen Dingen wird die unsaubere Hand-
lungsweise unserer Konkurrenz dadurch aufgedeckt. Ich habe
außerdem Klage gestellt und hoffe, daß ich meinen geliebten
Bruder dabei um Einiges erleichtern kann, denn schon am Tage
darauf stiftete er beim Sportlerball für Schade und Morlick,
als die Träger seiner Schuhe, je 50,–, obwohl Morlock noch
nie einen Puma-Schuh getragen hat.

Formsohle

Mit der neuen Formsohle gehe ich mit Ihren Änderungen einig
bis auf das hinterste Klötzchen am Außenballen. Wir benötigen
dieses Klötzchen deshalb, weil wir seit einem halben Jahr
die Gelenke um 2 Nummer kleiner in die Fußballstiefel nehmen,
damit der Schuh etwas biegsamer ist. Dadurch wird das hintere
Klötzchen zur Auftrittsfläche unbedingt benötigt. Herrn Schäfer
kann ich dies natürlich nicht mitteilen, da, wie ich weiß, er
mit Lahaye und Hohmann, die ja auch Fußballstiefel herstellen,
in näherer Beziehung steht. Diese beiden sollen diese Erfahrungen, genau so wie ich, erst selbst suchen.

Sobald die neue Gummisohle hier ist, lasse ich Ihnen 5 Paar
Fußballstiefel zugehen, und ebenfalls 5 Paar Fußballstiefel
mit auswechselbaren Klötzchen. Dieses Klötzchen hat weitaus
größere Vorteile, als die norddeutschen, auswechselbaren Klötzchen, die zur Zeit auf dem Markt sind und die auch Burdenski
trägt, denn das Gewinde ist nicht in der Sohle versenkt, sondern durch 5 Stifte auf die Sohle geheftet (bei allen bisherigen auswechselbaren Klötzchen war das Gewinde in der Sohle
versenkt) und kann also bei evtl. Gewindeverletzungen von
dem Träger oder einem Schuhmacher wiederum neu aufgeheftet
werden. Auch kann damit jeder Fußballstiefel, auch wenn er
schon Streifenbeschlag hatte, benagelt werden. In auswechselbaren Klötzchen habe ich schon etliche Sachen ausprobiert

Drahtwort: adidas Herzogenaurach · Postscheckkonto: Nürnberg 15422
Bankverbindungen: Städtische Sparkasse Herzogenaurach · Bayerische Hypotheken- und Wechselbank, Erlangen Kto.-Nr. 2282

b.w.

(15)

und ich bin zu der Überzeugung gekommen, daß diese Art
Klötzchen die beste ist, was bisher auf dem Markt war.

Meine Frau ist nun wieder im Hause und wir erwarten
täglich Ihren Anruf, wann Sie hier eintreffen, bzw. Ihren Besuch. Wenn Sie nicht selbst kommen können, dann
geben Sie doch Ihre Gattin einige Zeit frei und können
Sie Ihre Gattin bei Ihrer nächsten Reise, bzw. Rückreise,
wieder mitnehmen.

Mit den besten Grüßen, auch an Ihre Liebe Frau und von
meinen Pirmasensern, bin ich

                              Ihr

NB: Von verschiedenen Spielern wurde gewünscht, daß
    der Art. 157 für Verteidiger und Torwarte hinten
    höher sein sollen (auch von Herrn Weisweiler),
    Um nicht zweierlei Schuhe in der Fabrikation und
    dadurch eine erschwerte Lagerhaltung zu haben,
    werde ich in Zukunft den Art. 157 und 158 hinten
    1 cm höher nehmen und an der Knöchelpartie soweit
    erhöhen, daß der Knöchel bedeckt ist und ein ge-
    wisser Schlagschutz sich ergibt.
                          DO.

Nach Ende seiner aktiven Laufbahn ist *Helmut Schön auf Jobsuche.* Kann Bundestrainer Sepp Herberger dem Ex-Spieler helfen? — 9. Januar 1951

Den Spieler Helmut Schön hält Herberger für zu weich und verbannt ihn 1941 nach 16 Spielen aus der Nationalelf. Nach dem Krieg hingegen fördert er Schöns Karriere nachhaltig und macht ihn 1956 zu seinem Co-Trainer.

Anlässlich des ersten Länderspiels einer deutschen Elf nach Ende des Krieges hat der DFB auch etliche Alt-Internationale ins Neckarstadion eingeladen. Am 22. November 1950 trifft Helmut Schön, Spielertrainer bei Hertha BSC, beim Bankett in Stuttgart auf alte Wegbegleiter wie Ernst Lehner, Paul Janes oder Albin Kitzinger. Gut gelaunt ersinnen die Veteranen die Idee, Freundschaftspiele gegen Teams aus dem Ausland zu initiieren – so unter anderem eine Partie in Island. Bundestrainer Sepp Herberger hat rund um das Match nicht viel Zeit für seine Ehemaligen. Ihm ist daran gelegen, die Länderspielpremiere gegen die Schweiz zu gewinnen, damit das DFB-Team sechs Jahre nach Kriegsende in der Welt wieder in positivem Licht erscheint. Helmut Schön hat im Frühjahr 1950 in Köln seine Trainerlizenz gemacht, wo Herberger als Sektionsleiter „Fußball" fungiert. Kurz darauf ist er aus seiner Heimat Dresden in den Berliner Westen übergesiedelt. Doch die Doppelbelastung als Spielertrainer bei Hertha überfordert ihn, zudem plagen Schön Knieprobleme. Zum Jahresende 1950 beendet er sein Engament im Berliner Westend, hängt die Fußballschuhe an den Nagel – und wendet sich an seinen alten Lehrmeister, ihm bei der Jobsuche zu helfen. Im Moment kann Herberger nichts für ihn tun, dennoch ist der Coach zuversichtlich und schreibt: „Mach Dir keine Sorgen, Helmut!" Er wird recht behalten. Schon im Sommer 1951 kann er Schön zum SV Wiesbaden vermitteln, von wo der schlaksige Kunsthändlersohn bald zum Nationaltrainer des Saarprotektorats aufsteigt. 1956 holt Herberger ihn zurück zum DFB. Der Rest ist Geschichte.

Seppl Herberger

Weinheim, den 9. Januar 1951
Karlstraße 12

Herrn
Helmut Schön
Berlin - Wilmersdorf
Hildegardstrasse 9

Lieber Helmut!

Dank für Jhren Brief. Ja, Stuttgart war schön! Das Spiel lief
wie vorhebestimmt! Leider habe ich mich Euch, den Alten, nicht
so widmen können, wie ich das gerne getan hätte. Jch hörte nur
von euren Plänen. Wurde inzwischen mit Jsland die Verbindung
xixxxxixx aufgenommen ? Die Vermessungen und Berechnungen
welche von den Engländern in der Nordsee in diesen Tagen vorgenommen werden, haben doch nichts mit eurer Absicht, den Weg
nach Iceland notfalls zu Fuss anzutreten, etwas zu tun ? Bei
Jhrer Grösse könnte ein solches Unterfangen, wie Sie es in
Stuttgart ankündigten, vielleicht gut ausgehen, aber ob Sie den
Ernst Lehner noch spielfähig nach Reykjavik brächten, wage ich
dann zu bezweifeln, wenn Sie ihn auf der Strecke nicht aus der
Hand liessen.

Der ganze Presseklamauk vor dem Spiel hat mich nicht berührt.
Jch wusste nämlich garnichts davon. Auvh die Mannschaft hatte
keine Ahnung davon, was sich"draussen"abspielte. Jch bleibe
meiner alten Gepflogenheit auch in der Zukunft treu, keine
Zeitung in den Tagen vor dem Länderspiel zu lesen. Jch habe es
ja auch nicht nötig: die Kandidaten sind um mich und ich weiss
wie keiner sonst - um ihre Kondition und Form.

Freund Bussian habe auch irgendwie gegen mich geschrieben oder
so, schreibt mir E.W. Er hat mir auch diesen Artikel zugesandt
den ich gerade erhielt, den ich aber noch nicht gelesen habe.
Wenn er es wert ist, werde ich antworten. Er muss es aber wert
sein, denn meine Zeit ist mir kostbar.

Was Jhre Arbeit in Berlin anbetrifft, wissen Sie ja, wie ich
diese von Anfang an beurteilte. Hertha wäre schon recht, aber
trainer zu sein, bei Spielern, mit denen man selbst jahrelang
zusammengespielt hat, ist ein denkbar schweres Beginnen. Nun
ist es mal passiert, und es gilt weiter zu sehen.

Die Stelle des Verbandstrainers im Saargebiet ist inzwischen
besetzt. Der 1.F.C.Nürnberg soll sich vom Bumbas getrennt haben. Der Sp.A. Vorsitzender von Nürnberg, ein Herr Lutzner,
geht mich schon lange wegen einem Trainer für den Club an Stelle von Bumbas an. Soll ich mal fragen, oder wollen Sie das tun?
Sie können sich dabei auf mich berufen. Dann habe ich eine
telegrafische Anfrage aus Jsland vorliegen. Der dortige Verein
Fram sucht ab sofort einen Trainer. Die Saison der Jsländer
läuft vom Februar bis September. Die Geschichte hat nur den
Haken: man kann die Moneten nicht mit nach Deutschland bringen.
Aus diesem Grunde: Fehlanzeige, den beim Marsch zurück auf dem
Meeresboden, würden sicher die Scheine leiden und verderben.
Die Strecke ist lang und den ganzen Weg das Geld mit den Händen
über das Wasser halten' wäre doch zu anstrengend.
Also, Helmut, schreiben Sie wieder. Es wird sich schon etwas
ergeben. Zu Waldhof hätte ich Sie auch bringen können. Jetzt

ist Maurischat dort. Nicht durch mich.

Hier in Köln beginnt die Fastelovendszeit wieder anzulaufen.
Sie tut es mit dem ihr eigenen Kravall. Wir gehen auch wieder
in den Juguck. Sie werden uns fehlen. Andere auch. Jch denke an
die Iceländer. Und an das übrige Gruppzeug. " Wer soll das bezahlten"?? Jch könnte mir vorstellen, dass unsere beiden isländi-
schen Freunde in diesen Wochen oft an Kölle denken und dieser
Denkakt und Erinnerungsakt nicht ohne tiefe Wehmut und Heimweh
vor sich gehen dürfte.

Es ist Winter hier. Rund um uns herum! Bald wird es schöner
werden. Der Frühling nacht mit Brausen. Dann blüht es wieder,
überall! Die Kastanieen, die Akazieen , Vitamineee gibt hier auch
genug nur die Kohlen fehlen. " Sag' an Helmut auch ein Gruss von
mir "!"säd se fa misch!"
Ach von mir und ihr, an Jhre Frau, den Jungen und an Sie, alter
Freund

Jhr

[handschriftliche Signatur: Seppl Herberger]

[handschriftlicher Zusatz:]
Mach Dir keine
Sorgen, Helmut!
Es klappt schon
ob immer Kolleg.

Ist Karl-Heinz Schnellinger fit? Und Ewert wieder gesund? Sepp Herberger schreibt FC-Trainer Oswald Pfau. Und der hat gute Nachrichten — 6. November 1961

Oswald Pfau (1915-1969) arbeitet als Co-Trainer der DDR-Nationalelf, bevor er in die BRD übersiedelt. Dort coacht er unter anderem die Stuttgarter Kickers, den 1. FC Köln, den FK Pirmasens und Borussia Dortmund.

Das Jahr 1961 hält einiges bereit für Oswald Pfau. Seit zwei Jahren trainiert der in Sachsen geborene Coach den 1. FC Köln und hat den Klub zur Westdeutschen Meisterschaft und ins Endspiel um die Deutsche Meisterschaft geführt. 1961 wiederholt er den Gewinn des westdeutschen Titels, um dann seine Zelte in der Domstadt abzubrechen und zum FK Pirmasens in die Pfalz zu wechseln. In den Umzug hinein erreicht Pfau ein Brief des Bundestrainers, der sich nach der Form der drei Kölner Nationalspieler Fritz Ewert, Karl-Heinz Schnellinger und Leo Wilden erkundigt. Typisch für den Perfektionisten Herberger ist, dass er Pfau gleich für seine Zwecke einspannt und für den Wiedereinstieg Schnellingers ins Training eine dringende Bitte hat: „Da ich seinen Ehrgeiz kenne, möchte ich Sie bitten, seine Trainingsarbeit zu überwachen, um zu verhindern, daß er im Übereifer am Anfang zu viel tut!" Was manch anderer Coach als übergriffig empfunden hätte, retourniert Pfau wenige Tage später souverän. Er weiß über Schnellinger nur Positives zu berichten („Keine Bedenken hinsichtlich Form, Gesundheit und Einsatzwillen"), zerstreut Bedenken bei Wilden und Ewert („Ist in sehr guter Form") und empfiehlt en passant auch noch seinen Angreifer Hans Sturm („damit Sie eventuell einen Rückgriff haben") für eine Berufung in die DFB-Elf. Und als künftiger Coach in der Pfalz fehlt auch nicht der Hinweis: „Sollten Sie in Pirmasens Spieler haben, die Sie interessieren, lassen Sie mich das bitte wissen!" Was Pfau noch nicht weiß: Sein Gastspiel in der Oberliga Südwest wird nur ein Jahr dauern. Schon zur Saison 1962/63 übernimmt er Alemannia Aachen.

6. April 1961

Herrn
Oswald Pfau
1. FC Köln
Köln - Sülz 2
Postfach 50

Lieber Oswald Pfau,

      Ewert, Schnellinger und Wilden sind im
Aufgebot für das Länderspiel gegen Nordirland. Dadurch bin
ich verständlicherweise an den Leistungen der drei Genannten
in diesen Wochen und natürlich ganz besonders in den Tagen
vor dem Länderspiel stärkstens interessiert. Mein besonderes
Interesse gilt dabei Fritz Ewert, der nur deshalb zu den
letzten Länderspielen nicht berufen wurde, weil er verletzt
war. Hier wäre ich Ihnen ganz besonders dankbar, wenn Sie
mir über den Gesundheitszustand von Fritz Ewert und seine
derzeitige Kondition und Form berichten würden.

Karl-Heinz Schnellinger hat ja am vergangenen Sonntag wieder
gespielt. Er hat mir selbst am Tag darauf berichtet und diesem
Bericht habe ich entnommen, daß er sich wieder so gut wie gesund fühlt. Da ich seinen Ehrgeiz kenne, möchte ich Sie bitten
seine Trainingsarbeit zu überwachen um zu verhindern, daß er
im Übereifer am Anfang zuviel tut.

Über Leo Wilden ist von mir aus nichts zu sagen, weil er
immer in glänzender Kondition ist und sicher auch den notwendigen Ernst und Trainingsfleiß mitbringt.

           Mit sportlichem Gruß, Ihr

(17)

Oswald Pfau,   Köln-Sülz,den 12.4.1961
                            Club-Allee 1

Sehr geehrter Herr Herberger !
Ihr Brief vom 6.4.61 ist in meinen Händen.
Wie immer,sind Sie meiner Mitarbeit um die
Ländermannschaft sicher.

    Ewert ist wieder in einer sehr guten
Form,die es ohne Überlegung zulässt,ihn wieder
in die engere Wahl zu ziehen.Seine Verletzung
ist völlig ausgeheilt,wodurch sich seine Form
von Spiel zu Spiel steigerte.Auch im Training
erfährt der Fritz keinerlei Schonung mehr.

    Wilden ist in der Verfassung,die Sie ja
selbst im Lehrgang und im Spiel in Chile fest=
stellten.

    Schnellinger ist wieder voll dabei,klagt
aber mitunter noch etwas über einen ziehenden
Schmerz an der alten Dehnungsstelle.Ich glaube
aber nicht an eine Minderung seiner Einsatz =
fähigkeit,was auch klinisch ausgeschlossen
wird.Seine Spiele im Verein zeigen seine gute
Form,das Training absolviert er voll.Auch bei
ihm bestehen keine Bedenken hinsichtlich Form,
Gesundheit und Einsatzwillen.

    Seit Monaten in guter Form ist Hans Sturm.
Ich teile es Ihnen der Ordnung halber mit,damit
Sie evtl.über einen Rückgriff verfügen.Er ist
auch ein Mann,der kaum mal etwas mit einer

Verletzung zu tun hat.Man kann über ihn
fast ausschliesslich verfügen.

Meine Familie zieht bereits am
Dienstag voraus nach Pirmasens,wohin ich nach
Abschluss der Saison folgen werde.Über meine
hiesige Trainernachfolge sind Sie sicher in=
formiert und Sie wissen,mit wem Sie sich
dann in Verbindung setzen wollen.

Sollten Sie in Pirmasens Spieler
haben,an denen Sie interessiert sind,lassen
Sie mich das wissen.

Mit sportlichem Gruss,

Ihr

(17)

Nach der Meisterschaft des BVB hofft Sepp Herberger auf *das Comeback von „Aki" Schmidt* in der Nationalelf — 10. September 1963

Alfred „Aki" Schmidt (1935–2016) gewann mit dem BVB zwei Meistertitel, den DFB-Pokal und den Europacup der Pokalsieger. Er war ein Musterschüler von Herberger und lief unter ihm 25 Mal für die Nationalelf auf.

Sepp Herberger hält große Stücke auf Alfred „Aki" Schmidt. Schon 1957 hat er den Dortmunder erstmals in die Nationalelf berufen, obwohl der 21-Jährige zu diesem Zeitpunkt beim BVB noch nicht immer erste Wahl ist. Bis Mai 1960 zählt Schmidt fast ständig zum DFB-Aufgebot. Doch unter Trainer Max Merkel entsteht bei Borussia Dortmund Unruhe, und der Klub gerät vorübergehend in ein Leistungstief, das auch den Nationalspieler in Mitleidenschaft zieht. Für die WM 1962 wird Schmidt vom Bundestrainer nicht berücksichtigt, Herberger gibt stattdessen Helmut Haller und Horst Szymaniak den Vorzug. Erst in der Spielzeit 1962/63 findet der BVB zu alter Stärke zurück und wird auch dank seines brillanten Regisseurs „Aki" Schmidt am Saisonende zum dritten Mal deutscher Meister. Herberger ist nach der verkorksten WM in Chile gerade dabei, die Nationalelf zu verjüngen. Talente wie der Kölner Wolfgang Overath und Werner „Eia" Krämer vom Meidericher SV sollen Stützen beim Neuaufbau werden. Doch auch BVB-Star Schmidt kommt nun in den Gedankenspielen des Coachs in Hinblick auf die WM-Qualifikation für 1966 wieder vor. Am 28. September 1963 wird er beim 3:0-Sieg gegen die Türkei in Frankfurt sein Comeback im DFB-Dress geben. Als Herberger seinen Brief aufsetzt, ahnt er noch nicht, dass er die WM in England nicht mehr im Amt erleben wird. Am 7. Juni 1964 endet mit dem 4:1-Auswärtssieg gegen Finnland seine herausragende Ära als Verbandstrainer. Und auch für „Aki" Schmidt wird es das letzte Spiel für die Nationalelf sein, die er an diesem Tag als Kapitän ins Olympiastadion von Helsinki führt.

Deutscher Fußball-Bund
Der Bundestrainer

6941 Hohensachsen/Bergstr.
Fernsprecher Amt Groß-Sachsen 347
10. September 1963

Herrn
Alfred Schmidt
Dortmund - Berghofen
Kneebuschstr. 22

Ihre Nachricht vom	Ihr Zeichen	Unser Zeichen	Tag

Lieber Aki,

in den Spielen der letzten Zeit haben sich aus
den Reihen unseres Nachwuchses Krämer und Overath für eine
Berufung in die Nationalmannschaft empfohlen. Da schon in
knapp 12 Monaten der Zeitpunkt für den Beginn der Qualifikation
um die Teilnahme an der Weltmeisterschaft 1966 gekommen ist,
ist es mir darum zu tun, schnellstens Aufschluß darüber zu
haben, wer von den jungen Nachwuchskräften für einen festen
Platz in der Nationalmannschaft in Frage kommt. Wenn die
Leistung der beiden Vorgenannten weiterhin anhält, haben sie
eine reelle Chance in Frankfurt gegen die Türkei dabei zu sein.

Die Chance dieser beiden berührt aber Ihre erneute Zugehörigkeit
zum engsten Kreis unserer Nationalmannschaft nicht. Ich bin
froh und schätze mich glücklich wenn Ihre gute Leistung der
zurückliegenden Wochen und Monate auch weiterhin anhalten würde,
weil ich dann einen sicheren Kandidaten auf verschiedenen Posten
unserer Nationalmannschaft hätte. Ihnen und Tiemo wünsche ich
nun, daß Sie schnellstens von Ihren Verletzungen geheilt werden
um wieder voll leistungsfähig zu werden. Was ich von Ihnen gerne
wüßte ist das, ob Sie auch dann für Frankfurt zur Verfügung
stehen, wenn Sie nur als Reservemann nominiert werden sollten.

Ich hoffe und erwarte, lieber Aki, daß Sie volles Verständnis
für die Situation haben und daß Sie sich so entscheiden wie es
von einem Sportsmann erwartet werden kann.

Mit den besten Grüßen an Sie und Ihre Familie verbleibe ich,

Ihr

Sepp Herberger

(18)

Sepp Herberger —— Aki Schmidt

„Dass ich Dich und den FC Bayern zwischendurch auch mal öffentlich angegangen bin, lag daran, dass sowohl Du als auch der Verein mir immer wichtig waren – und heute noch sind. (...) Ich wollte damit auf Dinge aufmerksam machen, zum Wohl unseres FC Bayern. Wäre es mir egal gewesen, hätte ich mich gar nicht erst damit beschäftigt.“

Paul Breitner an Uli Hoeneß
auf *www.fcbayern.com*
— 3. Januar 2022

Paul Breitner ——— Uli Hoeneß

Gerhard Schröder tröstet den Sündenbock Lothar Matthäus nach der *vergeigten Europameisterschaft 2000* — 25. Juni 2000

Die Europameisterschaft 2000 in Belgien und den Niederlanden ist ein Desaster für die deutsche Nationalelf. Der Mannschaft gelingt nur ein einziges Tor, sie verliert gegen England, muss nach der Vorrunde heimreisen und gönnt sich obendrein am Abend vor der Abfahrt aus dem Teamquartier im holländischen Vaals noch ein amtliches Besäufnis. All das sorgt dafür, dass die Medien umgehend nach Schuldigen für die Pleite suchen und sie in Bundestrainer Erich Ribbeck und dem zurück in die Nationalelf geholten Lothar Matthäus finden. Der sei altersschwach und unmotiviert über den Rasen geschlichen und habe das Team gespalten. Das stimmt zwar alles, ist als Analyse dennoch arg eindimensional. Findet jedenfalls Kanzler Gerhard Schröder, der sich via *Bild am Sonntag* mäßigend in die Diskussion einschaltet und verkündet, das Ausscheiden sei nicht die Schuld Einzelner, sondern Ergebnis „einer Misere, die den deutschen Fußball insgesamt betrifft". Es ist keine Überraschung, dass sich der Regierungschef in die sportlichen Niederungen herablässt. Schröder hat früher selbst gekickt, das allerdings eher rustikal unter dem Kampfnamen „Acker" beim lippischen TuS Talle. Und später als Kanzler nutzt er Termine mit sportlichem Bezug gern, um entweder die Berner Elf von 1954 komplett aufzusagen oder die Journalisten feixend nach dem dritten Torwart im damaligen Kader auszufragen (Heinz Kubsch aus Pirmasens). Nun springt er dem gescholtenen Altstar Matthäus bei, der sich über den unerwarteten Zuspruch freut, gleichwohl seine Karriere in der Nationalmannschaft nun endgültig beendet.

Kanzler Schröder schreibt Matthäus

„ Sie sind nicht der Sündenbock"

Lieber Lothar Matthäus,
natürlich bin auch ich traurig über das Ausscheiden der deutschen Fußballnationalmannschaft bei der Europameisterschaft. Sicher kann man, wie das ja auch viele Spieler getan haben, die Art dieses Ausscheidens als „beschämend" empfinden. Aber ebenso beschämend finde ich, dass nun einzelne Spieler – und insbesondere Sie – für die Niederlagen allein verantwortlich gemacht werden.

Auch ich habe es manches Mal am eigenen Leib erfahren müssen: Gerade bei uns in Deutschland hat der Erfolg viele Väter, aber der Misserfolg ist ein Waisenkind. Und ebenso sehr, wie ich Ihnen einen schöneren Abschied von Ihrer glanzvollen internationalen Karriere gewünscht hätte, so sehr wehre ich mich dagegen, wenn man Sie nun zum Sündenbock für eine in der Tat desolate Leistung machen will. Die Niederlage von Rotterdam war nicht das Versagen eines Spielers, nicht nur das der ganzen Mannschaft. Sie ist vor allem Ergebnis einer Misere, die den deutschen Fußball insgesamt betrifft.

Diese Misere dauerhaft zu beheben und nachhaltige Bedingungen für besseren Fußball in Deutschland zu schaffen, sind nun alle aufgerufen – Funktionäre und Fans, Profispieler und fußballbegeisterte Jugendliche. Ich bin sicher: Insbesondere Letzteren werden Sie mit Ihren auch international einmaligen Leistungen noch auf lange Zeit Vorbild und Ansporn bleiben.

Ihnen ist es durch Einsatzbereitschaft, Zähigkeit und Willensstärke gelungen, Ihr fußballerisches Talent in einer einzigartigen Profilaufbahn zur Geltung zu bringen. Wenn Sie etwas ausge-

zeichnet hat, dann war das der unbedingte Wille, erfolgreich zu spielen und Siege zu erringen. Es ist schon so: Entscheidend ist auf'm Platz, wie der legendäre Adi Preissler sagte. Aber wenn es an der richtigen Einstellung fehlt, dann stimmen eben auch die Leistungen und Ergebnisse auf dem Platz nicht mehr – wie wir bei der Europameisterschaft so schmerzlich erleben mussten.

Ich habe keinen Zweifel: So, wie Sie sich in Ihrer ereignisreichen Laufbahn nie gescheut haben, Verantwortung zu übernehmen, werden Sie zum Neuaufbau der deutschen Fußballkultur mit Ihrem Rat und Ihrer Erfahrung sicher wertvolle Beiträge leisten können.

Seien Sie herzlich gegrüßt von Ihrem

Gerhard Schröder

19

Die Spieler des VfB Stuttgart hadern mit Coach Otto Baric. Präsident Mayer-Vorfelder erinnert sie deshalb *nachdrücklich an ihre Pflichten* — 16. September 1985

Karl Allgöwer, von 1980 bis '91 für den VfB aktiv, engagierte sich in der Friedensbewegung und machte sich für die Rechte von Profis stark. Nicht immer zur Freude von Klubpräsident Gerhard Mayer-Vorfelder.

Wenn es nicht läuft, lässt sich Gerhard Mayer-Vorfelder in den 1980ern gern in seinem braunen Mercedes SEL vom Landtag zum Trainingszentrum chauffieren, um die Profis ins Gebet zu nehmen. Der VfB Stuttgart ist damals ein Spitzenteam der Bundesliga. Doch die Spieler wissen, sobald der Klub in der Tabelle unterhalb von Platz sieben steht, schrillen beim Vereinspatriarchen die Alarmsirenen. Dass „MV" am 16. September 1985 seiner Unzufriedenheit nicht mündlich, sondern in Form einer Aktennotiz Nachdruck verleiht, hat also einen Grund. Nach dem Gewinn der Meisterschaft 1984 hat der VfB die Vorsaison nur auf Platz zehn abgeschlossen. Nach einer 0:2-Niederlage beim HSV zwei Tage zuvor belegen die Schwaben nun erneut Rang zehn. Und Mayer-Vorfelder, der dem Verein ab 1975 für ein Vierteljahrhundert vorsteht, kennt seine Pappenheimer. Er weiß, dass einige Profis einen engen Draht zu Journalisten haben. Der neue Trainer Otto Baric, der von Rapid Wien an den Neckar gewechselt ist, wird von Medien bereits angezählt. Baric ist ein unterhaltsamer Redner, aber das überharte Training des Kroaten kommt beim Team weniger gut an. Zudem hat das VfB-Management im Sommer die Abgänge von Leistungsträgern wie Kurt Niedermayer oder Hermann Ohlicher aus Ersparnisgründen weitgehend nur mit Nachwuchsspielern kompensiert. Weil der Erfolg ausbleibt, geraten auch Führungsspieler wie die Förster-Brüder, Günther Schäfer oder Karl Allgöwer ins Kreuzfeuer. Als einige öffentlich Kritik an der Einkaufspolitik des VfB äußern, sieht sich „MV" gezwungen, die Aufwiegler an ihre Arbeitnehmerpflichten zu erinnern.

STUTTGART 1893 e.V.

A K T E N N O T I Z

An die Lizenzspieler des VfB Stuttgart

Aus gegebenem Anlass muss ich meine mündlichen Anweisungen, die
ich der Mannschaft gegenüber am 08. Juni (anlässlich des Saison-
abschlusses) und am 08. Juli (anlässlich der Vorstellung von
Trainer Otto Barić) gemacht habe, nunmehr in schriftlicher Form
wiederholen, weil in den letzten Tagen in der Presse wieder zahlreiche Zitate von VfB-Spielern zu lesen waren, die sich kritisch
mit der Einkaufspolitik des Vereins, gepaart mit Forderungen
nach neuen Spielern, oder die sich kritisch mit den eigenen Mitspielern auseinandersetzen.

Ich habe Ihnen unmissverständlich und mit aller Deutlichkeit zum
Verstehen gegeben, dass jegliche Kritik an Vereinsführung, Trainern
und Mitspielern untersagt ist und von der Vereinsführung nicht
länger hingenommen wird. Bei Verstoss muss der betreffende Spieler
mit ernsten Konsequenzen seitens der Vereinsführung rechnen.

Ich darf Ihnen meine Worte nochmals in aller Deutlichkeit ins Bewusstsein rücken. Ich bin nicht gewillt, Zustände wie z.B. in der
letzten Saison, wieder einreissen zu lassen. Wer sich künftig
nicht an die ausgegebenen Anweisungen hält, hat - unter Bezug-
nahme auf § 4 des Arbeitsvertrags - mit empfindlichen Geldbussen
zu rechnen.

In diesem Zusammenhang darf ich auch nochmals darauf hinweisen,
dass ich von jedem Spieler bei seinem Auftreten sowohl in der
Öffentlichkeit als auch im Privatleben erwarte, dass das Ansehen
des Vereins nicht beeinträchtigt wird. Hierzu gehört auch, dass
jeder Spieler bei Vereinsreisen (zu Auswärtsspielen usw.), bei
Aufenthalten in Traingslagern oder bei sonstigen Vereinsveran-
staltungen in der vom Verein zur Verfügung gestellten und vom
Trainer angeordneten Kleidung auftritt.

Stuttgart, den 16.09.1985

Gerhard Mayer-Vorfelder
-Präsident-

Gerhard Mayer-Vorfelder ———— Karl Allgöwer

(21)

Verein für Bewegungsspiele Stuttgart 1893 e.V.

Präsidium und Geschäftsleitung

VfB Stuttgart 1893 e.V. · Postfach 501142 · D-7000 Stuttgart 50	Geschäftsstelle Martin-Luther-Straße 14

VfB Stuttgart 1893 e.V. · Postfach 501142 · D-7000 Stuttgart 50

Herrn
Karl Allgöwer
▬▬▬▬▬▬▬▬▬
▬▬▬ Gingen

Geschäftsstelle Martin-Luther-Straße 14
7000 Stuttgart 50 (Bad Cannstatt)
Telefon (0711) 561003/565614

Sportplatzanlage Mercedesstraße 117
mit Clubhaus 7000 Stuttgart 50 (Bad Cannstatt)

Konten Postscheckamt Stuttgart
(BLZ 60010070) Nr. 13692-709
Cannstatter Volksbank e.G.
(BLZ 60090400) Nr. 500105006

7000 Stuttgart, den   27.07. 1981

Lieber Karl,

mir ist dieser Tage aufgefallen, dass die meisten Pkw's unserer Lizenzspieler mit
Werbeaufschriften von irgendwelchen Firmen beklebt sind. Zu meinem Bedauern ver-
misste ich jedoch in den meisten Fällen einen VfB-Aufkleber. Dies verwundert mich
etwas. Es ist doch sicherlich keine Schande, viel eher ein Auszeichnung, dem VfB
Stuttgart zuzugehören. Deshalb betrachte ich es auch nicht als Zumutung, wenn ich
Ihnen beiliegend, zum Anbringen an Ihren Pkw, einen VfB-Aufkleber übersende. Ich
würde mich freuen, wenn Sie hierdurch Ihre Identifikation mit dem VfB Stuttgart
zum Ausdruck bringen würden.

Mit freundlichen Grüssen

Gerhard Mayer-Vorfelder
Präsident

Anlage: ein VfB-Aufkleber

Deutscher Meister 1950 und 1952   Deutscher Amateurmeister 1963 u. 1980   Süddeutscher Pokalmeister 1933 und 1958   Württembergisch-Badischer Meister 1926
Deutscher Vizemeister 1935, 1953 und 1979 Deutscher Amateur-Vizemeister 1971   Endrundenteilnehmer um die   Württembergischer Meister
Deutscher Pokalmeister 1954 und 1958   Süddeutscher Meister 1946, 1952 und 1954   Deutsche Meisterschaft 1937, 1954 und 1956   1929, 1935, 1937 und 1938

„Karl, da trinken wir ein Gläsle drauf" VfB-Präsident Mayer-Vorfelder konfrontiert Karl Allgöwer mit einer besonderen Bitte — 27. Juli 1981

Karl Allgöwer, was ging Ihnen durch den Kopf, als Sie im Juli 1981 diesen Brief erhielten?
Ich hatte keine Ahnung, was das soll. Damals fuhr ich einen grünen Golf GTI, Aufkleber waren da keine drauf, und Werbeverträge hatte ich auch nicht. Ich ging also davon aus, dass der Präsident den Brief so oder ähnlich an mehrere Spieler geschickt haben musste.

Kam es öfter vor, dass Sie Post von Präsident Mayer-Vorfelder bekamen?
Persönliche Briefe eher nicht, aber als baden-württembergischer Kultusminister und CDU-Abgeordneter im Landtag war „MV" natürlich akribische Aktenarbeit gewohnt. Auch als VfB-Präsident war er berühmt-berüchtigt dafür, dass er über jeden noch so marginalen Vorgang im Verein Aktennotizen anlegte, um sich im Zweifel darauf berufen zu können.

Sie waren im Sommer 1981 seit einem Jahr Profi beim VfB Stuttgart und in den Kreis der Nationalelf aufgerückt. War es üblich, dass sich der Präsident mit solchen Dingen an seine Spieler wandte?
Es waren ganz andere Zeiten. Wir hatten auch eine rigide Kleiderordnung. Im Klubkontext durften wir nur im VfB-Zweireiher oder im Trainingsanzug auftreten. Der Coach Jürgen Sundermann achtete penibel darauf, dass wir uns daran hielten. Als ich ins Trainingslager damals ein Dutzend farbige T-Shirts mitbrachte, sagte er, das ginge nicht. Bei Spaziergängen oder beim Essen mit dem Team seien nur weiße Shirts erlaubt. Sundermann gab mir eins, das ich fortan jeden Tag anziehen musste und abends mit der Hand auswusch.

Sie engagierten sich für die Friedensbewegung und den Umweltschutz, Mayer-Vorfelder galt als CDU-Hardliner. Wie kamen Sie mit ihm aus?
Als ich mich für den *Kicker* auf einer Müllhalde fotografieren ließ, um auf die zunehmende Umweltverschmutzung hinzuweisen, oder mich gegen Atomkraft positionierte, war er sauer. Er war der Ansicht, dass Politik im Fußball nichts zu suchen habe, er würde seine Ansichten ja schließlich auch nicht mit den Vereinsbelangen vermengen. Nach außen mimte er gern den harten Hund, in Teambesprechungen konnte er auch laut werden. Aber hinter verschlossenen Türen konnte man mit ihm sehr herzlich diskutieren. Wäre er noch am Leben, würde er bei Erscheinen dieses Buches mit dem Brief bestimmt sagen: „Komm, Karl, da können wir ein Gläsle drauf trinken."

Haben Sie den beigelegten VfB-Sticker damals auf Ihren Golf geklebt?
Nein, warum auch? Ich hatte kein Problem, mich zu dem Verein zu bekennen. Schließlich habe ich meine beste Zeit als Profi beim VfB erlebt. Aber ich achtete bewusst darauf, dass mein Auto am Trainingsplatz nie mit mir oder dem Verein in Verbindung gebracht werden kann. Ich hatte kein Stuttgarter, sondern ein Göppinger Kennzeichen und auch keine Initialen, die Rückschlüsse auf meinen Namen zuließen. Es kam ja vor, dass Fans nach Niederlagen aus Wut einen Lackschaden verursachten.

Sie haben Mayer-Vorfelders Wunsch also nicht entsprochen?
Nein, der Aufkleber verstaubte noch jahrelang in meiner VfB-Mappe daheim. Der Präsident hat mich nie mehr darauf angesprochen.

David Beckham verpasst nach einer Verletzung *seine vierte WM-Teilnahme*, was FIFA-Präsident Sepp Blatter sehr bedauert
— 17. März 2010

David Beckham (*1975) lief 115 Mal für die englische Nationalelf auf und nahm an drei Weltmeisterschaften teil, die allesamt in die Amtszeit von Josef „Sepp" Blatter (*1936) als FIFA-Präsident (1998 bis 2016) fielen.

David Beckham will es noch einmal wissen. Weil im Frühjahr 2010 die amerikanische Major Soccer League ruht, lässt sich der 34-Jährige von seinem Arbeitgeber Los Angeles Galaxy zum AC Mailand ausleihen, um in der Serie-A Spielpraxis für einen Einsatz bei der bevorstehenden WM in Südafrika zu sammeln. Ob der in die Jahre gekommene Fußball-Popstar den „Three Lions" sportlich noch helfen kann, ist fraglich, aber auf vier WM-Teilnahmen hat es vor ihm noch kein britischer Spieler gebracht. Entsprechend groß ist Beckhams Ehrgeiz. Doch im Liga-Spiel gegen Chievo Verona am 14. März 2010 reißt ihm nach einem Ausfallschritt ohne Fremdeinwirkung die linke Achillessehne. Keine drei Monate vor Beginn der WM besteht für ihn damit keine Hoffnung mehr auf rechtzeitige Heilung, auch wenn er sich bereits am nächsten Tag bei einem Spezialisten im finnischen Turku operieren lässt. Die Verletzung lässt auch FIFA-Boss Sepp Blatter nicht kalt. Der Schweizer kann sich gut in Beckhams Leiden hineinversetzen. 2006 hat sich der Funktionär beim Tennis selbst die Achillessehne angerissen. Und natürlich nimmt der Ausfall den Turnier-Auftritten der englischen Elf – wenn nicht den sportlichen Reiz – zumindest einiges von ihrem Unterhaltungswert. Blatter schreibt deshalb einen salbungsvollen Brief an den britischen Starspieler. „Three Lions"-Coach Fabio Capello entscheidet, Beckham zumindest als Scout mit nach Südafrika zu nehmen, doch er wird nie mehr für England auflaufen. Erst nach einer sechsmonatigen Pause kommt er für LA Galaxy wieder zum Einsatz und holt mit dem Klub 2011 die Meisterschaft.

Mr. David Beckham
c/o AC Milan
Via Filippo Turati, 3
I - 20121 Milano

22

Zurich, 17 March 2010

Dear David,

Your injury - the news of which truly went around the world - has also naturally come to my attention. The fact that it has happened so close to the World Cup makes it doubly painful.

Not only has your participation in the World Cup finals for a record fourth time for an English player been put in doubt, but you are also having to endure physical pain. I suffered exactly the same injury and am all to familiar with it. At the risk of sounding too philosophical so soon after your misfortune, it is true that time heals all wounds and that both kinds of pain will cease eventually. We often encounter situations in life that we can only fully understand at a later date, but I am sure that you know that already.

I therefore sincerely wish you a swift recovery and am confident that you will be able to come to terms with this new situation as you always do: with dignity and courage.

Warmest regards,

Joseph S. Blatter

Lieber David,
von Ihrer Verletzung – die als Nachricht wirklich um die Welt geht – habe ich natürlich gehört. Dass Sie so kurz vor der Weltmeisterschaft davon ereilt werden, macht es gleich doppelt schmerzhaft.

Denn so ist nicht nur Ihre vierte Teilnahme an einer WM in Zweifel gezogen, was für einen englischen Spieler ein Rekord wäre, sondern Sie müssen zudem auch körperliche Schmerzen ertragen. Da ich genau dieselbe Verletzung hatte, weiß ich, was Sie durchmachen. Auch auf die Gefahr hin, angesichts Ihres Unglücks allzu bedeutungsvoll zu klingen, kann ich Ihnen sagen, dass die Zeit alle Wunden heilt und letztlich beide Arten des Schmerzes aufhören. In unserem Leben geraten wir oft in Situationen, die wir erst später in vollem Umfang verstehen, aber ich bin mir sicher, dass Sie das längst wissen.

Deshalb wünsche ich Ihnen aufrichtig eine schnelle Genesung und bin zuversichtlich, dass Sie schon bald mit der neuen Situation zurechtkommen werden, so wie Sie es immer tun: mit Würde und Mut.

Herzliche Grüße, Joseph S. Blatter

(23)

Am 20.1.44.
1/ beantwortet.

Gelsenk. 20. 11. 43

Lieber Otto Faist!

Habe Ihren Brief erhalten, und mich gefreut von Ihnen zu hören. Was uns hauptsächlich interessiert ist ja doch der Fußball, und wie Sie gelesen haben, hat man uns gegen die Wiener ganz schön einpaar Eier rein gelegt. Will Ihnen nur Kurz schildern wie das gekommen ist. Kann Ihnen nur das eine sagen mit Hans Klodt ist kein großes Spiel mehr zu gewinnen. Was er gegen Wien gespielt hat war einfach fürchterlich, von 8 Schüssen auf Tor waren 6 drin aber fragen Sie nicht was für welche. Von diesen 6 Toren hätte jeder mittelmäßige Tormann 4 gehalten. Was die Zeitungen schreiben, stimmt nämlich nicht, wenn Sie das Spiel gesehen hätten, hätten Sie, Keinen Pfennig für die Wiener gegeben so hätten wir mit den Wienern gespielt. Trotzdem wir Kaum trainiert haben. Zuerst kommen die Wiener

Lieber Herr Faist! Habe Ihren Brief erhalten und mich gefreut von Ihnen zu hören. Was uns hauptsächlich interessiert, ist ja der Fußball, und wie Sie gelesen haben, hat man uns gegen die Wiener ganz schön ein paar Eier reingelegt. Will Ihnen nur kurz schildern, wie das gekommen ist. Kann Ihnen nur das eine sagen, mit Hans Klodt ist kein großes Spiel mehr zu gewinnen. Was er gegen Wien gespielt hat, war einfach fürchterlich, von 8 Schüssen aufs Tor waren 6 drin. Aber fragen Sie nicht was für welche. Von diesen 6 Toren hätte jeder mittelmäßige Tormann 4 gehalten. Was die Zeitungen schreiben, stimmt nämlich nicht, wenn Sie das Spiel gesehen hätten, hätten Sie keinen Pfennig für die Wiener gegeben, so hatten wir mit den Wienern gespielt. Trotzdem wir kaum trainiert haben. Zuerst kommen die Wiener ...

2:6 verliert der Schalke 04 gegen First Vienna im Pokalhalbfinale 1943. *Wie soll Ernst Kuzorra das bloß seinem Trainer erklären?* Er schreibt einen langen Brief — 20. November 1943

In 27 Jahren als Stürmer von Schalke 04 gewann Ernst Kuzorra (1905–1990) sechs Deutsche Meisterschaften. Der Kopf der legendären Angriffsachse „Schalker Kreisel" beendete erst mit 45 Jahren seine aktive Laufbahn.

Ernst Kuzorra hat eine deutliche Niederlage zu erklären. Schmählich mit 2:6 hat der FC Schalke 04 im Halbfinale des deutschen Vereinspokals gegen den First Vienna Fußballklub aus Wien verloren, vor 35 000 Zuschauern in Frankfurt am Main. Spielertrainer Kuzorra schreibt einen Brief an den etatmäßigen Coach, Otto Faist – der seit 1942 als Soldat an der Ostfront kämpft –, um das Ausscheiden zu erklären. Denn die Niederlage ist umso schmerzlicher, als der FC Schalke 04 in den Jahren unter Faist von Erfolg zu Erfolg geeilt ist. Drei Deutsche Meisterschaften 1939, 1940 und 1942 stehen zu Buche, dazu zwei Pokalendspiele. Vor allem das 9:0 im Jahre 1939 gegen Admira Wien vor 100 000 Zuschauern im Berliner Olympiastadion geht in die Geschichte ein, denn das Publikum erlebt die wohl beste Schalker Mannschaft aller Zeiten. Tempi passati – „nun hat man uns gegen die Wiener ganz schön ein paar Eier reingelegt", schreibt Kuzorra. Den Hauptschuldigen für das Desaster hat die Schalker Legende schnell ausgemacht. Unter den sechs Toren waren vier, die „jeder mittelmäßige Tormann" gehalten hätte, nicht aber Schalke-Keeper Hans Klodt, mit dem „kein großes Spiel mehr zu gewinnen" ist. Den Brief schließt Kuzorra mit besten Wünschen auf „ein gesundes und baldiges Wiedersehen". Doch Faist wird nicht auf die Bank der Knappen zurückkehren. Der überzeugte Hitler-Verehrer dient bei der Luftwaffe an der Ostfront, noch im März 1945 schwadroniert er vom „Glauben an unseren Endsieg". Erst kurz vor seinem Tod kommt er zur Einsicht in die Verbrechen des NS-Regimes. Anfang 1946 stirbt er in sowjetischer Gefangenschaft an Typhus.

23

...zu 2 geschenkten Toren wir holen darauf 2 wunderbare Schalketore auf. Mit 2-2 werden die Tore gewechselt, nach der Halbzeit lassen wir die Wiener kaum aus ihrer Hälfte (da sprechen die Leute von der besseren Kondition der Wiener) und der Fehler war von uns, unsere Außenläufer wollten die Tore schiessen. Trotzdem ich das ganze Spiel brüllte die Außenläufer sollten kürzer treten, aber Bornemann und Hinz stellten sich derart blöd an, als ob sie es nicht hörten und trotzdem wäre alles noch gut gegangen wenn H. Klodt nicht so schrecklich schwach gewesen wäre. So haben die Wiener nur durchbruchsartig gespielt. Wir tragen uns mit dem Gedanken Klodt aus der Mannschaft zu nehmen. Am Sonntag vor 14 Tagen gegen Bochum, das wir mit 2-1 gewonnen hatten, hatten wir einen Jugendlichen namens Kisker im Tor der Junge hat ganz fabelhaft gehalten. Hätte Hans Klodt im Tor gestanden, hätten wir das Spiel bestimmt verloren.

Jetzt am Sonntag gegen B. Dortmund verloren wir das Spiel 1-0 gewiss der Sturm hatte kein Tor geschossen, aber das eine Tor daß H. Klodt laufen ließ war wieder derart lächerlich, daß man einfach keine Worte dafür hat. Ich selbst hatte jetzt 6 Wochen nicht mehr gespielt, habe eine blöde Knieverletzung, sodas ich schon vorher nur bandaschiert gespielt habe. Morgen Sonntag gegen Herne soll ich mein erstes Spiel wieder machen, aber ich habe keine Lust, denn mein Bein ist noch nicht in Ordnung, aber die Mannschaft und Vorstand lassen mich keine Ruh. Das lb. Herr Faist alles nur nebenbei. Betreffs des Spiel L.S.V. gegen D.S.C. kam der Sieg von L.S.V. für mich gar nicht überraschend, ich habe sogar Wetten abschließen wollen, dass der L.S.V. gewinnt. Zwar aus folgenden Gründen, wer im D.S.C. Sturm sollte bei der Hinter-Mannschaft ein Tor schiessen? Kein Mensch wollte es mir glauben, aber ich fest davon überzeugt. Auch gegen Wien haben ich nur an L.S.V. geglaubt umso mehr…

Ernst Kuzorra —— Otto Faist

…hat es mich überrascht das sie verloren hatten. Nun etwas vom Krieg: gestern abend hatten wir wieder einen ganz schönen Angriff auf Gelsenk. Gott sei Dank hat alles mal wieder gut gegangen. Die Mehrzahl der Bomben und Brandbomben ist auf freiem Feld nur auf den Straßen gefallen. Wie soll das weitergehen? Sie hauen uns hier alles kurz und klein. Das können unsere Frauen und Kinder auf die Dauer kaum aushalten, (von gar nicht zu reden). Wir selbst in Gelsenk. haben bisher immer noch Glück gehabt, aber die Strolche kommen in letzter Zeit immer näher zu uns bis das es uns mal richtig packt. Wollen den Kopf nicht hängen lassen, die Hauptsache ist wenn Frau und Kindern nichts passiert. So lb. Herr Faist wünsche ich Ihnen alles Gute und auf ein gesundes und baldiges Wiedersehen. Ihr E. Kuzorra.

24

Helmut Grashoff —— Rosa Lienen

Liebe Frau Lienen,

*aus Anlaß der Geburt Ihres (offenbar)
strammen Sohnes übermitteln wir Ihnen
unsere von Herzen kommenden Glückwünsche.*

*Für Ihren Kleinen erhoffen wir Gesundheit
und Zufriedenheit auf dieser Welt und –
was die übrigen Lebensbedingungen angeht –
... daß er sich stets darüber freuen kann,
geboren worden zu sein.*

*Unseren Blumengruß werden wir uns zu
senden erlauben, wenn Sie beide wieder
nach Hause zurückkehren,... zum Herrn Papa,
der ja nun Gott sei Dank wieder 'normal'
wirkt und scheinbar wieder alles essen
kann.*

Wir senden Ihnen unsere besten Grüße

*Ihre
Borussia Mönchengladbach*

26.1.1981

mit freundlichen Grüßen
BORUSSIA   VfL   19oo e.V.

(Grashoff)
2.Vorsitzender

Gladbach-Manager Helmut Grashoff gratuliert Rosa Lienen zur Geburt eines Sohns. Und hofft, dass *Gatte Ewald sich nun endlich wieder einkriegt* — 26. Januar 1981

Ewald Lienen (*1953) spielte von 1977 bis '81 und von 1983 bis '87 in Mönchengladbach. Helmut Grashoff (1928–1997) war ab 1966 25 Jahre lang Borussia-Manager und machte den Verein in dieser Zeit zum Spitzenklub.

Ewald Lienen, Borussia-Manager Helmut Grashoff gratuliert Ihrer Gattin Rosa zur Geburt eines Sohnes. Nett von ihm, oder?
Helmut Grashoff legte viel Wert auf Verhaltens- und Umgangsformen. Ein korrekter hanseatischer Kaufmann alter Schule. Sein Brief kam zwei Tage nach der Geburt unseres Erstgeborenen Joscha. Meine Frau Rosa lag mit ihm noch im Gladbacher Krankenhaus Neuwerk.

Grashoff schreibt, er sei froh, dass Sie nach der Geburt wieder „normal" wirkten. Was meint er?
Je näher der Termin rückte, umso nervöser wurde ich. Wenn ich mit Borussia unterwegs war, fing ich zunehmend an, die Leute verrückt zu machen. Ich wollte um jeden Preis bei der Geburt dabei sein und musste auf dem Laufenden bleiben, was ohne Handy schwer war.

Das heißt konkret?
Joscha war für Anfang Januar geplant, wir mussten um die Zeit aber zum Hallenturnier in die Berliner Deutschlandhalle. Vor Aufregung konnte ich kaum noch normal essen, war ständig auf dem Sprung zum Flughafen Tegel. Selbst aus der Halle heraus erkundigte ich mich bei Rosa.

Waren Sie letztlich bei der Geburt dabei?
Allerdings! Zum Glück ließ sich Joscha etwas Zeit und kam erst am 23. Januar zur Welt, einen Tag vor unserem ersten Spiel nach der Winterpause bei Schalke 04…

Hatte Grashoff Sie vorher angesprochen, dass Sie mit Ihrer Nervosität alle in Unruhe bringen?
Überhaupt nicht, wir kamen sehr gut miteinander aus. Bis zu dem Brief hat er sich mit keiner Silbe zu meinem Verhalten geäußert. Wie gesagt, ein Hanseat alter Schule.

„Das ‚Deutsche Central-comité für internationale Fussballwettspiele' erlaubt sich gehorsamst mitzuteilen, dass eine englische repraesentative Fußballmannschaft Deutschland besuchen wird. Das Comité erlaubt sich an Eur. Durchlaucht die ganz gehorsame Bitte zu richten, das Ehrenpraesidium ueber diese Wettspiele uebernehmen zu wollen."

Erwin Schricker an
den Reichskanzler
— 16. November 1899

Erwin Schricker ——— Reichskanzler

Lust auf Olympia? In Athen wird 1896 erstmals eine moderne Version der Wettspiele veranstaltet. *Paul Kroeseler überlegt, ein Fußballteam zu entsenden* — 14. Februar 1896

Athen lädt im Jahre 1896 zu den ersten Olympischen Spielen der Neuzeit. Die antiken Traditionen sollen mit dem Fortschrittsgedanken des nahenden 20. Jahrhunderts versöhnt werden. Und deshalb soll auch Fußball ins olympische Programm aufgenommen werden. Das Deutsche Reich könnte als teilnehmende Nation ein Team stellen. Das jedenfalls lässt ein Schreiben vermuten, in dem Paul Kroeseler vom Deutschen Fußball- und Cricketbund (FuCB) dem deutschen Fußballpionier und späteren FIFA-Generalsekretär Ivo Schricker mitteilt, dass er bei den Spielen dabei sein kann. „Wir waren so frei in unserer letzten Versammlung Sie in die Liste der Kämpfenden einzusetzen u. zw. in die Vertheidigung", schreibt Kroeseler, dessen FuCB einer von mehreren Fußballverbänden ist, die sich gerade rund um die boomende Sportart Fußball bilden. Überall in Deutschland gründen sich Fußballklubs, von Germania Kaiserslautern über SuS Schalke 96 bis zum heute noch bekannten Hannoverschen FC 1896. Meisterschaften, regionale und nationale, werden geplant. Und nun auch Olympia? Doch der Fußball muss noch etwas warten, bis er als reguläre Disziplin anerkannt wird. Die Teilnahme einer deutschen Mannschaft zerschlägt sich, denn in Athen kommt Fußball lediglich als „Schaukampf" zur Aufführung. Olympia steckt noch in den Kinderschuhen, im Tennis gewinnt ein Ire die Goldmedaille, der zufällig Urlaub in Athen macht. Erst in Paris 1900 wird eine Elf Olympiasieger im Fußball: Die Medaillengewinner heißen Upton Park FC (Gold), Club Français Paris (Silber) und eine Belgische Auswahl (Bronze).

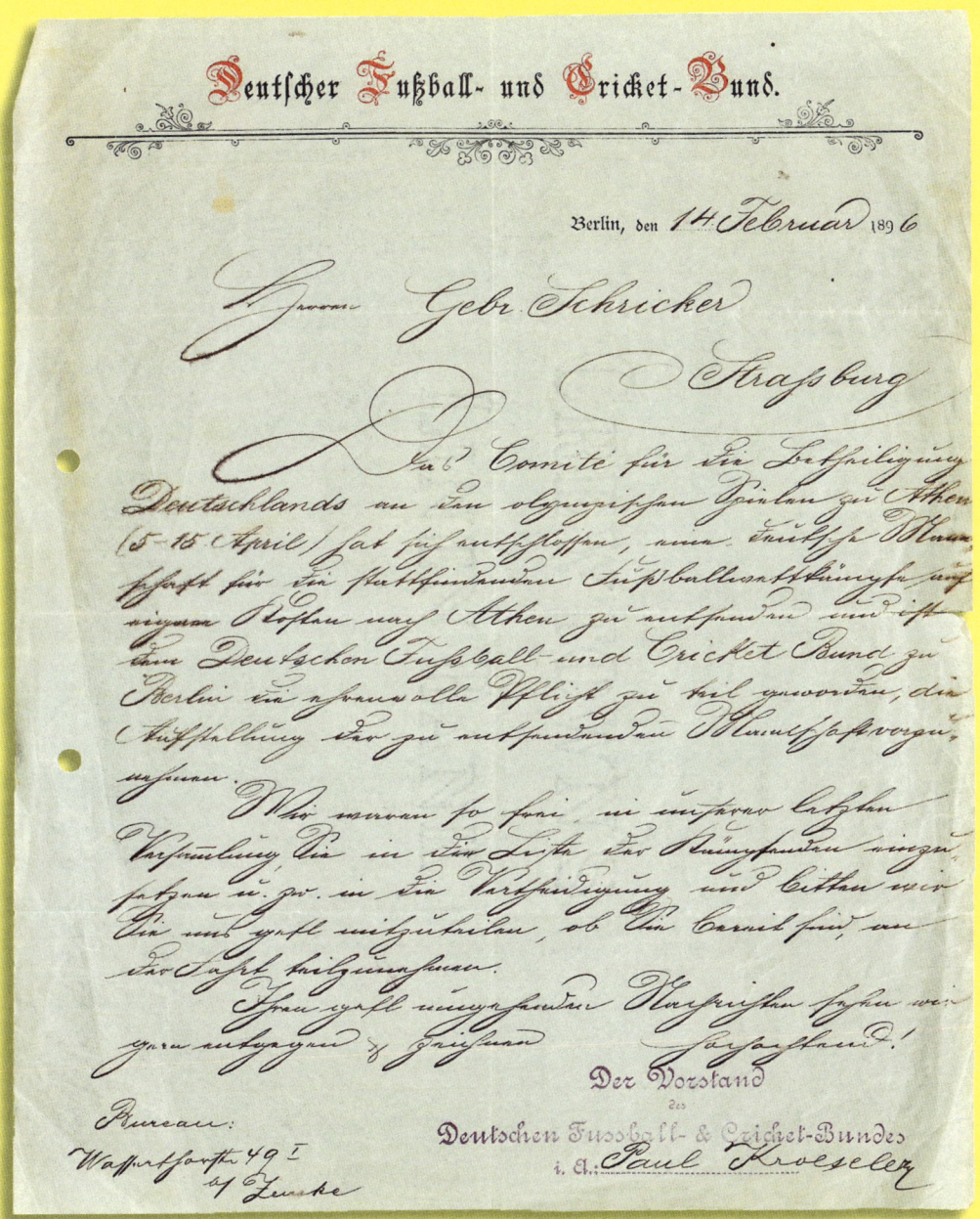

25

Paul Kroeseler ———— Gebrüder Schricker

Herren Gebr. Schricker
Straßburg

Das Comité für die Betheiligung Deutschlands an den olympischen Spielen zu Athen (5–15. April) hat sich entschlossen, eine deutsche Mannschaft für die stattfindenden Fußballwettkämpfe auf eigene Kosten nach Athen zu entsenden und ist dem Deutschen Fußball- und Cricket Bund zu Berlin die ehrenvolle Pflicht zu teil geworden, die Aufstellung der zu entsendenden Mannschaft vorzunehmen. Wir waren so frei in unserer letzten Versammlung Sie in die Liste der Kämpfenden einzusetzen u. zw. in die Vertheidigung und bitten wir Sie uns gefl. mitzutheilen, ob Sie bereit sind, an der Fahrt teilzunehmen. Ihren gefl. eingehenden Nachrichten sehen wir gerne entgegen & zeichnen hochachtend!

Der Vorstand des Deutschen Fussball- & Cricket-Bundes

Fußballpionier Walther Bensemann träumt von der *Teilnahme an Olympia 1896* und präsentiert Ivo Schricker einen möglichen Kader für Athen
— 21. Januar 1896

Walther Bensemann (1873–1934) zeichnet ab 1889 verantwortlich für die Gründung mehrerer Fußballklubs in Süddeutschland. 1900 ist er dabei, als der DFB entsteht. 1920 gründet er das Fußballmagazin „Kicker".

Als Gründungsvater des Fußballs in Deutschland wird gern der Turnlehrer Konrad Koch genannt, der 1874 seine Schüler das erste Fußballspiel auf dem „Kleinen Exerzierplatz" an der Braunschweiger Rebenstraße austragen ließ. Dass sich der Fußball jedoch in rasantem Tempo von einem Schülervergnügen zum Volkssport entwickelt, verdankt sie vor allem Walther Bensemanns Engagement. Die Verdienste des jüdischen Bankierssohnes aus Berlin sind allumfassend. Als Zehnjähriger kommt er auf einem britischen Internat in Montreux zum ersten Mal in Kontakt mit Fußball, fängt Feuer, gründet vier Jahre später den Footballclub Montreux und begreift es fortan als Lebensaufgabe, dem Sport auch in Deutschland zum Durchbruch zu verhelfen. Bei zahlreichen Vereinsgründungen, vom Karlsruher FV bis zu den Vorgängerklubs von Eintracht Frankfurt und Bayern München, mischt er mit und natürlich auch, als der Deutsche Fussball-Bund 1900 ins Leben gerufen wird. Fußball ist für Bensemann ein Spiel der Völkerverständigung, des internationalen Austauschs. Kein Wunder also, dass ihn auch der Gedanke an eine Teilnahme mit einer deutschen Elf an den ersten Olympischen Spielen der Neuzeit elektrisiert. Als Vertreter des Fußballs nimmt er Ende 1895 an der Versammlung einer Vorläufervereinigung des Nationalen Olympischen Komitees teil, von der er seinem Mitspieler bei den Karlsruher Kickers, Ivo Schricker, berichtet. Bensemann hat bereits Details zur Reise, und er macht Schricker zudem einen Vorschlag, wie ein deutsches Team in Athen auflaufen könnte. Die Achse der Elf sollen, wen wundert's, die Akteure aus Karlsruhe bilden.

@ Marburg. 21. I.

Lieber Schricker,

Ich bin beauftragt Dir mitzuteilen, daß in der von Dr. Gebhardt, Oberstleutnant von Egidy und Erbprinz von Hohenlohe einberufenen Versammlung ich mich im Sinne der Kickers und des d.F. u. C. Bundes dahin aussprach, daß wir eine Mannschaft nach Olympia senden, um Deutschland dort offiziell zu vertreten. Ich hatte in der Frankfurter Ztg. vor etwa 14 Tagen

⟨26⟩

Walther Bensemann ——— Ivo Schricker

Marburg, 21.I
Lieber Schricker, ich bin beauftragt, Dir mitzuteilen, daß in der von Dr. Gebhardt, Oberstleutnant von
Egidy und Erbprinz von Hohenlohe einberufenen Versammlung ich mich im Sinne der Kickers
und des d.F.u.C. Bundes dahin aussprach, daß wir eine Mannschaft nach Olympia senden, um Deutschland
dort offiziell zu vertreten. Ich hatte in der Frankfurter Zeitung vor etwa 14 Tagen …

(26)

…mich gegen die Beteiligung ausgesprochen, konnte aber diesen durch Tatenlosigkeit des Pariser Comité's hervor-
gerufenen Standpunkt nicht weiter vertreten, nachdem uns das athenische Comité, die deutsche Colonie in
Athen und speziell Ecz. von Rangabé noch einmal sehr herzlich ersuchten, nach Olympia zu gehen. In verschiedenen
Sitzungen der Clubs Victoria, Allemannia und Germania wurde die Mannschaft festgestellt:…

Goal: Haase; Backs: Laube, Ruffer (Victoria), Demmler; Halves: I. Schricker, E. Schricker;
Links: O. Baudach (Victoria), Bensemann captain; Centre: Heine (Vorwärts); Rechts: F. Baudach (Victoria),
W. Jestram (Germania). Die Reise dauert vom 2–15 April ca., und wird vom
Reisebureau Stangen geleitet. Die Kosten betragen pro Mann 135 Mark, retour II. Klasse.

(26)

… das Geld ist bereits überzeichnet. Dr. Traun in Hamburg 3000, Major von Thoppin in Berlin ebenfalls, und ich auch einen namhaften Betrag, dabei sind die Herren des Comités noch nicht bei. 20 000 Mark werden mindestens zusammenkommen, da Dr. Gebhardt Zusicherungen auf diese Summe hat. Für Demmler und Dich kommt Hohenlohe beim Kaiser um Urlaub ein, was nach Hohenlohes Ansicht keine Schwierigkeiten machen wird. Das ist wohl alles, was Du wissen mußt.
Mit bestem Gruß, Bensemann

(27)

Nº 4732

Ew. Durchlaucht!

Das "Deutsche Centralcomité für internationale Fussballwettspiele" erlaubt sich Ew. Durchlaucht ganz gehorsamst mitzuteilen, dass eine englische repraesentative Fussballmannschaft Deutschland besuchen und am 22. u. 23. November d.J. in Berlin sowie am 28. November in Karlsruhe gegen deutsche Mannschaften spielen wird. Es ist dies das erste Mal, dass eine repraesentative englische Fussballmannschaft den Continent besucht. Das unterzeichnete Comité erlaubt sich an Ew. Durchlaucht die ganz gehorsame Bitte zu richten, das Ehrenpraesidium ueber diese Wettspiele uebernehmen zu wollen.

D. C. f. i. F.
i. A.: E. Schricker

Berlin W.,
Kleiststraße 17.
16. Nov. 99.

Eur. Durchlaucht
Das „Deutsche Centralcomité für internationale Fussballwettspiele" erlaubt sich Eur. Durchlaucht ganz gehorsamst mitzuteilen, dass eine englische repraesentative Fussballmannschaft Deutschland besuchen wird am 22. u. 23. November d.J. in Berlin sowie am 28. November in Karlsruhe gegen deutsche Mannschaften spielen wird. Es ist dies das erste Mal, dass eine repraesentative englische Fussballmannschaft den Continent besucht. Das unterzeichnete Comité erlaubt sich an Eur. Durchlaucht die ganz gehorsame Bitte zu richten, das Ehrenpraesidium ueber diese Wettspiele uebernehmen zu wollen.
D.C.f.i.F. i.A. E. Schricker   Berlin W. Kleiststraße 17 16. Nov. 99

Erstmals kommt eine Auswahl aus dem Mutterland zu Spielen nach Deutschland. *Kann Erwin Schricker den Reichskanzler als Schirmherr gewinnen?* — 16. November 1899

1895 spielen die Gebrüder Ivo und Erwin Schricker gemeinsam mit Walther Bensemann im Auswahlteam der Karlsruher Kickers. Ihre gemeinsame Leidenschaft stellt das Trio bald auch auf institutionelle Füße.

Zehn Jahre vor dem ersten offiziellen Länderspiel einer deutschen Elf gegen die Schweiz 1908 finden sieben „Ur-Länderspiele" statt. Organisiert werden diese Partien von Walther Bensemann und den Brüdern Ivo und Erwin Schricker. Das Trio kennt sich seit der gemeinsamen Zeit als aktive Spieler der Karlsruher Kickers. Sie haben schon in verschiedenen deutschen Städten die Gründung von Fußballklubs vorangebracht. Bensemann ruft zudem das „Deutsche Centralcomité für internationale Fussballwettspiele" ins Leben, auf dessen Initiative hin im Dezember 1898 zwei Partien deutscher Teams gegen die White Rovers Paris und eine Pariser Stadtauswahl in Courbevoie stattfinden. Im Herbst 1899 leiht sich Bensemann bei seiner Tante 2000 Goldmark, um endlich eine englische Auswahl über den Ärmelkanal zu lotsen. Um öffentliche Aufmerksamkeit für dieses Event zu erhöhen, wendet sich Erwin Schricker eine Woche vor dem ersten Match gegen die Briten auf dem Athletik-Sportplatz in Berlin-Charlottenburg mit der Bitte an Reichskanzler Chlodwig zu Hohenlohe-Schillingsfürst, die Schirmherrschaft zu übernehmen. Doch der Fürst wird das Angebot wegen des britischen Engagements im Burenkrieg, der in Südafrika tobt, ablehnen. So verpasst er, wie eine deutsche Studentenelf gegen ein englisches Team, in dem auch Profis spielen, vor 1500 Zuschauern eine 2:13-Klatsche kassiert. Tags darauf erleben in Charlottenburg 513 Besucher eine 2:10-Niederlage der Deutschen. Auch vier Tage später auf dem Exerzierplatz in Karlsruhe läuft es nicht viel besser. Das Spiel endet mit 0:7. Erwin Schricker steht bei zwei der drei Partien mit auf dem Rasen.

Teenager Käte Witthöft ist ein Riesenfan von Holstein Kiel. *Besonders Linksaußen Ernst Möller hat es ihr angetan,* wie sie ihrem Tagebuch anvertraut — 26. Mai 1912

Käte Witthöft (1896–1990) schrieb nicht nur Tagebuch über ihre Liebe zu Holstein Kiel, sondern auch den 200-seitigen Roman „Fußballsport", in dem sie die von ihr bewunderten Holstein-Spieler leicht verfremdet auftreten lässt.

Vor dem Ersten Weltkrieg ist Holstein Kiel ein deutsches Topteam. Der Teenager Katharina „Käte" Witthöft pilgert regelmäßig zu den Spielen der „Störche". Sie hat es nicht weit, das Landhaus ihrer Familie liegt unmittelbar neben dem Platz des Vereins. Käte ist die Tochter des Landwirts Herrmann Witthöft, der 1911 vor den Toren Kiels einen Teil der „Witthöftschen Koppeln" zur Anlage eines Sportplatzes samt Holztribüne zur Austragung von Fußballspielen an den Klub verpachtet hat. Kätes Nähe zu den Spielern ist so groß, dass Hans Dehning und Hugo Fick nach einem Auswärtsspiel bei ihr sogar auf eine Partie Schlagball vorbeischauen. Besonders beeindruckt ist die 16-Jährige jedoch vom linken Außenstürmer Ernst Möller, neben Willi Zincke, Georg Krogmann und Willi Fick einer der Leistungsträger in der Kieler Elf, die am 26. Mai 1912 in Hamburg-Hoheluft gegen den Karlsruher FV die Meisterschaft gewinnt. Käte Witthöft verbringt diesen Pfingsttag zwar auf einem Segeltörn in Sonderburg, doch ihre Begleiter und sie halten sich telefonisch über den Spielausgang auf dem Laufenden. Davon berichtet sie ihrem Tagebuch, das ihr Enkel Thomas Edelhoff vor einigen Jahren zufällig auf seinem Dachboden fand. Kätes Schwarm Ernst Möller hat den 1:0-Sieg per Elfmeter perfekt gemacht, was ihr Herz höherschlagen lässt. Doch die Liebe zu dem fünf Jahre älteren Fußballer bleibt unerfüllt. Möller, im Hauptberuf Sekretär bei einer Intendantur, stirbt am 8. November 1916 als Soldat auf den Schlachtfeldern der Normandie. Heute erinnert die Fan-Gruppierung „Gruppo Ernesto" bei Spielen an den Meistertorschützen von 1912.

Käte Witthöft —— Tagebuch 1912

Pfingsten 1912 — An Bord der Ariadne

Ich machte eine Segeltour mit Hamesens. Es war einfach himmlisch. Sehr stürmische Überfahrt.
Nachts 12 Uhr kamen wir in Schleimünde an. Fuhren morgens 11 Uhr wieder fort u. waren um 8 in Sonderburg.
Hier machten wir (Frau Hamesen, Clare, ihr Vetter u. ich) einen Perlbummel (neudt. Einkaufsbummel, d.Red.).
Aßen an Bord. Abendbrot. Es war urgemütlich. Am andern Morgen telephonierten wir nach uns ob Holstein gewonnen
hatte. „Holstein ist deutscher Meister geworden, hat Karlsruhe mit 1:0 geschlagen", war die Antwort.
Wir waren natürlich selig. Schrieben sofort eine Karte: Fußballverein „Holstein" erste Mannschaft, Adr. Zum Würz-
burger (Name eines Gasthofs, d.Red.) Kiel eto. Daun: Aus der Ferne rufen wir dem Deutschen Meister ein 3faches
„Hipp-hipp, hurra!" zu. Käte Witthöft Cl. Hamesen, Sonderburg, den 27. Mai 1912. Erich schrieb eine Karte
an Ernst u. beglückwünschte ihn persönlich. Wir unterschrieben natürlich. Ich: Herz. Gruß u. Glückwunsch sendet
etc. Am liebsten hätte ich geschrieben: Ich liebe, Ernst, ich hab dich so lieb – Wir machten noch einen Ausflug
nach den Düppeler Schanzen (legendärer Schlachtort des 2. Schleswig-Krieges, d.Red.). Düppel Denkmal, historische
Mühle. Um 2 Uhr segelten wir ab. Montag abend um 10 Uhr waren wir wieder zu Hause.

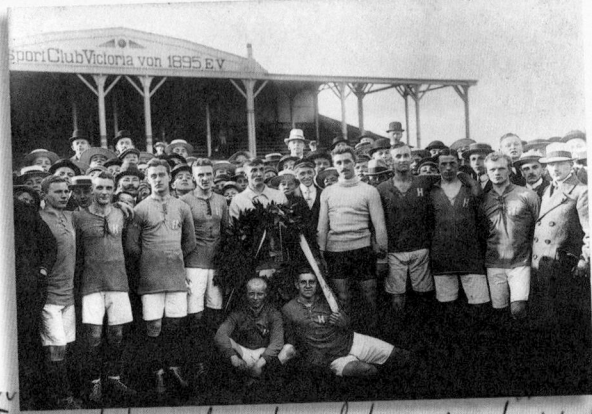

Foto: Meistermannschaft von Holstein Kiel in Hamburg-Hoheluft 1912. (Ernst Möller, 3.v.l.)

… Am Tage darauf schenkte mir Moppelchen (guter Freund von Käte, d.Red.) sein Bild, Ernst's Bild, ich bat ihn darum. Auch hat er mir ein Bild vom Wettspiel gegen Eintracht Hannover geschenkt in dem Holstein mit 5:1 siegte. Hugo Vick (Bruder von Willi Fick, d.Red.) nennen wir nur noch: „What do you grins over?" denn immer wenn er uns sieht lacht er uns an. Übrigens grüßt er uns jetzt, von neulich, das war zu ulkig. Am Sonntag eben vorm Wettspiel gegen Hamburg in dem Holstein nicht siegte, spielten wir auf dem Hof Schlagball. Da kommen Dehning u. H.V. u. fragen uns, ob sie mitspielen sollen. „Ja, natürlich" war meine Antwort. Sie brachten ihre Koffer zum Sportplatz u. spielten wirklich mit uns. Es war zum Totlachen unser Zuschauerkreis mehrte sich so daß Dehning ärgerlich rief: „Auf dem Sportplatz ist das Wettspiel." …

Käte Witthöft —— Tagebuch 1912

… meiner Cousine Ida Hecker kann ich trauen, sie kann mir Beweise bringen. Sie erzählte mir, daß Ally mit einer reizenden Dame sehr intim verkehrte. Ich war zuerst starr u. sehr enttäuscht. Ich hatte ihn höher geschätzt. Ich hätte nie so etwas getan, ehe ich es nicht vorher Ally erzählt hätte, damit er nicht etwa mich nachher wegen Vertrauensbruch anklagen konnte. Diese Erklärung Ida's aber stimmte mich nicht weiter traurig, wie es zu erwarten wäre. Ich merkte, daß es mir schliesslich doch gleichgültig war, ich fühlte mich frei! Jetzt darf ich Ernst lieben, ich bin frei, brauche niemanden darum zu fragen. Gestern hab ich wieder ein Bild von Moppelchen bekommen. Ernst's Bild. Wenn er das wüßte. Er sieht entzückend aus, so ähnlich! Noch ein anderes Bild habe ich von ihm, das ist viel dunkler, aber dieselbe Aufnahme. - Ich glaube, ich treibe es zu weit mit meinem Augenkultus, aber ich liebe einfach schöne Augen. Neulich sah ich Ernst's ganz genau. Sie sind dunkelblau leuchtend u. fidel. Sie können auch sehr zornig blicken, dann runzelt sich die hohe Stirn, die schwarzen schöngeschwungenen Brauen ziehen sich zusammen. So ungefähr wie auf dem Bild hier zur Seite! Schade, dass er keine weiße Hose anhat, die Tracht der Holsteiner ist ja blauer Sweater, weiße Hose, rote Strümpfe. Na, das ist ja so gleichgültig, wenn man nur sein liebes, liebes Gesicht erkennen kann u. das ist sehr deutlich. Wenn ich ihm zusehe wird das Herz mir warm. O ich habe ihn ja so lieb …

Deutscher Meister wird Eintracht Frankfurt 1932 nicht. Der FC Bayern ist einfach zu stark. *Die Reise zum Finale ist für Fan Otto Nunn trotzdem ein Erlebnis* — 14. Juni 1932

Die Frankfurter Eintracht ist 1932 auf einem Höhepunkt sportlichen Erfolges. Mehrfach qualifiziert sie sich für die Endrunde um die Deutsche Meisterschaft, 1932 schafft sie es bis ins Finale gegen Bayern München.

Die Meisterschaftsrunde 1932 ist ein großer Erfolg für die Frankfurter Eintracht. Bis ins Endspiel nach Nürnberg führt Coach Paul Oßwald seine Mannschaft, die auf dem Weg zum Duell mit dem FC Bayern unter anderem die Ostpreußen vom SV Hindenburg Allenstein und Schalke 04 aus dem Weg räumt. Zum Finale fährt nicht nur die Mannschaft, es machen sich auch Tausende Eintracht-Anhänger auf den Weg. Unter ihnen der 27-jährige Otto Erhart Nunn aus der Frankfurter Adlerflychtstraße, der sich ein paar Tage später an seinen Schreibtisch setzt und einen Brief an seine Braut Thea verfasst, die er im selben Jahr noch heiraten wird. Sein Reisebericht zeugt von der ungeheuren Popularität, die der Fußball Anfang der 1930er-Jahre in Deutschland bereits hat. „Schier unübersehbare Auto-, Motorrad-Kolonnen waren aus allen Teilen des Reiches, auch aus Bremen, gekommen. Als wir das Spielfeld betraten, umsäumte eine riesige Menschenmauer von fast 50 000 Menschen das Spielfeld", schreibt Nunn, der sich über die 0:2-Niederlage ärgert, am Ende aber auch froh ist, unversehrt wieder zurück nach Frankfurt gekommen zu sein, nach zahlreichen Schmähungen bei der Durchquerung bayrischer Ortschaften. „Wenn wir gewonnen hätten, hätten die Hitzköpfe, glaube ich, unsere Wagen demoliert und uns zu Brei geschlagen", schreibt er. Der Brief wird im Hause Nunn zunächst in der großen Briefkiste mit Erinnerungen landen. Otto Nunn, der in Frankfurt bei den Deutschen Edelstahlwerken als Kaufmann arbeitet, verstirbt im Jahre 1984. Er wird sein ganzes Leben ein glühender Fan der Eintracht bleiben.

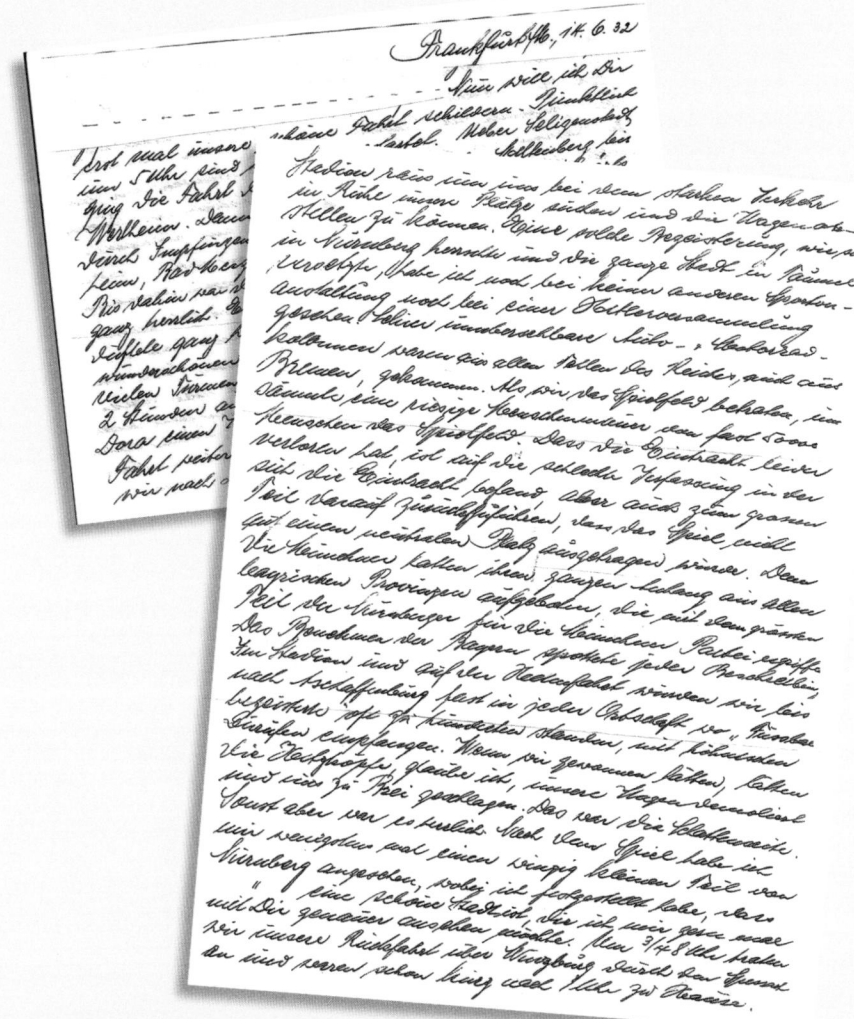

Nun will ich Dir erst mal unsere schöne Fahrt schildern. Pünktlich um 5 Uhr sind wir hier gestartet. Über Seligenstadt ging die Fahrt den Main aufwärts über Miltenberg bis Wertheim. Dann fuhren wir das Taubertal aufwärts durch Impfingen, Pa's Geburtsort, über Tauberbischofsheim, Bad Mergentheim, nach Rothenburg ob der Tauber. Bis dahin war die Fahrt durch das Main-Taubertal ganz herrlich. Es war schon tüchtig geheut worden und duftete ganz herrlich nach würzigem Heu. In dem wunderschönen, mittelalterlichen Rothenburg mit seinen vielen Türmen, Mauern, Giebeln haben wir uns etwa 2 Stunden aufgehalten. Von dort habe ich auch Tante Dora einen Kartengruss geschrieben.
Dann ging die Fahrt weiter über Ansbach nach Nürnberg. Dort kamen wir nach 2 Uhr an und fuhren dann gleich zum Stadion raus um uns bei dem starken Verkehr in Ruhe unsere Plätze suchen und die Wagen abstellen zu können.
Eine solche Begeisterung, wie sie in Nürnberg herrschte und die ganze Stadt in Taumel versetzte, habe ich noch bei keiner anderen Sportveranstaltung noch bei einer Hitlerveranstaltung gesehen. Schier unübersehbare Auto-, Motorrad-Kolonnen waren aus allen Teilen des Reiches, auch aus Bremen, gekommen. Als wir das Spielfeld betraten, umsäumte eine riesige Menschenmauer von fast 50 000 Menschen das Spielfeld. Dass die Eintracht leider verloren hat, ist auf die schlechte Verfassung in der sich die Eintracht befand, aber auch zum grossen Teil darauf zurückzuführen, dass das Spiel nicht auf einem neutralen Platz ausgetragen wurde. Denn die Münchner hatten ihren ganzen Anhang aus allen bayrischen Provinzen aufgeboten, die mit dem grössten Teil der Nürnberger für die Münchner Partei ergriffen. Das Benehmen der Bayern spottete jeder Beschreibung. Im Stadion und auf der Heimfahrt wurden wir bis nach Aschaffenburg fast in jeder Ortschaft wo „Fussballbegeisterte" oft zu hunderten Standen, mit höhnischen Zurufen empfangen. Wenn wir gewonnen hätten, hätten die Hitzköpfe, glaube ich, unsere Wagen demoliert und uns zu Brei geschlagen. Das war die Schattenseite. Sonst aber war es herrlich. Nach dem Spiel habe ich mir wenigstens mal einen winzig kleinen Teil von Nürnberg angesehen, wobei ich festgestellt habe, dass Nürnberg eine schöne Stadt ist, die ich mir gerne mal mit Dir genauer ansehen möchte. Um ¾ 8 Uhr traten wir unsere Rückfahrt über Würzburg durch den Spessart an und waren, schon kurz nach 9 Uhr zu Hause.

**Deutscher Reichsbund
für Leibesübungen e.V.**

Fachamt Fußball

— Deutscher Fußball-Bund e.V. —

Berlin NW 40, den 1. Januar 1936

Schlieffen-Ufer 5^I

Fernsprecher: A 2 Flora 72 96
Postscheckkonto: Berlin 1034 05
Bankkonto: Dresdner Bank, Berlin W 55

Lieber Herr HERBERGER !

Besten Dank für Jahresbericht und Arbeitsplan !
Bitte sehen Sie gelegentlich nach dem Spieler :
Hautmann, 21 Jahre, Mittelstürmer, Spielvergg BUER. Ob geeig
net zur Berufung in Nat Kurs.

Heil Hitler !

[Unterschrift]

Otto Nerz
Berlin-Eichkamp
Am Vogelherd 28

21. Februar 1936

Lieber Herr Nerz !

Über den Spieler Hautmann kann ich Jhnen auch heute
noch nicht berichten. Das angesetzte Spiel fiel aus, weil der Boden
des Platzes grundlos war. Wir hatten ein furchtbares Regenwetter
am vergangenen Sonntag. Jch lasse mir jetzt einen ne en Termin geben
und werde Jhnen bei erster Gelegenheit berichten.

Während ich Jhnen schreibe, sind Sie mit der Natinal-
mannschaft nahe bei oder vielleicht auch schon in Barcelona. Hoffent
lich hatten Sie eine schöne für die Spieler unbeschwerte Luftreise
und hofentlich haben wir recht Erfolg in den beiden Spielen.
Das ist mein Wunsch für unsere Sache und perdönlich für Sie.
Besten Gruss auch an Jhre Frau und den Buben !

Meine Frau ist zu Hause
bis ich mal wieder näher
und öfter in Duisburg bin.

Reichstrainer Otto Nerz hofft bei *Olympia 1936 auf die Goldmedaille* und schickt Sepp Herberger auf ausgedehnte Scouting-Touren — Anfang 1936

Otto Nerz (1892–1949) wurde 1926 Reichstrainer und machte die DFB-Elf international konkurrenzfähig. Nach dem frühen Aus bei Olympia 1936 verlor er an Ansehen, sodass Herberger bald sein Amt übernahm.

Reichstrainer Otto Nerz ist nervös. Nach der erfolgreichen WM 1934, bei der die deutsche Elf überraschend Dritter wird, will der Coach beim Olympischen Fußballturnier in Berlin endlich einen großen Titel. Diktator Adolf Hitler geht fest davon aus, dass die Mannschaft bei den Propaganda-Spielen Gold holt. Und Nerz will ihn nicht enttäuschen. Doch am 4. Dezember 1935 ist sein Team an der White Hart Lane gegen England mit 0:3 baden gegangen. Deshalb schickt der Coach seinen Assistenten Sepp Herberger unmittelbar nach Silvester auf ausgedehnte Scoutingtouren durch Westdeutschland. Je näher die Sommerspiele rücken, desto mehr schwant Nerz offenbar, dass sein Kader den hohen Erwartungen nicht genügen wird. Herberger begutachtet auch Spiele von regionalen Auswahlen gegen britische Teams, um Talente aufzuspüren, die seinem Chef bei der Kaderzusammenstellung helfen können. Doch bis auf den Duisburger Heinz Ditgens wird keiner der Akteure, die Herberger dem Vorgesetzten ans Herz legt, in Berlin zum Einsatz kommen. Zwar gelingt der deutschen Elf zum Turnierauftakt im Poststadion ein furioser 9:0-Sieg gegen Luxemburg. Aber schon im Viertelfinale scheidet das Team nach einer 0:2-Niederlage vor 55 000 Zuschauern – unter denen zeitweise auch Hitler weilt – aus. Nach Olympia entspinnt sich ein interner Machtkampf zwischen Otto Nerz und Sepp Herberger, der sich mit der Rolle als Scout und Co-Trainer nicht mehr zufriedengeben will. Im Mai 1938, kurz vor der WM in Frankreich, übernimmt Herberger schließlich offiziell die Amtsgeschäfte als Hauptverantwortlicher für die Nationalelf.

30

Sepp Herberger —— Otto Nerz

Duisburg, den 2. März 1936

Lieber Herr Nerz !

Das war 'ne Sache jetzt auf der Spanienreise! Die Niederlage im eigenen Land ist den Spaniern sicherlich schwer a[n] die Nieren gegangen. Es grenzt fast ans wunderbare was unsere Nationalmannschaft heute zu leisten imstande ist. Jch gratuliere Jhnen herzlichst zu den beiden Erfolgen.

Gestern hatte ich nun endlich mal Gelegenheit den Spieler Hautmann von Westfalia Buer zu sehen. Mit der Empfehlung an Sie würde etwas stark übertrieben. Der Mann ist bestimmt nicht soweit, dass er zu einem Kurs für Nationalspieler herangezogen w[…] werden könnte.

Jch beginne heute mit einem Kurs in Dortmund und blei-be dür den ganzen Monat März in WestfalenGau. Ende des Monats ist dann ein Abschlusslehrgang in der Schule vorgesehen, zu dem ich XXXX auch Hautmann einladen werde. Nach Abschluss dieses Kurses werde ich Jhnen dann ausführlich berichten.

Mit den besten Grüssen auch an Jhre Frau und den Buben

Jhr

**Deutscher Reichsbund
für Leibesübungen
Fachamt Fußball**

Deutscher Fußball-Bund e. v.

Berlin NW 40, Schlieffen-Ufer 5ˣ
Fernsprecher: A 2 Flora 7296
Postscheckkonto: Berlin 1034 05
Bankkonto: Dresdner Bank, Berlin W 56

Herrn Josef Herberger,
Duisburg,
Kleiststr.43.

Ihre Nachricht vom   Ihr Zeichen

Unser Zeichen
Dr.N./K.   27.IV.1936

Lieber Herr Kollege!

    Zu den Engländerspielen im Monat Mai werden Nachwuchs-
und Nationalspieler eingesetzt. Da in dem letzten Kursus nicht
alle von Ihnen vorgeschlagenen Spieler berücksichtigt werden
konnten, andererseits aber grosser Wert darauf zu legen ist,
die Besten kennen zu lernen, bitte ich um Namhaftmachung neuer
Leute, damit sie als Spieler oder Reserven disponiert werden
können. Die Ersatzspieler werden nur aus lokalen Kräften ausgewählt.
    Es ist notwendig mir mitzuteilen: Alter, Grösse, genaue
Position (Aussenläufer, Verbinder, Mittelstürmer und Flügelstür-
mer sind besonders gefragt). Ich bitte um beschleunigte Behandlung. Die Gestellung der Reserven ist nur eine formale Angelegenheit, da ein Austausch nicht stattfindet.
    Die Idee eines Vorspieles von Nachwuchsspielern ist
nicht von der Hand zu weisen, aber es muss doch bedacht werden,
dass man die wirkliche Klasse nur am Gegner messen kann. Ausserdem bin ich persönlich am Spieltag nicht in der Lage, etwas zu
erledigen, was damit zusammenhängt. Ich muss mich ausserdem auch
noch um Everton kimmern.

Heil Hitler!

Nerz.

Duisburg,den 2.Mai 1936

Lieber Herr Nerz!

    Jn Erledigung Jhres Schreibens überreiche ich Jhnen beiliegend den Durchschlag einer Liste der National- und Nachwuchsspieler aus meinem Gebiet,die ich vor einigen Tagen für Herrn Knehe fertiggestellt habe.

    Unter den neuen, Jhnen noch unbekannten Spielern,sind talentierte Kräfte.Dittgens,den rechten Verteidiger, hätte ich gerne mal vor eine schwere Aufgabe gestellt gesehen.Jch kann mir denken,dass nach Jhrem Kurs in Berlin die Zahl der zu erprobenden Nachwuchsspieler nicht klein ist und möchte deshalb für die Probespiele gegen Everton mit neuen Vorschlägen zurückhalten.

    Jch habe mir nun in der Woche vom 11.-16.V., also in den Tagen um das Evertonspiel in Duisburg,einen Nachwuchslehrgang in die Schule gelegt.Hier hätten Sie Gelegenheit den Nachwuchs aus dem Niederrhein zu sehen.Da ich annehme,dass die Mannschaft gegen Everton am Tage des Spiels in der Schule untergebracht ist,könnten Sie in einem Übungsspiel die Spieler in Augenschein nehmen.Auf alle Fälle sind die auf der Liste mit einem X versehenen Spieler am Spieltag gegen Everton zur Stelle.

    Am kommenden Mittwoch,dem 6.Mai,spielt in Köln der Mittelrhein gegen Jrland.Jn der Mannschaft des Mittelrheins stehen ausser den Jhnen bereits bekannten:Klaass,Elbern,Dahmen,Gauchel in Hoofs und Kuckerts noch zwei weitere talentierte Nachwuchsspieler. Könnten Sie dieses Spiel besuchen,dann hätten Sie,zusammen mit den Teilnehmern des Duisburger Lehrganges,fast den gesamten Nachwuchs aus dem Westen gesehen.

    Gestern kam ich aus Aachen zurück,wo ich, im Rahmen meines Arbeitsplanes für Februar-April,einen Lehrgang für den Kreis Aachen durchgeführt habe.35 Teilnehmer kamen aus 24 Vereinen.

    Alemannia Aachen ist auf der Suche nach einem Fussballehrer.Es handelt sich um eine Dauerstellung.A.hätte gerne eine junge Kraft,möglichst Absolvent der Hochschule.Der Lehrer würde hauptamtlich angestellt.A.würde für diesen Posten Mk.250.-/300.-ausgeben.Jch habe A.an den Reichsverband verwiesen.Vielleicht haben Sie eine tüchtige Kraft zur Hand.

    Von den "Alten"ist Bender augenblicklich gut in Schwung.Jch habe ihn in letzter Zeit mehrere Male gesehen.Er spielte auch anständig.Busch werden Sie wohl nicht mehr nehmen wollen?Er ist in Form.

    Besten Gruss und Heil Hitler!

Kameraden!
Wichtige Aufgaben liegen dicht vor uns. Da heißt es,
gerüstet zu sein! Ich bitte Euch alle, dafür zu sorgen,
daß Ihr bereit seid, wenn der Ruf an Euch ergeht!
Scharfes Konditionstraining(Laufen und Kopfspiel) ist
besonders notwendig, denn es wird viel von Eurer Kraft
und Ausdauer abhängen. Die Weltmeisterschaft des nächsten
Jahres zwingt zu besonderer Sorgfalt in der Auswahl!

Seid bereit!   Heil Hitler!

        Nerz

[handschriftliche Tagebuchseite]

8. August 1936

Gestern: etwas ausgeschlafen. Magda ist sehr lieb. Ich bin so froh darüber. Im Amt viel Arbeit. Filmgagen-Konvention macht mir zu schaffen. Und daß der blöde Hanfstengel nun auch wieder anfängt zu filmen! Das fehlte mir noch. Echo unseres Empfangs in der Staatsoper in Presse und Öffentlichkeit wunderbar. Nur General v. Fritsch hatte nicht den richtigen Platz. Das ist schon was! Mit Frau Ullrich Filmfragen. Sie ist künstlerisch auf der absteigenden Linie. Das ist schade. Denn sie kann mehr, als sie zeigt. Mittags Führer: Frage Spanien. Nach der Olympiade werden wir rabiat. Dann wird geschossen. Und 2jährige Dienstpflicht eingeführt. Das ist dann unser Vorteil. Wenn nur der Parteitag ausfallen wollte! Der Führer ist in blendender Kampfstimmung. In Spanien furchtbare Greueltaten. Zu Hause Arbeit. In Spanien wieder 4 Deutsche auf bestialische Weise hingeschlachtet. Das wird zur Explosion kommen. England beschwichtigt. Frankreich spielt Neutralität. Und Sowjetrußland tritt offen für Spanien ein. Ich arbeite drauflos. Nachm. zum Fußballspiel Deutschland – Norwegen. Ein dramatischer, nervenaufpeitschender Kampf, bei dem die Deutschen nicht ganz verdient 2:0 unterliegen. Der Führer ist ganz erregt. Ich kann mich kaum halten. Ein richtiges Nervenbad. Das Publikum rast. Ein Kampf wie nie. Das Spiel als Massensuggestion. Zu Hause gelesen, geschrieben, geplauscht. Magda hat Damenbesuch in Schwanenwerda. Früh ins Bett. Heute eine Woche Olympiade. Hoffentlich geht's bald zu Ende. R. Strauß „Cäcilie". Welch ein wunderbares Lied. „Umhaucht von der Gottheit". Unbeschreiblich. Ein Kunstwerk. Mir ging es ganz auf.

Diktator Adolf Hitler wird bei Olympia 1936 Augenzeuge der 0:2-Niederlage gegen Norwegen. *Propagandachef Joseph Goebbels ist dennoch fasziniert* — 8. August 1936

Joseph Goebbels (1897–1945) ist von 1933 bis 1945 Propagandaminister des NS-Regimes und einer der schlimmsten Verbrecher dieser Zeit. Seine Tagebücher sind ein wichtiges Dokument des Dritten Reichs.

Die Spitze des NS-Staates interessiert sich nur bedingt für den Volkssport schlechthin. Zu roh das Spiel, zu unkalkulierbar das Ergebnis. Dass der Fußball die Massen begeistert wie keine andere Disziplin, ist dem Regime jedoch nicht entgangen. Und so erscheint Adolf Hitler beim Viertelfinale der Olympischen Spiele 1936 in Berlin zwischen Deutschland und Norwegen im Poststadion unweit des Lehrter Bahnhofs. Es wird allerdings das einzige Fußballspiel bleiben, das der NS-Diktator in seinem Leben besucht. Sein Propagandaminister Joseph Goebbels notiert zwar in seinen Tagebüchern, „der Führer ist ganz erregt", das aber schönt die wahren Ereignisse gewaltig. Hitler ist nämlich erzürnt über den überraschenden Außenseitersieg der Norweger und verlässt wutschnaubend vorzeitig das Poststadion. Goebbels selbst zeigt sich fasziniert von den Emotionen des Publikums. „Ich kann mich kaum halten. Ein richtiges Nervenbad. Das Publikum rast. Ein Kampf wie nie. Das Spiel als Massensuggestion." Dass die deutsche Mannschaft vorzeitig ausscheidet, ist derweil nicht die Schuld des Reichstrainers Otto Nerz, sondern des Präsidenten des Fachamts Fußball im Nationalsozialistischen Reichsbund für Leibesübungen, Felix Linnemann. Der hat verfügt, dass mehrere Spieler für die nächsten Spiele geschont werden sollen. Die so um ihre Leistungsträger gebrachte Mannschaft verliert aber mit 0:2. Das hat Konsequenzen für den Trainer: Otto Nerz wird beurlaubt und zum „Referenten für die Nationalmannschaft" wegbefördert, sein Assistent Sepp Herberger übernimmt schon beim nächsten Länderspiel gegen Polen als Reichstrainer.

Schiedsrichter Peco Bauwens *blickt beim Regelwerk nicht mehr durch* und bittet die FIFA um Aufklärung — 27. Oktober 1937

Peter Joseph „Peco" Bauwens (1886–1963) pfiff 82 Länderspiele, darunter das Olympische Finale 1936. Zudem leitete er 1922 das „unendliche" Meisterfinale zwischen dem 1. FC Nürnberg und dem HSV.

Schiedsrichterlegende Peco Bauwens ist verwirrt. Beim WM-Qualifikationsspiel zwischen Norwegen und Irland (Endstand 3:2) kommt es im Vorfeld der Partie zu Diskussionen, ob im Falle einer Verletzung des Torwarts eine Auswechslung gestattet ist. Bislang sind Spielerwechsel kategorisch verboten. Jedoch ist auch der FIFA bekannt, dass einige Verbände, darunter Deutschland, diese Regel teilweise eigenmächtig umgehen, indem sie sich vorab mit dem Gegner einigen, dass etwa der Torhüter ausgewechselt werden oder bis 20 Minuten vor Schluss ein Spielertausch vorgenommen werden darf. Das zuständige „International Football Association Board" drückt sich im FIFA-Regelwerk zum Thema Spielerwechsel aus Bauwens Sicht missverständlich aus. Die Diskussionen vorm Spiel in Oslo überlässt er deshalb dem zuständigen FIFA-Kommissar. Um Klarheit zu erlangen, wendet sich der inzwischen 51-jährige Referee vertrauensvoll an Ivo Schricker. Der Fußballpionier ist seit 1932 Generalsekretär der FIFA. Bauwens verlangt, dass der Weltverband sich im Vorfeld der WM 1938 auf klare Regeln bezüglich Auswechslungen, der Bereitstellung von Linienrichtern und auf eine Verlängerung bei K.-o.-Spielen festlegen sollte. Denn während sich die deutsche Mannschaft in der WM-Quali in drei Spielen gegen Schweden, Estland und Finnland durchsetzen muss, reicht Norwegen gegen Irland ein Sieg im Hin- und ein Unentschieden im Rückspiel, um das Ticket für Frankreich zu lösen. Die Schweiz und Portugal treffen sich sogar erst vier Wochen vor der WM in Mailand, um in einem einzigen Spiel die Teilnahme auszuspielen.

Köln, den 27. Oktober 1937.
Cleverstr. 13.

Herrn
Dr. Jvo Schricker
Zürich.
Bahnhofstr. 77.

Betrifft: Weltmeisterschaft.

Lieber Jvo !

Dem von mir geleiteten Spiel Norwegen – Freistaat Jrland in Oslo wohnte als Kommissar Anton Johanson bei. Vor dem Spiel wurde erörtert, ob der Torwart ersetzt werden könne. Johanson bejahte dies, gemäss dem Beschluss des Berliner Kongresses. Jch hielt mich, da nur Schiedsrichter, aus der Diskussion heraus. Die neu herausgekommenen Bestimmungen über die Weltmeisterschaft sprechen hierüber nur in § 2. Man muss schon firmer Regelkenner sein, um aus diesem § 2 herauszulesen, dass kein Spieler, also auch nicht der Torwart bei den Spielen um die Weltmeisterschaft ersetzt werden darf, denn es handelt sich doch hierbei um eine Competition und bei solchen Spielen sind gemäss den Regeln des F.A. Board keine Ersatzleute erlaubt. Der Berliner Kongress hat bezüglich seines Beschlusses, dass in Zukunft nur der Torwart ersetzt werden darf, hierbei die üblichen Länderspiele gemeint.

Jch rege an, dass das Organisationskomitee der Weltmeisterschaft eine entsprechende Erklärung möglichst umgehend herausbringt, um zu klären und Differenzen auszuschalten. Bei einer Neufassung der Bestimmungen für die Weltmeisterschaft empfehle ich, den Artikel 2 entsprechend zu ergänzen und bitte Dich, Dir eine entsprechende Vormerkung zu machen.

Es scheint mir weiter notwendig, auf Artikel 10 hinzuweisen, wonach auch bei den Ausscheidungsspielen neutrale Linienrichter genommen werden sollen.

Artikel 11 behandelt im ersten Absatz die etwaige Spielverlängerung, die nur bei den Spielen in Frage kommt, die nach dem Pokalsystem ausgetragen werden. Letzteres wird auch nicht genügend beachtet, was ich daraus schliesse, dass auch diese Frage in Oslo erörtert wurde. Es scheint mir notwendig zu sein, dass das Organisationskomitee auch hierzu eine Ergänzung bringt und diese Ergänzung bei einer späteren Neufassung auch berücksichtigt wird.

Jetzt schon weise ich darauf hin, dass das Spiel Portugal-Schweiz ein nach dem Pokalsystem auszutragendes Spiel ist und deshalb gegebenenfalls zu verlängern ist.

Die Vorgänge in Oslo haben mir die Notwendigkeit gezeigt, dass die Kommissare den Ausscheidungsspielen unbedingt beiwohnen müssten, was, wie ich aus der Gruppe Deutschland-Schweden weiss, bisher nicht der Fall gewesen ist. Hierüber ist in den Bestimmungen nichts enthalten. Es müsste m.E. darüber etwas gesagt sein und, wenn meine Auffassung richtig ist, ergibt sich noch die Frage, wer die Kosten des Kommissars zu tragen hat. Jch bitte, diese Frage möglichst umgehend zu klären, denn Deutschland beabsichtigt, den Kommissar Jhrer Gruppe Reidar Dahl zu dem Spiel gegen Schweden am 21.Nov. einzuladen.

Herzlichst
Dein

Peco Bauwens ——— Ivo Schricker

③③

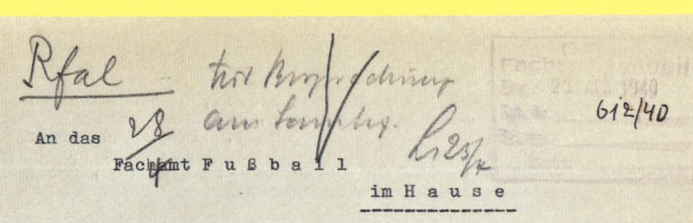

An das

F a c h a m t F u ß b a l l

im H a u s e

   Zu den geplanten finanziellen Bedingungen bemerke
ich erst einmal grundsätzlich:

      Wenn durch den Krieg die Devisenbestimmungen und
selbstverständlich die Devisenlage keine grundlegende Än-
derung erfährt, halte ich es für gänzlich ausgeschlossen,
daß wir die Genehmigung zur Transferierung so gewaltiger
Summen für ein Fußball-Turnier erhalten, wie sich bei Durchführung der Bedingungen ergeben werden.

      Es ist deshalb müßig, sich schon heute darüber den
Kopf zu zerbrechen. Ich verstehe nicht, daß die Fifa leeres
Stroh dreschen will, der Ausgang des Krieges kann doch alles
gänzlich auf den Kopf stellen, so daß man diese Frage bis
zur Beendigung des Krieges , an dem doch jetzt schon so
bedeutende Fußball-Länder wie
                        Deutschland
                        England
                        Frankreich
                        Dänemark
                        Norwegen

beteiligt sind, und in den wahrscheinlich noch andere Länder hineingezogen werden können, ruhen läßt.

      Kann sich heute schon jemand vorstellen, wie es z.B.
mit einer Beteiligung des Protektorats, des Gouvernements
etc. aussehen wird ?

      Ich komme mir zu dumm vor, meine gute Zeit für eine
Spielerei - mehr kann es zur Zeit doch nicht sein - zu ver-
tun und darum den Fachamtsleiter darauf zu dringen, daß der
Punkt vorläufig von der Tagesordnung abgesetzt wird. Die
Herren werden schon noch einen anderen Grund finden, trotz-
dem zusammenzukommen. Die müssen Sorgen haben.

      Daß wir es m.E. aber ablehnen müssen, unter den ange-
gebenen finanziellen Bedingungen das Turnier auszurichten,
ist für mich selbstverständlich. Das könnte den Herren so passen, die Millionen aus Deutschland fortzuschleppen und wir
tragen das Risiko-.

      Es fängt gleich gut an:

      Bei Ausscheidungsspielen verlangt die Fifa auch dann
5% von der Brutto-Einnahme, wenn die Einnahmen zur Deckung
der Unkosten nicht ausreichen. Selbstverständlich muß die
Fifa in einem solchen Falle auf die 5% verzichten.

      Jeder Nachlaß an Steuern, Abgaben würde der Fifa
zukommen. Wie stellen sich die Herren das eigentlich vor?
Bei uns wird bei Beteiligung von Profimannschaften bis zu
30% Steuern erhoben. Wenn nun eine Stadt vielleicht nur
20% erhebt, dann will die Fifa 10% haben? Wie soll man das
verstehen? Bei reinen Amateurveranstaltungen wird überhaupt
keine Steuer erhoben. Will dann die Fifa vielleicht 30%
haben ?

                                          - b.w. -

22. April 1940
*Nazi-Deutschland hat sich auf dem 23. FIFA-Kongress im August 1936 um die Austragung der Fußball-WM 1942 beworben.
Da auch Brasilien eine Bewerbung einreicht, fürchtet der Nationalsozialistische Reichsbund für Leibesübungen (NSRL)
bei der Vergabe leer auszugehen, weil die FIFA nach Weltturnieren in Italien 1934 und Frankreich 1938 eine Austragung in
Südamerika favorisiert. Nach dem Überfall auf Polen und dem Beginn des Zweiten Weltkriegs 1939 haben die Nazis
keinen Grund mehr, Deutschland durch die Ausrichtung von Sportevents auf der Weltbühne in ein positives Licht zu rücken.
Und so fallen **NSRL-Schatzmeister Arthur Stenzel im Schreiben an Kollegen im Fachamt Fußball** im April 1940 nur noch
Argumente gegen die Ausrichtung ein: Die FIFA ist zu gierig, Wettkämpfe mit Feinden will er nicht, und um die Frage,
wie eine Teilnahme der von der Wehrmacht besetzten Gebiete in Tschechien, der Slowakei und Polen aussähe, drückt er sich.*

Daß die Anteile der Fifa, gegen deren Höhe ich keine Einwendungen erheben würde, "in der kommenden Woche" zu zahlen sind, ist keine Angelegenheit, die man bestimmungsgemäß festlegen muß. Die Fifa erhält einen Vorschuß zur endgültigen Verrechnung, wenn die Abrechnungen vorliegen, das kann manchmal länger als eine Woche dauern.

<u>Art.18</u> Für 5% der Brutto-Einnahme bekommen wir in Deutschland kein Stadion. Die Stadionmiete einschl. Kassierer, Kontrolleure beträgt grundsätzlich 15% von der Brutto-Einnahme, dazu kommen die Kosten für Musik und eventuell Organisation.

<u>Art.20</u> Um das Risiko, das wir eingehen würden, zu kennen, müßte ich wissen, welche Reise- und Aufenthaltskosten der Mannschaft, der Linienrichter, der Schiedsrichter, der Vertreter der Fifa ungefähr entstehen können.

Wenn die Mannschaften nach dem ersten Spiel einen festen Betrag gemäß einem vom Exekutiv-Komitee aufgestellten Schema erhalten sollen, dann muß man das erst einmal kennen.

Ich stelle fest:

Von der Brutto-Einnahme gehen also ab:

      25% Steuern
       5% Fifa-Abgabe
      15% Platz
      <u> 5%</u> für Organisation, Musik etc. (geschätzt)
      50%

Reisekosten und Aufenthaltskosten der Mannschaften, der Fifa-Vertreter, der Schiedsrichter, Linienrichter usw.

Ich bin der Ansicht, daß - abgesehen von den 3 Schlußspielen je nach der Höhe der Reisekosten die verbleibenden 50% der Brutto-Einnahme oft nicht ausreichen werden, diese Kosten zu decken. Wir müßten dann mit unseren 30% der Schlußspiele solche Ausfälle decken, denn wenn z.B. in der ersten Runde Spanien/Italien einen größeren Überschuß bringt, dann sind beide Länder daran beteiligt, wenn aber die Brutto-Einnahme von Iran/Panama nicht ausreicht, dann zahlen wir die Differenz. So geht das überhaupt nicht. Es ginge nur, wenn die gesamten Einnahmen in einen Topf geworfen werden, wovon alle Unkosten bestritten werden und der Rest dann entsprechend aufgeteilt wird.

gez. Stengel

Berlin, den 22.April 1940.
II/1251/St/Kn.

(34)

OS HELLSCHREIBER MELDUNG NR . 11 EILMELDUNG .-

DEUTSCHER KUSSBALLVERBAND NICHT MEHR MITLGIED DER

F . I . F . A .

1945
~~1946~~ ?

ZUERICH , 11. NOV .-

AUF EINER SITZUNG IN ZUERICH BESCHLOSS DIE F . I . F . A .,
DIE INTERNATIONALE FUSSBALLVEREINIGUNG , AM SONNTAG ,
DASS DEUTSCHLAND NICHT MEHR ALS MITGLEID DER VEREINIGU NG
ANZUSEHEN SEI , DA '' DER DEUTSCHE FUSSBALLVERBAND SEIT DEM
ZUSAMMENBRUCH DES NAZIREICHES AUFGEHOERT HABE ZU BESTEHEN ''
GLEICHZEITIG WURDEN ..... UNLESEGLICH)) .. DIE WAEHREND
DES KRIEGES DIE GESCHAEFTLICHE LEITUNG DES GESAMTEN

EUROPAEISCHEN FUSSBALLWESENS UNTER SICH HATTEN , VON DER FIFA
AUSGESCHLOSSEN +

ENDE +

Nobel Geschenn 1944 Jof Kahn
(Deutsche)

Köln, den 15.11.1945,
Antwerpener Straße 55.

Fédération Internationale
de Football Association

Zürich
Bahnhofstraße 77

Am Sonntag, dem 11.11., wurden durch verschiedene Stationen des
Rundfunks sich widersprechende Mitteilungen bekanntgegeben betreffs der in Zürich abgehaltenen "FIFA"-Vorstandssitzung, die
nach einer Meldung u.a. beschlossen haben soll, daß für die
Wiederaufnahme sportlicher Beziehungen zu Deutschland die Zeit
noch nicht gekommen sei und auch, daß Unterzeichneter aus der
"FIFA" ausgeschlossen worden wäre.

Soeben erreicht mich eine Hellschreiber-Meldung aus Zürich vom
11.11., in der es heißt:
"Auf einer Sitzung in Zürich beschloß die FIFA, die Internationale Fußballvereinigung, am Sonntag, daß Deutschland nicht mehr
als Mitglied der Vereinigung anzusehen sei, da der Deutsche Fußballverband seit dem Zusammenbruch des Nazireiches aufgehört
habe zu bestehen. Gleichzeitig wurden Dr. Mauro und Dr. Bauwens,
die während des Krieges die geschäftliche Leitung des gesamten

- 2 -

Die FIFA schließt Deutschland nach Kriegsende aus. Das will Peco Bauwens nicht auf sich sitzen lassen — 11. & 15. November 1945

Das 5:2 gegen Slowenien am 22.11.1942 ist für acht Jahre das letzte Länderspiel, das eine deutsche Elf austrägt. Erst am 22.11.1950 kehrt Deutschland beim 1:0-Sieg gegen die Schweiz auf die Fußballbühne zurück.

In seiner Wohnung im zerbombten Köln erreicht Peco Bauwens eine unvollständige Fernschreibermeldung. Darin steht, Deutschland sei nach dem Zusammenbruch des Dritten Reichs aus dem Fußball-Weltverband ausgeschlossen worden. Dies hat die FIFA auf ihrer ersten Sitzung nach Ende des Krieges am 11. November 1945 in Zürich beschlossen. Bis auf Weiteres ist es laut Statuten allen Mitgliedsverbänden verboten, Sportbeziehungen zu Deutschland zu unterhalten. Im Gegensatz zu Österreich, das bereits ab August 1945 wieder eigenständig Länderspiele bestreitet, wird der DFB erst fünf Jahre später wieder internationale Spiele austragen dürfen. Auch für Bauwens' Funktionärslaufbahn ist es ein harter Schlag. Schließlich obliegt dem Rheinländer, der seit 1932 im FIFA-Exekutivkomitee sitzt, bis Kriegsende mit Italiens Verbandschef Giovanni Mauro die Leitung des europäischen Fußballverbands. Nun aber wird mit dem Ausschluss des DFB auch sein oberster Würdenträger kaltgestellt. Besonders erzürnt Bauwens, dass sein alter Wegbegleiter Ivo Schricker, der von 1932 bis 1950 das Amt des FIFA-Generalsekretärs bekleidet, es nicht für nötig befindet, ihn persönlich über die Neuigkeiten zu informieren. In den kommenden Jahren wird Bauwens viele Hinterzimmergespräche führen, um bei der FIFA wieder gut Wetter für den deutschen Fußball zu machen. Obwohl er sich in der Nazi-Zeit als Funktionär meist als ein zuverlässiger Sekundant des Regimes entpuppt hat, wird er am 1. Juli 1949 zum ersten Nachkriegspräsidenten des DFB gewählt und eine zentrale Rolle bei der Reorganisation des Fußballs in der Bundesrepublik spielen.

Fußballheld und Kriegsverbrecher: Otto Fritz „Tull" Harder wird als HSV-Spieler gefeiert und später als KZ-Wachmann und Kommandant verurteilt — 12. April 1946

„Tull" Harder (1892–1956) schießt den Hamburger SV in den 1920ern zu zwei Meistertiteln und erzielt für den Klub 387 Pflichtspieltore. In der NS-Zeit wird er KZ-Aufseher und später als Kriegsverbrecher verurteilt.

In den 1920ern gibt es in Hamburg keinen populäreren Spieler als den HSV-Stürmer Otto Fritz „Tull" Harder. Sein Ruhm reicht über die Stadtgrenzen hinaus, seine Biografie, seine Erfolge und Tore sind Vorbild des Spielfilms *Der König der Mittelstürmer* mit Ufa-Star Paul Richter. In Hamburger Kabaretts wird er ehrfürchtig besungen. Es gibt sogar eine „Tull Harder Zigarette" zu kaufen. Doch Harder ist nicht nur Fußballstar, Bonvivant und Volksheld, sondern auch glühender Nationalist und schließt sich schon ein halbes Jahr vor der Machtergreifung der NSDAP und schließlich auch der SA an. Später wird er Mitglied der Waffen-SS und verdingt sich seit Ende August 1939 als Wachmann, zunächst im KZ Sachsenhausen, ab November 1939 im KZ Neuengamme, und wird schließlich ab August 1944 als SS-Hauptscharführer Kommandant des KZ Hannover-Ahlem. Nach dem Krieg wird er als Kriegsverbrecher zu 15 Jahren Zuchthaus verurteilt, kommt aber bereits 1951 wieder frei. Im Rahmen des Verfahrens verfasst er einen Brief, in dem er beteuert, nahezu nichts von NS-Verbrechen mitbekommen zu haben, und bekennt sich als „nicht schuldig". Bizarre Parallelität: Harders HSV-Mannschaftskamerad Asbjørn Halvorsen wird, einige Monate nachdem der Wachmann Neuengamme verlassen hat, eben dort als Widerstandskämpfer interniert. Halvorsen überlebt und geht zurück nach Norwegen. Als Harder 1951 entlassen wird, wird er frenetisch gefeiert. Die Nazizeit wollen alle schnell vergessen. Unklar ist, ob Halvorsen und Harder sich später noch mal begegnet sind. Zumindest sind sie bei einem Länderspiel 1953 zum selben Bankett eingeladen.

108   Production-No. __28__

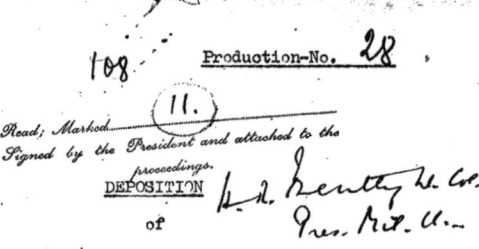

Read; Marked
Signed by the President and attached to the
proceedings.

DEPOSITION

of

Otto H A R D E R

Deposition on oath of Otto HARDER, MAle, of HAMBURG,
sworn before Capt. Anton Walter FREUD, Gen.List, of War
Crimes Investigation HQ BAOR, at MINDEN on 12th
April 1946.

Ich bin Otto HARDER, geboren am 25. Nov. 1892 in BRAUN-
SCHWEIG, von Beruf Versicherungsmakler, und Deutscher.

Ich trat 1932 in die NSDAP und im Mai 1933 in die SS
ein. Am 9. Nov. 1939 kam ich als Rottenfuehrer nach dem
Konzentrationslager NEUENGAMME. Dort war ich zunaechst
Wachtposten und kam dann in die Administration, w ich bis
Sommer 1944 taetig war. 1944 war ich Hauptscharfuehrer.
Im August 1944 kam ich zum Aussenkommando der Akkumulato-
ren-Fabrik in HANNOVER. Dann k am ich, im Sept 1944 nach
dem Aussenlager HANNOVER-STOECKEN. Anfang Dez. 1944 kam
ich dann in das Aussenkommando HANNOVER-AHLEM, w 1000
polnische Juden waren. Im Jan. 1945 wurde ich Untersturm-
fuehrer. Ich war der Kommandant des Konzentrationslagers **O.H.**
HANNOVER-AHLEM und als solcher voll und ganz verantwortlich fuer die Leitung und Aufsicht des Lagers.

Der Stuetzpunktleiter, welchem alle Laeger in der Gegend
HANNOVER unterstanden, war Obersturmfuehrer Kurt KLEBECK.

Mein SS-Stab in HANNOVER-AHLEM bestand aus meinem Stell-
vertreter, Rottenfuehrer Willi DAMMANN; mein Spiess war
Oberscharfuehrer Hans HARDEN.

Die SS-Leute, die ins Lager kamen, waren DAMMANN und ich.
Die Gefangenen waren von 24 deutschen Kapos und Vorarbei-
tern beaufsichtigt, welche fuer Ordnung und Disziplin im
Lager zu sorgen hatten. Der Lageraelteste war ein deutscher
Berufsverbrecher Namens Hans WECHSLER. Ich erhob nie Ein-
spruch, dass ein deutscher Berufsverbrecher die Aufsicht ueber
1000 polnische Juden hatte. Die meisten Kapos waren ebenfalls Berufsverbrecher.

Es war den Kapos nicht erlaubt, Gefangene zu bestrafen. Wenn
mir zu Ohren kam, dass Gefangene von ihnen geschlagen waren,
stellte ich sie zur Rede. Ich habe jedoch keinen von den
Kapos abgesetzt oder nach NEUENGAMME zurueckgeschickt, und
hatte ueberhaupt selten Gelegenheit, sie wegen Bestrafungen
von Haeftlingen zur Rede zu stellen.

Mir ist unfassbar, dass Hans WECHSLER 90 Leute umgebracht
haben soll, und ich weiss auch nicht, dass er, als er 83
umgebracht hatte, nach 7 Freiwilligen fragte, um die Zahl
auf 90 aufzurunden; sonst war Hans WECHSLER ein guter Arbeiter.
Ich weiss nicht, wieviele Leute in meinem Lager aufgehaengt
worden sind. Ich weiss nur, dass keiner durch Erhaengen
executiert worden ist. Mir ist unbekannt, dass die Kapos, fuer
deren Tun und Treiben ich verantwortlich war, in meinem Lager
Leute mit kaltem Wasser, durch Erhaengen oder toetlichen In-
jektionen umgebracht haben.

(35)

M. 387. Hamburger Sport Verein

Boos. Bajer. Martens. Risse

Halvorsen   Krohn   Agte
Schneider   Rove

109

- 2 -

Es ist mir erst waehrend meiner Internierung bekannt
geworden, wieviele Leute im Lager AHLEM gestorben sind.
Ich kann kaum glauben, dass von 1000 Gefangenen 10 - 15
taeglich in HANNOV R-AHLEM starben.

Ich habe nur sehr selten Gelegenheit gehabt, Gefangene
zu bestrafen. Ich kann mich nicht erinnern, jemals Gefangene bestraft zu haben, weil sie sich zum Beispiel
waehrend der Arbeit waermten. Wenn Gefangene dies getan
haetten, weiss ich nicht, wer sie dafuer bestraft. hat.

Ich ging nur sehr ungerne in die Naehe des Reviers oder
der Leichenkammer. Ich habe jedoch manchmal Leichen gesehen, konnte aber niemals irgendwelche Wuergspuren oder
andere gewaltsame T odesursachen erkennen.=Todesurteile
wurden im Lager AHLEM nicht vollstreckt. Nur 3 oder 5 Gefangene wurden bei einem Bombenangriff getoetet.

Trotzdem einige 100 Gefangene verhungert sind, war das   O. H.
Essem im Lager AHLEM sehr gut und reichlich. Die polnisch-
juedischen Konzentrationshaeftlinge bekamen zum Beispiel
drei mal soviel Fleisch wie deutsche Zivilpersonen, eine
Sache, die wohl recht unglaubhaft erscheint.

Die Gefangenen konnten, wenn ich im Lager war, jederzeit
zu mir sprechen. Sie beklagten sich jedoch niemals, dass
sie schlecht von den Kapos behandelt wuerden und dass sie
auf verschiedene Weisen misshandelt wuerden. Ich habe
nie davon gehoert, dass die Kapos den Gefangenen einen
Wasserschlauch in den Mund gesteckt haben und sie dann
mit Wasser "aufbliesen".

Trinkwasser fuer die Gefangenen in AHLEM musste her-
angefahren werden per Wagen und war sehr knapp. ~~Ich tat~~   O. H.
~~nichts, um die Trinkwassersituation zu verbessern.~~

Die Gefangenen haben oft gesungen, doch an einen Fall,
wo sie an einem toten Kameraden, der einen Stein im
Mund hatte, singend vorbeimarschieren mussten, kann ich
mich nicht erinnern.

SWORN by the said Deponent Otto HARDER,
voluntarily at MINDEN on 12th April 1946,
before me, Anton Walter FREUD, CAPT Gen.List,
detailed By C.-in-C. BritishArmy of the Rhine.

Capt,

DR. P. J. BAUWENS

KÖLN A. RH., den 23.4.1947
~~UNTER STRASSE~~
Antwerpenerstr.55
Tel: 57838, 53916

39 *Guy Sissmith*
J.A.

(35)

<u>Bescheinigung</u>

In den zahlreichen Spielen des Hamburger Sport-
vereins, denen ich als Schiedsrichter vorstand,
und bei den Länderspielen in denen Tull Harder
mitwirkte und die ich fast alle zusah, hat sich
vorgenannter <u>stets als ein vorbildlicher Sportsmann gezeigt und ist dadurch gleichsam zu einem
Vorbild für unsere Jugend geworden.</u> Selbst bei
den härtesten Spielen blieb er stets fair und
dem Gegner gegenüber ritterlich. Dass Tull
Harder SS-Mann war erfuhr ich zum ersten Mal
zu meinem grössten Erstaunen bei einer Begegnung mit ihm gelegentlich des von mir geleiteten Alt-Herren-Spiels Hamburger Sportverein
gegen Nürnberg am 28.8.1937, wobei er mir in
seiner typisch menschlichen Art sagte, dass
er manchem KZler Zigaretten zuschustern würde.

<u>Ich bin als Rassepolitisch-Verfolgter aner-
kannt.</u>

(Unterschrift)

Peco Bauwens —— Britisches Militärgericht

23. April 1947
*Drei Wochen bevor Otto Fritz „Tull" Harder vom britischen Militärgericht zu 15 Jahren Zuchthaus verurteilt wird
(von denen er am Ende nur knapp vier Jahre absitzen muss), stellt ihm der ehemalige Schiedsrichter und hohe
DFB-Funktionär Peco Bauwens eine salbungsvolle Leumundsbescheinigung aus. Darin stellt Bauwens dem ehemaligen
KZ-Aufseher Harder nicht nur als vorbildlichen Sportsmann und Vorbild für die Jugend dar, sondern geriert sich
auch selbst als NS-Verfolgter, weil seine jüdische Ehefrau im Jahr 1940 Selbstmord begangen hat. Geflissentlich unerwähnt
lässt er in dieser Erklärung zudem, dass er sich selbst schon 1933 um eine Mitgliedschaft in der NSDAP bemüht
hat und er als Funktionär jahrelang das nationalsozialistische Deutschland im Weltfußballverband FIFA vertreten hat.*

„Dies bedeutet, dass die Prämienregelungen gegenüber der letzten Saison nicht wesentlich geändert werden, weil es auch dem VfB Stuttgart nicht möglich ist, das Geld zweimal auszugeben. Denn genau dies wäre der Fall, wenn dem Wunsch der Mannschaft nach weitergehenden Erhöhungen nachgegeben worden wäre."

Gerhard Mayer-Vorfelder an VfB-Kader
— 15. September 1980

Gerhard Mayer-Vorfelder ——— VfB-Kader

Der FC Schalke 04 legt Bert Trautmann einen unterschriftsreifen Vertrag vor. Doch Manchester City lässt seinen deutschen Keeper nicht gehen — 29. Juli 1952

Bert Trautmann (1923–2013) wird im englischen Fußball unsterblich, als er trotz eines Genickbruchs das FA-Cup-Finale 1956 zu Ende spielt und ManCity einen 3:1-Sieg gegen Birmingham über die Zeit rettet.

Bernhard „Bert" Trautmann will nach Hause. Seit er im Februar 1945 in britische Kriegsgefangenschaft gekommen ist, lebt er im Norden Englands. Im Oktober 1949 unterschreibt er beim Erstligisten Manchester City einen Vertrag. Anfangs begegnen viele City-Fans dem Torhüter aus Nazi-Deutschland feindselig, doch mit seinen herausragenden Leistungen wird er schnell zu einer festen Größe im Team, und sein guter Ruf schwappt bald auch rüber nach Deutschland. Im November 1951 reisen deshalb Schalkes Vorsitzender Albert Wildfang und Trainer Fritz Szepan nach England, um ihm ein Angebot zu machen. Kurz darauf gibt Trautmann im *Manchester Evening Chronicle* bekannt, dass er zurück in die Heimat muss. Vorgeblich, weil seine gesundheitlich angeschlagene Mutter in Bremen seine Hilfe braucht. Doch auch das Angebot von Schalke reizt ihn: Für ein Gehalt von 320 Mark netto monatlich kann er ab der Saison 1952/53 für die Knappen auflaufen. Zudem verspricht der Pottklub dem gelernten Mechaniker eine Tankstelle mit Werkstatt und Waschanlage. Für Trautmann, der bei City nur ein paar Schillinge in der Woche kassiert, eine paradiesische Vorstellung. Zumal ein Wechsel ihm auch die Chance geben würde, für die deutsche Nationalelf zu spielen. Doch sein Arbeitgeber lässt sich nicht auf den Deal ein: City verlangt astronomische 220 000 Mark Ablöse. Eine Summe, von der die Briten ahnen, dass Schalke sie niemals zahlen kann. So scheitert der Transfer, was Trautmann anfangs sehr enttäuscht. Noch ahnt er nicht, dass er bald durch seine Heldentaten im FA-Cup-Finale 1956 zu einer Ikone des englischen Fußballs wird.

Zwischen dem Fussballklub Gelsenkirchen-Schalke 1904 e.V.
vertreten durch den 1. Vorsitzenden Herrn Albert Wildfang,
und
Herrn Bernhard Trautmann

ist heute ein Vertragsspielervertrag abgeschlossen worden.

Die Vertragspartner sind sich darüber klar, dass Herr Trautmann
gegenwärtig noch in einem Vertragsverhältnis zu dem englischen
Fussballclub "Manchester City" steht, und dass die Rechte und
Pflichten aus dem heute zwischen den Vertragspartnern abgeschlos-
senen Vertrage erst mit Beendigung des zwischen Herrn Trautmann
und "Manchester City" bestehenden Vertrages zu laufen beginnen.

Schalke 04 sichert Herrn Trautmann zu:

1. Schalke 04 trägt die Kosten der Übersiedelung des Herrn
   Trautmann von Manchester nach Gelsenkirchen.

2. Schalke 04 bemüht sich um eine geeignete 5-Zimmerwohnung
   in Gelsenkirchen für Herrn Trautmann und seine Familie.
   Falls für diese Wohnung ein Baukostenzuschuss, eine Miet-
   vorauszahlung oder ein ähnlicherBetrag im voraus zu entrichten
   ist, wird Schalke 04 Herrn Trautmann diesen Betrag darlehns-
   weise zur Verfügung stellen.

3. Falls Herr Trautmann anlässlich der Übersiedelung genötigt
   ist, Teile seiner Wohnungseinrichtung wegen der zu hohen
   Transport- und etwaigen Zollkosten zu veräussern, gewährt
   Schalke 04 Herrn Trautmann ein Darlehn zur Beschaffung neuer
   Einrichtungsgegenstände.

4. Schalke 04 bemüht sich, Herrn Trautmann einen Pachtvertrag
   über eine Tankstelle in Gelsenkirchen oder nächster Umgebung
   zu besorgen.

Soweit notwendig, wird die Zustimmung des Regionalverbandes zur
gegebenen Zeit eingeholt werden.

Gelsenkirchen, den 29. Juli 1952

FC Schalke 04 —— Bert Trautmann

(36)

Aktenvermerk.

Zwischen Herrn Wildfang und Herrn Trautmann ist zusätzlich
vereinbart worden, dass Herr Trautmann bereits am 1.8.1952 das
monatliche Vertragsspielergehalt von 32o,-- DM netto von Schalke o4
gezahlt erhält. Der Betrag wird an den Freund des Herrn Trautmann,
Herrn Karl Krause, gezahlt, der es auf ein Sparkonto einzahlt.
Herr Krause hat das Sparbuch Herrn Wildfang jederzeit auf Wunsch
zur Einsichtnahme vorzulegen.

Die Beschaffung einer Tankstelle soll nicht darauf beschränkt
sein, dass Herr Trautmann einen Pachtvertrag über eine Tankstelle
bekommt. Die Bemühungen sollen sich gegebenenfalls auch auf die
Übertragung der Verwaltung einer Tankstelle erstrecken. Zusätzlich
zu der Tankstelle soll ein Wagenpflegedienst einschliesslich
Abschmierdienst und eine Werkstatt geschaffen werden. Die dazu
notwendigen Einrichtungen schafft Schalke o4 selbst und verpachtet
sie an Herrn Trautmann, der ein Vorkaufsrecht darauf erhält.

Gels.-Buer, den 3o.7.1952

HANS APPEL   Hamburg, den 28. Juli 1948
Hamburg 6, Feldstr. 48

An die
Fußballtotozentrale
beim Hamburger Sportbund

H a m b u r g 36
Gr. Bleichenstr 23 Zi.138

Betr.: B e w e r b u n g als Hauptkollekteur.

Ich bewerbe mich hiermit um die freigewordene Stelle als
Bezirkskollekteur für Fußballwetten.

Ich bringe für diese Stelle fußballerisches und kaufmännisches
Verständnis mit. Durch meine jahrelange spielerische Tätigkeit in
Großvereinen bin ich genauer Kenner aller mit der Fußballorganisation
zusammenhängernder Fragen und ich glaube daher bei Genehmigung dieser
Bewerbung mir eine neue Existens aufbauen zu können, da ich meine
alten Existensmöglichkeiten durch den Krieg und die Soldatenzeit
gänzlichst verloren habe.

Für die technische Durchführung dieser Aufgabe stehen mir Büro-
räume und Personal in der Firma meines Freundes sofort zur Verfügung, die ich jedoch auf eigene Rechnung übernehmen würde.
Eine andere Tätigkeit würde ich dann selbstverständlich nicht mehr
ausüben.
Einige der im Fußballwettausschuß amtierenden Herren sind mir
persönlich bekannte und dieselben sind bereit jederzeit für mich
Referenzen zu geben.

Bemerken möchte ich noch, daß ich weder politisch noch kriminell
irgendwie belastet bin.

                            Hochachtungsvoll !

                            Hans Appel

FC-St.Pauli-Verteidiger Hans Appel träumt kurz nach dem Krieg davon, *ein Wettbüro zu eröffnen*. Seinem Beispiel werden viele Fußballer folgen — 28. Juli 1948

Hans Appel (1911–1973) spielte vor dem Krieg für Hertha BSC und Berliner SV. Als Luftwaffensoldat kickt er 1942/43 in der Gauliga Oberschlesien, ehe er im Sommer 1946 dem Ruf Karl Millers nach St. Pauli folgt.

Die große Not nach dem Zweiten Weltkrieg macht auch vor Hans „Henner" Appel nicht halt. Der Berliner gehörte 1930 zum Meister-Kader von Hertha BSC. Reichstrainer Otto Nerz hat ihn in den Dreißigern fünf Mal zu Länderspielen berufen. Doch nach dem Untergang des Dritten Reichs plagen den Verteidiger Existenzsorgen. Appels Glück ist, dass Karl Miller, Spieler des FC St. Pauli, am Millerntor ein neues Team aufbaut. Fleischersohn Miller lockt erfahrene Fußballer aus den Ostgebieten mit der Aussicht auf die nahrhafte Verpflegung aus der Wurstküche seines Vaters in die Hansestadt. Auch den ehemaligen Luftwaffensoldat Appel lockt diese Aussicht nach Kriegsende nach Hamburg. Auf St. Pauli wird er zur Stütze der „Wunderelf", die von 1948 bis 1951 vier Mal in Folge die Endrunde zur deutschen Meisterschaft erreicht. Doch im Juli 1948 ahnt der 37-Jährige, dass seine Zeit als Fußballer zu Ende geht und er sich nach einer Alternativbeschäftigung umsehen muss. In den 1950er- und 1960er-Jahren werden viele Ex-Fußballer nach der Laufbahn ihren Lebensunterhalt als Betreiber von Totto-Lotto-Annahmestellen verdienen. Warum das so ist, erklärt „Henner" Appel in seinem Bewerbungsschreiben an die Totto-Zentrale beim Hamburger Sportbund. Schließlich ist er in der Fußballszene wohlbekannt, was ihn für potenzielle Sport-Wetter zum Anziehungspunkt macht. Welchen Widerhall sein Angebot bei den Funktionären des Sportbunds auslöst, ist nicht überliefert. Hans Appel spielt noch bis 1952 für den FC St. Pauli und ist mit 41 Jahren bis heute der älteste Aktive, der für den Kiezklub jemals ein Pflichtspiel bestritt.

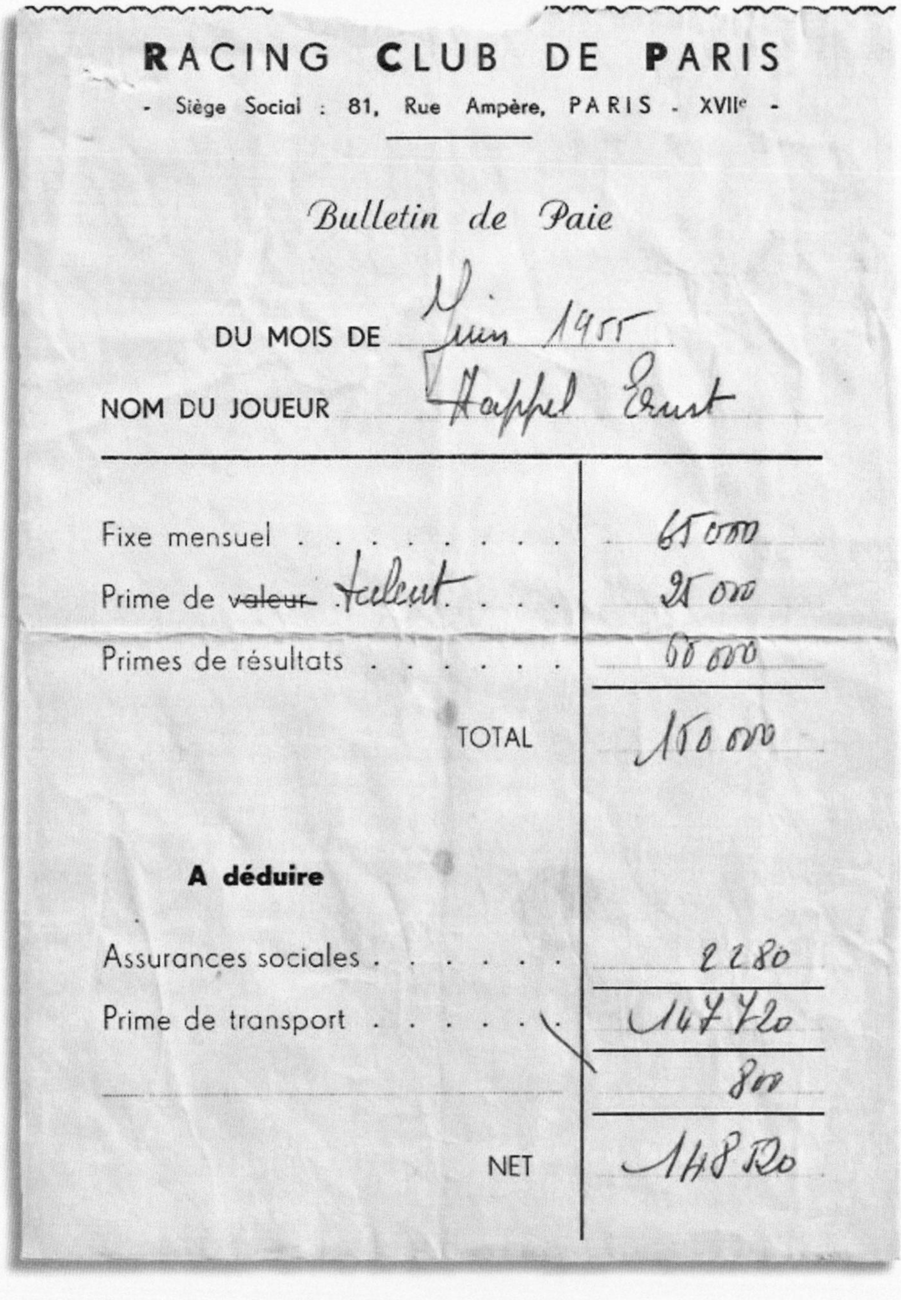

(38)

RACING CLUB DE PARIS

- Siège Social : 81, Rue Ampère, PARIS - XVIIe -

Bulletin de Paie

DU MOIS DE *Juin 1955*

NOM DU JOUEUR *Happel Ernst*

Fixe mensuel	65 000
Prime de ~~valeur~~ talent	25 000
Primes de résultats	60 000
TOTAL	150 000

A déduire

Assurances sociales	2 280
Prime de transport	147 720
	800
NET	148 520

Juni 1955

Nach der WM 1954 hat der Österreicher **Ernst Happel** seinem Heimatland wütend den Rücken gekehrt. Wegen der 1:6-Halbfinalniederlage gegen Deutschland kursieren in der Alpenrepublik Gerüchte, er und Torhüter Walter Zeman seien vom DFB bestochen worden. Ein übler Affront, der den aufrechten Sportsmann Happel stante pede veranlasst, das Angebot des Racing Club Paris anzunehmen und seinen Stammverein Rapid Wien zu verlassen. Die Franzosen sind gerade in die Division 1 aufgestiegen, mit Happels Unterstützung im Defensivbereich aber fassen die Hauptstädter schnell Fuß im Oberhaus und schließen die Saison 1954/55 im gesicherten Mittelfeld auf Platz acht ab. Ein Erfolg, der das überschaubare Grundgehalt (65 000 Francs = circa 350 Mark) des Österreichers im Juni 1955 durch Leistungs- (25 000 Francs) und Erfolgsprämien (60 000 Francs) fast verdreifacht.

1. FUSSBALL-CLUB NÜRNBERG

VEREIN FÜR LEIBESÜBUNGEN E.V.

Deutscher Meister 1920 · 21 · 24 · 25 · 27 · 36 · 48 · 61 · 68 · Deutscher Pokalmeister 1935 · 39 · 62

Fußball – Leichtathletik – Handball – Schwimmen – Hockey – Skilauf – Tennis – Rollschuh- und Eislauf – Boxen

85 Nürnberg, den 29. 9. 76

Prämien Lizenzspieler – Oktober 1976

		Sieg	brutto Unentsch.
1. 10.	Fürth (H)	2.000.–	750.–
9. 10.	Darmstadt (A)	1.250.–	650.–
24. 10.	Schwenningen (H)	nichts	nichts
30. 10.	Waldhof (A)	1.250.–	650.–
		4.500.–	2.050.–

[16. 10. Pokal Wacker Berlin (?)] ausklammern!

Vorschlag: ~~8 Pkte. DM 4.000.– brutto~~ gestrichen!

Falls gegen Schwenningen nicht gewonnen wird, erfolgt ein Abzug von DM 1.000.– für dieses Spiel.

Eigene Sportplatzanlagen mit Schwimm-Stadion im Neuen Sportpark Zabo – Geschäftsstelle: Valznerweiherstraße 200 – Telefon 40 55 55
Postscheckkonto: Nürnberg 77 28-855 – Stadtsparkasse Nürnberg BLZ 760 501 01 Kto.-Nr. 1 543 298

29. September 1976

Seit dem Bundesligaabstieg 1969 kommt der 1. FC Nürnberg nicht mehr auf die Beine. Im Sommer 1976 sind die Franken erneut am Wiederaufstieg gescheitert, diesmal in der Relegation gegen Borussia Dortmund. Die Prämien für die Partien in der zweiten Liga Süd verhandelt das Präsidium mit dem Mannschaftsrat – vertreten unter anderem durch Manfred Rüsing, Peter Stocker und Hans Walitza – in der Spielzeit 1976/77 monatlich individuell nach Spielstärke des Gegners. Während ein Sieg im Derby gegen die SpVgg Fürth den „Clubberern" immerhin einen Bonus von 2000 Mark bringen soll, wird für ein Weiterkommen im Pokal gegen Wacker 04 Berlin kein Pfennig fällig. Sollte das Team im Heimspiel gegen den Tabellenletzten BSV 07 Schwenningen nicht gewinnen, stimmen die Profis sogar einem Gehaltsabzug von 1000 Mark zu. Diese Schmach bleibt ihnen erspart. Der „Club" besiegt den BSV am 24. Oktober 1976 mit 5:0.

Weil die Zeit drängt, kritzelt Lauterns Präsident Willi Müller den *Vertrag mit Ronnie Hellström* per Hand auf Vereinsbriefpapier — 10. Mai 1974

Ronnie Hellström (*1949) nahm für Schweden an drei WM-Turnieren teil. In seinen zehn Jahren beim FCK erreichte er zwei Mal das Pokalfinale und spielte stetig international. Einen Titel gewann Hellström aber nie.

Wenige Wochen vor Beginn der WM 1974 gelingt Willi Müller ein Transfercoup. Der Präsident des 1. FC Kaiserslautern ist nach Stockholm gereist, um einen neuen Torwart zu verpflichten. Ronnie Hellström, Schlussmann des Hammarby IF, ist bei etlichen Klubs im Blickfeld, auch der 1. FC Köln macht ihm Avancen. Der FCK-Boss weiß also, dass Eile geboten ist. Doch die Gespräche verlaufen sehr positiv, Hellström passt mit seiner zugewandten Art gut in die Pfalz. Und offenbar reizt den 25-Jährigen nicht nur die große Tradition, sondern auch der familiäre Charakter des Klubs. Müller fixiert die zentralen Punkte des zunächst für zwei Jahre laufenden Vertrags handschriftlich auf Vereinsbriefpapier. Hammarby erhält eine Ablöse von 220 000 Mark. Ein Betrag, der sich als Schnäppchen erweisen wird. Denn durch seine grandiosen Leistungen bei der WM 1974, wo Schweden bis in die Zwischenrunde vordringen wird, steigt Hellström in die Riege der weltbesten Keeper auf und wird mit Angeboten überhäuft. Doch da ist die Tinte auf dem Vertrag mit den Lauterern bereits getrocknet. Hellström ist nicht nur finanziell ein Gewinn, auch menschlich wird er den Klub, dem er zehn Jahre lang treu bleibt, mit seiner stets fairen, humorvollen Art prägen und zu einem Idol am Betzenberg aufsteigen. In 266 Bundesligaspielen für den FCK kassiert er nicht eine einzige Karte. Lukrative Angebote von Topvereinen schlägt er mehrfach aus. „Ja, ich hätte woanders mehr verdienen können", sagt er im *Kicker*, „aber ich habe mich unheimlich wohlgefühlt in der Mannschaft, war einer der führenden Spieler. Warum hätte ich wechseln sollen?"

Ronnie Hellström

1. FUSSBALL CLUB KAISERSLAUTERN E.V.

GESCHÄFTSSTELLE: 6750 KAISERSLAUTERN · WILHELMSTRASSE 96 · POSTFACH 427

FUSSBALL · HANDBALL · LEICHTATHLETIK · BOXEN · HOCKEY · BASKETBALL

DEUTSCHER FUSSBALLMEISTER 1951 und 1953
STADION BETZENBERG

1. FUSSBALLCLUB KAISERSLAUTERN E. V.

RUF:
GESCHÄFTSSTELLE NR. 26 66 und 32 90
STADION NR. 32 69

Neu Vereinbarung betr. Vertrag
d. 10/3. 74

Ihre Zeichen: Ihre Nachricht vom: Unsere Zeichen: TAG:

BETREFF:

1.) Der Spieler Ronnie Hellström - Stockholm unterschreibt unwiderruflich einen Lizenzvertrag beim 1. F.C.K. Der Vertrag beginnt am 1.7.74 auf die Dauer von zwei Jahren mit Option zu folgenden Bedingungen

a) Monatsgehalt Brutto - DM 2.200.- per anno = 26.400.- DM

b) Spielgarantie Prämie brutto " 1 500.- (an den Verein = 18 000.- " zur Verrechnung gesp.)

c) Freie 3 Zimmer Wohnung möbliert " 500.- Miete = 6000.- "

d) Heimreisen übernimmt der Spieler selbst.   DM   50.400.-

Für 2 Jahres Vertrag Garantie   DM 100.800.- brutto

Für 3 " " " "   151.200.- "

2.) Die Ablöse - Summe gegenüber dem abgebenden Verein beträgt **DM 220 000.**- Dieser Betrag wird in 4 Raten 1.7.74 DM 100 000.- sowie 1.1.75, 1.7.75 und 1.1.76 je 40.000.- überwiesen Dieser Betrag von DM 220 000.- wird auf ein noch zu nennendes Kto. wie vor - pünktlich gezahlt. Die erste Rate jedoch erst nach Lizenzerteilung bzw. Spielbetriebs- aufnahme durch den Spieler.

3.) Bei Transfer zu einem anderen Profi Verein oder Bu-liga Verein wird dem 1. FCK- freie Verhandlungsbasis betr. der Ablöse - Summe zugestanden.

4.) Es gelten sonst die üblichen DFB- Bedingungen betr. Lizenz Spieler und Spielbetrieb.

X) wird auf DM 1600 brutto festgesetzt!

FCK-Präsident: Spieler;   Beauftragter d. Vereins;

Stockholm 10.5.74

TELEGRAMMADRESSE: BANKVERBINDUNGEN: POSTSCHECKKONTO:
FUSSBALLCLUB   VOLKSBANK 1.153 · LANDESBANK UND GIROZENTRALE 44 030 · STADTSPARKASSE 13 292   LUDWIGSHAFEN 678

In den 1960er-Jahren führt Aki Schmidt den BVB zur Meisterschaft und zum Gewinn des Europacups der Pokalsieger.
Dafür gibt es 160 Mark monatlich
— 25. Mai 1962

„Aki" Schmidt (1935–2016) ist Kapitän der legendären Dortmunder Europapokalsieger 1966. Er bestreitet in zwölf aktiven Jahren für den BVB 326 Pflichtspiele, ist die unumstrittene Führungsfigur und erzielt 89 Tore.

Um die Erfüllung des §4 des Vertrages, den Borussia Dortmund mit seinem Spieler schließt, muss sich der Klub keine Sorgen machen. „Der Spieler verpflichtet sich, mit seinem ganzen spielerischen Können und seiner ganzen Kraft sich für den Verein einzusetzen", heißt es da. Und wenn es einen gibt, dem es nie an Einsatz mangelt, dann ist das Mittelfeldmann Alfred „Aki" Schmidt, Sohn eines Stahlarbeiters, der bereits seit der Saison 1956/57 für die Borussen kickt. Als Lohn gibt es nun 160 Mark plus Prämien. Von dem damals passablen Verdienst leistet sich Schmidt beim örtlichen Opel-Händler bald nach Vertragsunterschrift einen neuen Kadett. 1958 hat er bereits zu Herbergers Kader für die WM gehört, Stammspieler und schließlich Kapitän der DFB-Auswahl wird er erst nach dem Turnier. Dass Schmidt jeden Pfennig wert ist, wird sich bald zeigen: 1963 wird er mit dem BVB Deutscher Meister. Zwei Jahre später holt Borussia unter der Leitung von Kapitän Schmidt im Finale gegen Alemannia Aachen den DFB-Pokal, und nur ein Jahr später gelingt den Dortmundern der große Coup: 2:1 siegt der BVB im Pokalsiegerwettbewerb nach Verlängerung gegen den favorisierten FC Liverpool und gewinnt als erstes deutsches Team einen Europapokal. 1968 beendet „Aki" Schmidt seine Spielerkarriere, zufrieden und voller Stolz. „Ich war von Geburt an Borusse, und später durfte ich mit meinen Idolen Michallek und Preißler in einer Mannschaft beim BVB spielen", sagte er, auf seine Karriere zurückblickend. „Ich durfte mit Fritz Walter in der Nationalelf spielen, mit Helmut Rahn in einem Zimmer schlafen. Was will man mehr?"

Vertrag

Zwischen dem Verein   BV. Borussia 09 e.V. Dortmund

(im nachfolgenden „Verein" genannt)

und dem Spieler   Alfred Schmidt   , geb. am   5.9.1935

(im nachfolgenden „Spieler" genannt)

wird folgendes vereinbart:

§ 1

Der Spieler stellt sich dem Verein als Vertragsspieler zur Verfügung.

§ 2

Der Verein verpflichtet sich, dem Spieler eine feste monatliche Entschädigung in Höhe von DM 160,- zu zahlen. Für jedes Spiel, bei welchem der Spieler mitwirkt, erhält er eine Spiel-zulage von DM 10,- bei Spielen in der ersten Mannschaft und DM 5,- bei Spielen in der Reserve-Mannschaft.

Außerdem kann der Verein dem Spieler für die Mitwirkung in Spielen der ersten Mannschaft Leistungszulagen zahlen. Feste monatliche Entschädigung, Spielzulagen für die Mitwirkung in der ersten oder der Reserve-Mannschaft und Leistungszulagen dürfen zusammen den Höchstbetrag von monat-lich DM 400,- im Vertragsjahresdurchschnitt nicht übersteigen.

§ 3

Der Verein hat den Spieler gegen Unfall zu versichern.

§ 4

Der Spieler verpflichtet sich, mit seinem ganzen spielerischen Können und seiner ganzen Kraft sich für den Verein einzusetzen.

§ 5

Der Spieler unterwirft sich den Bestimmungen des Deutschen Fußball-Bundes und der von dem Verein erlassenen Vereinssatzung.

§ 6

Der Verein ist berechtigt, bei Verstößen gegen die Vereinssatzung und die Vereinsdisziplin Sperren (mit Entzug der Entschädigung) oder eine Geldstrafe im Rahmen seiner Vereinssatzung und der Disziplinarordnung des Vertragsspieler-Statuts des DFB zu verhängen.

§ 7

Das beiliegende Vertragsspieler-Statut bildet einen Bestandteil dieses Vertrages. Mündliche Ab-machungen haben keine Gültigkeit.

(41)

Borussia Dortmund ——— Aki Schmidt

(41)

§ 8

Dieser Vertrag tritt mit sofortiger Wirkung in Kraft. Er ist bis zum 31. Juli 1965 geschlossen und verlängert sich jeweils um ein Jahr, wenn er nicht spätestens bis zum 15. Juni 1965 gekündigt wird.

Die Leistungen aus diesem Vertrag beginnen am 1. August 1963

§ 9

Vorstehender Vertrag ist in dreifacher Ausfertigung erstellt und von beiden Teilen unterschrieben.

_____   _____
(Verein)   (Spieler)

_____
(Der Erziehungsberechtigte bei Minderjährigen)

Schiedsgerichtsklausel

Für sämtliche Rechtsstreitigkeiten aus dem vorstehenden Vertrag unterwerfen sich die Vertragsteile der ausschließlichen Gerichtsbarkeit eines Schiedsgerichts. Jede Partei ernennt einen Schiedsrichter, die sich auf ein Mitglied eines DFB-Organes als Vorsitzenden einigen. Kommt eine Einigung nicht zustande, so wird der Vorsitzende vom DFB-Vorstand bestimmt.

Dortmund , den 25.5.1962

_____   _____
(Verein)   (Spieler)

_____
(Der Erziehungsberechtigte bei Minderjährigen)

Westdeutscher Fußball-Verband e.V.
Der Verbands-Vorstand

Vorsitzender

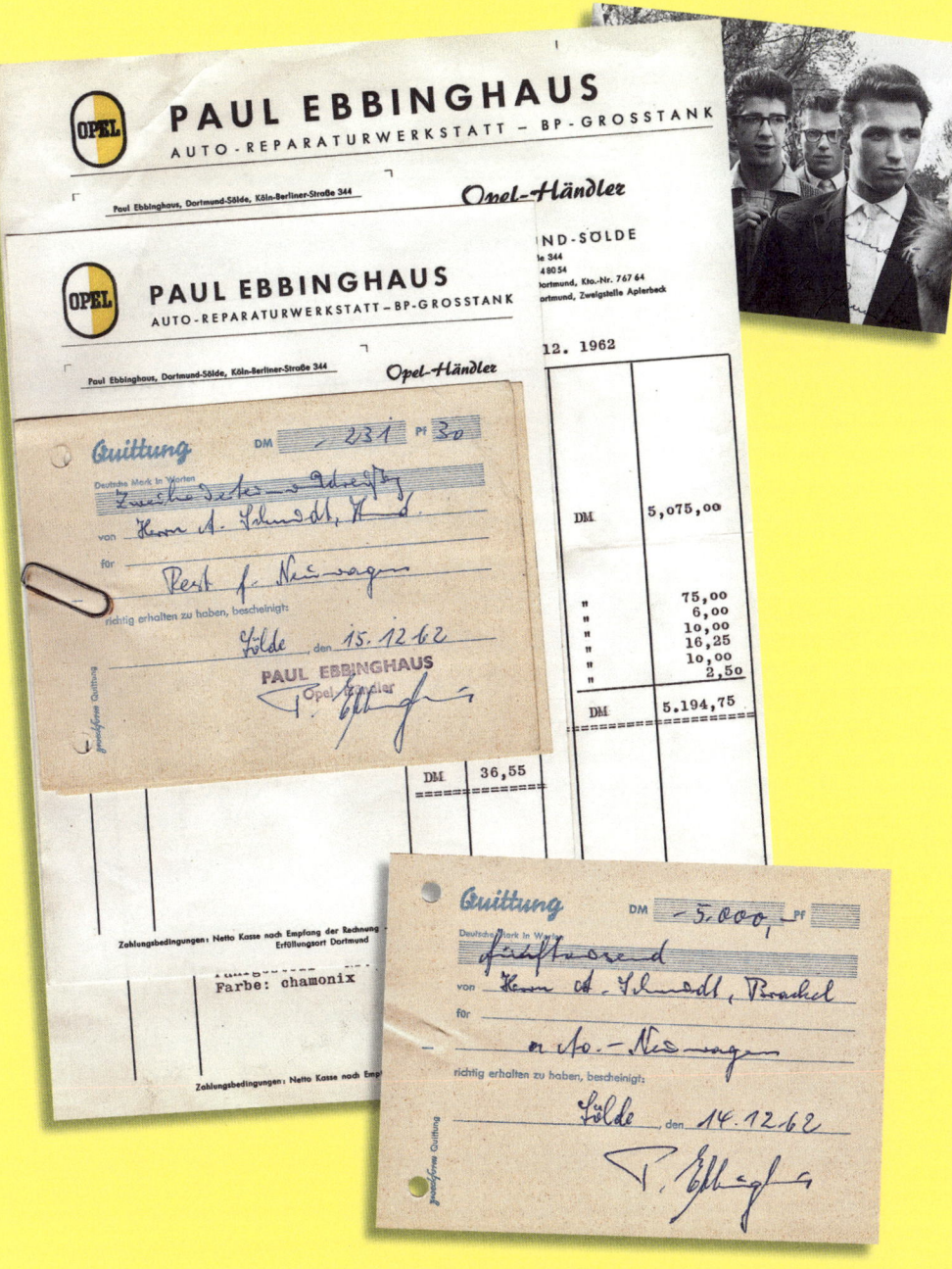

Opel-Ebbinguaus ———— Aki Schmidt

Das Opel-Autohaus Ebbinghaus ist bis in die Gegenwart Partner von Borussia Dortmund. Doch während den BVB-Profis von heute ein Dienstwagen meist kostenlos zur Verfügung gestellt wird, müssen die Stars der 1960er ihre Autos noch von ihrem kargen Lohn bezahlen. Auch „Aki" Schmidt bildet da trotz seiner großen Verdienste für den Klub keine Ausnahme. Jedoch hat er das Glück, eng mit Firmenchef Paul Ebbinghaus befreundet zu sein. Als Timo Konietzka und Jürgen Schütz mit ihren Autos bei einer Spritztour vom Weg abkommen und in einem Feld stecken bleiben, organisiert Schmidt über den glühenden BVB-Fan Ebbinghaus einen Abschleppdienst, der die beiden aus dem Morast zieht. Kurz vor Weihnachten 1962 kauft sich Schmidt bei Kumpel Ebbinghaus für knapp 5200 Mark einen nagelneuen Opel Kadett in Chamonix-Weiß mit Kunstleder-Deckenbespannung im Innern. Wie weit sich der Fußballer dabei unter Listenpreis einkauft, ist nicht überliefert.

42

Heinz v.Plato
i.Hs. **NORDWESTDEUTSCHER RUNDFUNK**
Anstalt des öffentlichen Rechts

GENERALDIREKTION

ANSCHRIFT (24a) HAMBURG 13
ROTHENBAUMCHAUSSEE 132-34
RUF SAMMELNUMMER 44 10 31
FERNSCHREIBNUMMER 021128
KONTO LANDESZENTRALBANK
HAMBURG NUMMER 2/9615
VEREINSBANK IN HAMBURG
POSTSCHECK HAMBURG 81024
TELEGRAMM-ADRESSE NORDFUNK

Herrn

Dr. Pecco Bauwens

K ö l n /Rhein
Antwerpener Str. 55

ABTEILUNG

~~Chefredaktion~~

Bitte in der Antwort angeben

Ihr Schreiben vom	Ihr Zeichen	Hamburg, den
		15.Okt. 52

Fernsehen
Hochhaus 1
Heiligengeistfeld

Sehr geehrter Herr Doktor,

Sie werden sicher die Pressemeldungen gelesen haben,
daß der NWDR zu Weihnachten seinen offiziellen
Fernsehdienst aufnehmen will. - Es bedarf kaum
einer besonderen Erwähnung, daß Sportübertragungen -
und ganz besonders Fußballübertragungen - sehr
bald ein fester und wichtiger Bestandteil des
Fernsehprogramms sein werden.

Nachdem ich am 22./23.Okt. in Köln zu tun habe,
würde ich besonders gern diese Gelegenheit benutzen,
um Sie aufzusuchen und mit Ihnen grundsätzlich
über den ganzen Fragenkomplex zu sprechen.

Ich wäre Ihnen dankbar, wenn Sie mir schreiben
würden, welche Zeit Ihnen für eine solche Besprechung
passen würde. (Ich darf darauf aufmerksam machen,
daß eine Nachricht jederzeit durch Fernschreiber
oder telefonisch auch vom Funkhaus Köln durch-
gegeben werden könnte.)

Mit vorzüglicher Hochachtung!
NORDWESTDEUTSCHER RUNDFUNK
- Fernsehen/Chefredakteu

v./Pl./Fl.

Heinz von Plato ———— Peco Bauwens

Das *Zeitalter des Fernsehfußballs* beginnt mit einer Übertragung vom Millerntor. Vorher muss NWRD-Chef Heinz von Plato aber noch einen Brief schreiben — 15. Oktober 1952

Sieben Jahre nach dem Krieg geht die erste deutsche Fernsehstation auf Sendung, der NWDR strahlt am ersten Weihnachtsfeiertag 1952 zwei Stunden Programm aus, immer abends zwischen 20 und 22 Uhr. Doch schon am zweiten Feiertag wird das Sendeschema geändert. Denn gezeigt wird das DFB-Pokalspiel zwischen dem FC St. Pauli aus der Oberliga Nord und dem Sportverein Hamborn 07, einem Stadtteil-Klub aus Duisburg. Gespielt werden muss samstags, das Stadion am Millerntor hat kein Flutlicht. Dass das Stadion am Heiligengeistfeld ausgesucht wird, ist kein Zufall. Der NWDR sendet aus dem nahe gelegenen früheren Flak-Leitbunker, so sind die Wege für die schweren Fernsehkameras möglichst kurz. Und natürlich hat diese erste Live-Übertragung eine Vorgeschichte. Seit Oktober, als der Probebetrieb des Senders längst läuft, ist Heinz von Plato, der erste Chefredakteur des NWDR, auf der Suche nach populären Sendeformaten. Und kommt dabei natürlich rasch auf den Volkssport Nr. 1. Er schreibt an DFB-Präsidenten Peco Bauwens: „Es bedarf kaum einer besonderen Erwähnung, dass Sportübertragungen, und ganz besonders Fußballübertragungen, sehr bald ein fester und wichtiger Bestandteil des Fernsehprogramms sein werden!" In der Fußballszene trifft das Ansinnen des Journalisten auf geteilte Reaktionen. Manche erkennen die Zukunft des Fußballs als Fernsehsport, andere fürchten mögliche Einbußen durch Zuschauer, die nun lieber daheimbleiben. Bauwens selbst teilt diese Furcht nicht: „Das Fußballspiel, das sich über einen großen Raum abspielt, lässt sich durch das Fernsehen nur schlecht wiedergeben."

(42)

Heinz v. Plato
Chefredakteur
i.Hs **NORDWESTDEUTSCHER RUNDFUNK**

Anstalt des öffentlichen Rechts

NWDR

GENERALDIREKTION

Herrn

Dr. P.J. B a u w e n s

K ö l n a.Rh.

Antwerpener Str. 55

ANSCHRIFT (24a) HAMBURG 13
ROTHENBAUMCHAUSSEE 132-34
RUF SAMMELNUMMER 44 10 31
FERNSCHREIBNUMMER 02 11 28
KONTO LANDESZENTRALBANK
HAMBURG NUMMER 2/9615
VEREINSBANK IN HAMBURG
POSTSCHECK HAMBURG 81 024
TELEGRAMM-ADRESSE NORDFUNK

ABTEILUNG

Chefredaktion

Bitte in der Antwort angeben

Schreiben vom	Ihr Zeichen	Hamburg, den
		20.Okt. 52

Hochhaus 1
Heiligengeistfeld
Fernsehen

Sehr geehrter Herr Doktor,

ich danke Ihnen verbindlichst für Ihren Brief
vom 17.10. - Im Augenblick ist es mir leider
nicht möglich, meine Reise zu verschieben, da
ich durch eine Reihe von Terminen gebunden bin.
Ich hoffe aber, daß sich in absehbarer Zeit
eine andere Gelegenheit ergeben wird zu einer
Aussprache.

Ich behalte mir gern vor, von Ihrer Anregung
Gebrauch zu machen und vielleicht schon vor
unserer Unterredung mit Herrn Oberregierungsrat
Ries Fühlung aufzunehmen.

Mit vorzüglicher Hochachtung!

Chefredakteur

v.Pl./Fl.

Deutscher Fussball-Bund

den 3.12.1952

Herrn

Alfred R i e s

B r e m e n

Tettenbornstrasse 7

Lieber Herr Ries,

soeben rief mich ein Herr MORERO vom NWDR an, der der
Fernsehabteilung vorsteht. Dabei berichtete er mir,
dass er schon mit Herrn RUSCH gesprochen hätte und
man auch zu einer Regelung gekommen sei.

Um eine einheitliche Linie betreffend der Auswirkungen
des Fernsehens auf den Fussballsport zu wahren, ist
es erforderlich, dass alle die damit zusammenhängenden
Fragen von e i n e r Stelle bearbeitet werden und
das sind Sie. Dementsprechend habe ich Herrn Morero
auch gebeten, sich mit Ihnen in Verbindung zu setzen.

Bitte veranlassen Sie nun, dass unsere Geschäftsstelle
an sämtliche Landesfussballverbände schreibt, damit
nicht Einzelaktionen von diesen vorgenommen werden.

Im übrigen sind benachteiligende Auswirkungen des Fernsehens auf unsere Veranstaltungen nicht zu befürchten,
denn das Fussballspiel, das sich ja über einen grossen
Raum abspielt, lässt sich durch das Fernsehen nur
schlecht wiedergeben. Besser ist dies bei Veranstaltungen auf kleinem Raum, wie z.B. Boxen. Dennoch sollte
man etwaige Verhandlungen mit dem NWDR oder jeder andern Rundfunkgesellschaft nur durch die dafür zuständige Stelle des DFB, also durch Sie, führen.

Mit sportfreundlichen Grüssen

Ihr

(Dr. P.J. Bauwens)

Du: Herrn Hans Huber
Herrn Notar Dr. Eckert
Herrn Paul Rusch
DFB-Geschäftsstelle

Können Fans nicht zu Auswärtsspielen reisen, weil Autofahren verboten ist? *In der Ölkrise schreibt DFB-Vorstand Neuberger an Innenminister Genscher — 10. Dezember 1973*

Hans-Dietrich Genscher (1927–2016) war von 1969 bis 1974 deutscher Innenminister. In seine Amtszeit fielen zwei sportliche Großereignisse: die Olympischen Spiele in München 1972 und die Fußball-WM 1974.

Energie als Druckmittel einzusetzen, ist heute ein gängiges Mittel globaler und regionaler Politik. 1973 sendet diese Variante hingegen Schockwellen rund um den Globus. Anlässlich des Jom-Kippur-Krieges, der von Syrien, Ägypten und anderen arabischen Staaten gegen Israel geführt wird, haben die Erdöl exportierenden Staaten (OPEC) rund fünf Prozent weniger gefördert, um so die Unterstützung westlicher Staaten für Israel zu sanktionieren. In der Folge explodiert der Ölpreis, auch in Deutschland geraten Regierungsstellen in Panik und suchen nach Möglichkeiten, kurzfristig viel Energie einzusparen. Die spektakulärste Maßnahme: Es werden vier autofreie Sonntage verordnet, am 25. November 1973 gilt erstmals ein allgemeines Fahrverbot, außerdem wird ein zeitlich begrenztes Tempolimit verhängt, für sechs Monate gilt die Höchstgeschwindigkeit von 100 km/h auf Autobahnen. Maßnahmen, die DFB-Vorstandsmitglied Hermann Neuberger aufschrecken. Er hat gerade als OK-Chef eine Weltmeisterschaft im eigenen Land zu organisieren, die Vorbereitung darf nicht gestört werden. Und was bloß, wenn das Fahrverbot auch auf die Samstage ausgeweitet wird? Können dann Fußballfans nicht mehr zu den Spielen reisen? Neuberger nimmt den kurzen Dienstweg, schreibt an Innenminister Hans-Dietrich Genscher und malt eine „wirtschaftliche Katastrophe für die Clubs" an die Wand. Schon das Sonntagsfahrverbot habe den Jugend- und Amateurbereich hart getroffen. Doch Neubergers Brandbrief erweist sich im Nachhinein als unnötig. Es bleibt bei den vier autofreien Sonntagen, der Effekt der Restriktionen ist minimal.

An den
Bundesminister des Innern
Herrn Hans Dietrich Genscher

53oo Bonn/Rhein
      Rheindorfer Str. 198

                                            lo. Dezember 1973
                                            N/St.-

Sehr geehrter Herr Bundesminister,

das OK sieht genauso wie der Deutsche Fußball-Bund mit Sorge
der weiteren Entwicklung auf der Ebene des Fahrverbotes entgegen, nachdem in diesen Tagen sich Stimmen und Nachrichten
mehren, die für eine Ausdehnung dieses Fahrverbotes auf den
Sonnabendnachmittag plädieren oder über bestehende Pläne dafür berichten.

Der Gesamtsport würde dadurch praktisch lahmgelegt. Das
Sonntags-Fahrverbot hat vornehmlich den Deutschen Fußball-Bund
in der vielschichtigen Breite seines Amateur- und Jugendspiel-
betriebes getroffen. Die Spiele im Sektor des bezahlten Fußballs erlitten materiell spürbare Einbußen allein schon durch
die Häufung von Spielen in Ballungsräumen. Eine Ausdehnung des
Fahrverbotes auf den frühen Nachmittag der Samstage müßte nicht
nur eine wirtschaftliche Katastrophe für die Clubs bedeuten,
sondern auch das Gesamtprogramm über den Haufen werfen, das
sehr sorgfältig im Blick auf die besonderen Terminmerkmale anläßlich der Fußball-Weltmeisterschaft 1974 aufgebaut wurde.

In meiner Eigenschaft als Vizepräsident des DFB, vor allem aber
auch als Präsident des DFB-Organisationskomitees darf ich diese

                            - 2 -

– 2 –

Sorgen Ihnen, sehr geehrter Herr Bundesminister, nahebringen, verbunden mit der Bitte, doch das Ihre dazu beizutragen, daß es nicht zu der im Raume stehenden Ausdehnung des Fahrverbotes auf den Samstag kommt.

Der DFB hat in der Spitze durch seine Haltung gegenüber dem Fahrverbot und gegenüber der Austragung von Spielen unter Flutlicht sicher bewiesen, daß er Verständnis für einengende Maßnahmen der Bundesregierung hat. Deshalb darf er auch der Hoffnung Ausdruck verleihen, daß die Regierung Verständnis für lebenswichtige Sorgen der Vereine des DFB und im Blick auf eine reibungslose Terminabwicklung bis zur Fußball-Weltmeisterschaft 1974 hin für Sorgen seines OK hat.

Ich bedanke mich bereits heute, sehr geehrter Herr Bundesminister, für das von Ihnen erwartete Verständnis und bin mit guten Wünschen und freundlichen Grüßen

Ihr

(Hermann Neuberger)

Kopien:
DFB-Vorstand
H. Paßlack
H. Joch
H. Lang
Dr. Gerhardt

Weil es sportlich läuft und die Besucherzahlen steigen, fordern die Profis des VfB Stuttgart *höhere Prämien*. Das Präsidium hält dagegen — 15. September 1980

Seit Mitte der 1970er führen Präsident Gerhard Mayer-Vorfelder und Geschäftsführer Ulrich Schäfer den VfB Stuttgart streng nach schwäbischen Maßstäben. Heißt: Sie geben ungern mehr Geld aus als sie einnehmen und verkaufen Leistungsträger oft auch ohne Rücksicht auf die Balance im Kader. Im Sommer 1980 sehen sich die Bosse jedoch mit Luxusproblemen konfrontiert: Seit dem Wiederaufstieg im Sommer 1977 spielt der VfB unter Trainer Jürgen Sundermann kontinuierlich im UEFA-Cup. Wegen des sportlichen Erfolgs melden nun die Spieler neue Ansprüche an. Erste Verhandlungen mit den Bossen ergeben, dass der Kader – zu dem ab dieser Saison auch ein gewisser Joachim Löw zählt – erhöhte Auflaufprämien aufgeschlüsselt nach Wettbewerben erhalten soll und für den Gewinn des DFB-Pokals 25 000 Mark pro Person fällig werden. Nun erwarten „MV" und Schäfer allerdings auch ein Entgegenkommen. Im Sommer 1978 wurde vereinbart, dass die Profis oberhalb eines Zuschauerschnitts von 15 000 an den Ticketverkäufen beteiligt werden. Da der Besucherschnitt, der in der Saison 1975/76 mit 11 330 Besuchern einen Tiefpunkt erreichte, inzwischen konstant bei über 40 000 liegt, erscheint eine weitere Aufstockung der Beteiligung den Verantwortlichen übertrieben. Schließlich ist der Kartenverkauf in diesen Jahren noch immer die Haupteinnahmequelle der Bundesligisten. Das Präsidium lehnt im Nachgang einen weiteren „zuschauerbezogenen Steigerungsbetrag" deshalb kategorisch ab. Begründung: die gestiegenen Gesamtkosten. Oder auf Schwäbisch: „Weil es auch dem VfB Stuttgart nicht möglich ist, das Geld zwei Mal auszugeben."

Verein für Bewegungsspiele Stuttgart 1893 e.V.

Präsidium und Geschäftsleitung

VfB Stuttgart 1893 e.V. · Postfach 501142 · D-7000 Stuttgart 50	Geschäftsstelle Martin-Luther-Straße 14 7000 Stuttgart 50 (Bad Cannstatt) Telefon (0711) 561003/565614
	Sportplatzanlage Mercedesstraße 117 mit Clubhaus 7000 Stuttgart 50 (Bad Cannstatt)
An die	Konten Postscheckamt Stuttgart (BLZ 600 100 70) Nr. 13892-709 Cannstatter Volksbank e.G. (BLZ 600 90 400) Nr. 500 105 006

Lizenzspieler

des VfB Stuttgart 1893 e.V.

7000 Stuttgart, den 15.09. 1980

Sch./Sr

Prämienregelungen für die Spielzeit 1980/81

Sehr geehrte Herren,

als Anlagen übergebe ich Ihnen

- die Prämienregelung 1980/81 für Bundesligaspiele, DFB-Pokalspiele und Freund-
  schaftsspiele

  sowie

- die Prämienregelung für UEFA-Cup-Spiele 1980/81.

Aufgrund der Besprechung mit der Mannschaft wurden z.B. die Spielprämien für DFB-Pokalspiele verbessert sowie zusätzlich zur Spielprämie ein zuschauerbezogener Steigerungsbetrag eingeführt und die Sonderprämie für den Gewinn des deutschen Fussball-Pokals auf DM 25.000,-- erhöht.

Nach nochmaliger, eingehender Prüfung der Situation sehe ich jedoch keine Möglichkeit, dem Wunsch der Mannschaft nach noch weitergehenden Erhöhungen der verschiedenen Prämien zu entsprechen, zumal die VfB-Spieler nach wie vor an den Zuschauerzahlen der VfB-Bundesligaheimspiele - und zwar ab einem Durchschnitt von 15.000 Zuschauern - partizipieren.

-2-

Deutscher Meister 1950 und 1952 Deutscher Vizemeister 1935, 1953 und 1979 Deutscher Pokalmeister 1954 und 1958	Deutscher Amateurmeister 1963 Deutscher Amateur-Vizemeister 1971 Süddeutscher Meister 1946, 1952 und 1954	Süddeutscher Pokalmeister 1933 und 1958 Endrundenteilnehmer um die Deutsche Meisterschaft 1937, 1954 und 1956	Württembergisch-Badischer Meister 1926 Württembergischer Meister 1929, 1935, 1937 und 1938

Dieser Durchschnitt von 15.000 Zuschauern, der vor zwei Jahren festgelegt worden ist, liegt inzwischen weit unter dem notwenigen Schnitt, der zur Bestreitung der übrigen laufenden Kosten des Vereins, wie z.B. für Grundgehälter, Steuern usw., notwendig ist. Trotzdem hat der Verein die Zuschauerbeteiligung nicht geändert, dass heisst, Ihre Zuschauerbeteiligung beginnt nach wie vor ab 15.000 Zuschauern/Saisondurchschnitt. Dies bedeutet aber, dass die Prämienregelungen gegenüber der letzten Spielzeit nicht wesentlich geändert werden konnten, weil es auch dem VfB Stuttgart nicht möglich ist, dass Geld zweimal auszugeben. Denn genau dies wäre der Fall, wenn dem Wunsch der Mannschaft nach weitergehenden Erhöhungen der verschiedenen Prämien nachgegeben worden wäre. Dies würde aber auch die Seriösität der Vereinsführung in bezug auf eine verantwortliche, auf einer gesunden wirtschaftlichen Basis gründenden Finanzpolitik in Frage stellen. Dass der VfB Stuttgart heute einer der ganz wenigen schuldenfreien Vereine im Lizenzbereich ist, der ohne jede Schwierigkeiten jedes Jahr seine Lizenz vom DFB erteilt erhält - im Gegensatz zu vielen anderen Lizenzvereinen -, ist sicherlich zum Grossteil den Leistungen der Mannschaft zuzuschreiben; zu einem nicht unwesentlichen Teil aber auch der Finanz- und Wirtschaftspolitik des Vereins. Deshalb wird sich, solange ich Verantwortung beim VfB Stuttgart trage, diese Politik nicht ändern. Aus diesem Grunde scheidet für mich daher auch eine weitergehende Prämienerhöhung und jede weitere Diskussion in dieser Angelegenheit aus.

Mit freundlichen Grüssen

gez.   für die Richtigkeit
Gerhard Mayer-Vorfelder
Präsident   Ulrich Schäfer
                                                  Geschäftsführer

Spielerberater —— Andreas Rettig

(45)

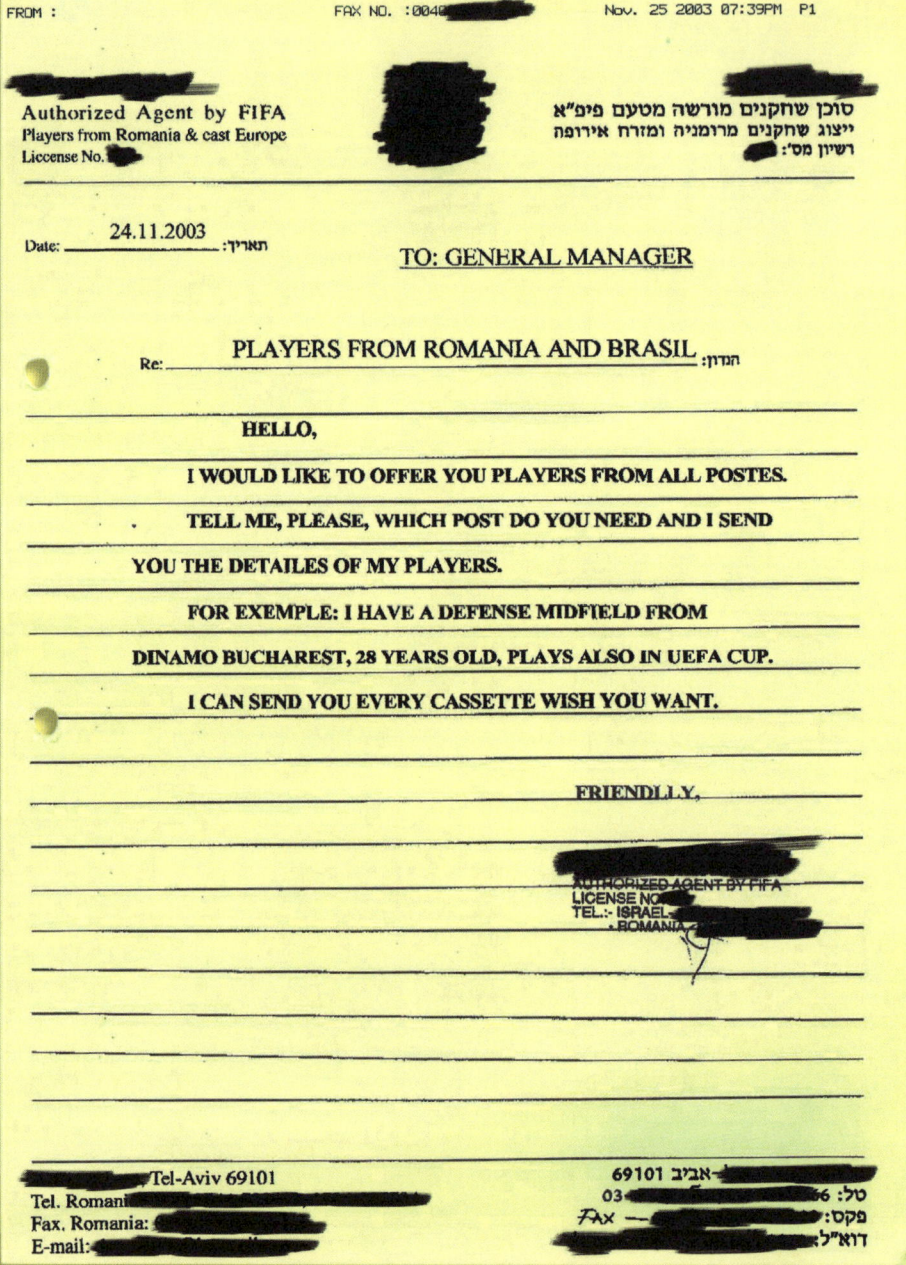

FROM : FAX NO. :0040███ Nov. 25 2003 07:39PM P1

Authorized Agent by FIFA
Players from Romania & east Europe
Liccense No.█

סוכן שחקנים מורשה מטעם פיפ"א
ייצוג שחקנים מרומניה ומזרח אירופה
רשיון מס':

Date: _____24.11.2003_____ :תאריך

TO: GENERAL MANAGER

Re:_____ **PLAYERS FROM ROMANIA AND BRASIL** :הנדון

HELLO,

I WOULD LIKE TO OFFER YOU PLAYERS FROM ALL POSTES.

TELL ME, PLEASE, WHICH POST DO YOU NEED AND I SEND

YOU THE DETAILES OF MY PLAYERS.

FOR EXEMPLE: I HAVE A DEFENSE MIDFIELD FROM

DINAMO BUCHAREST, 28 YEARS OLD, PLAYS ALSO IN UEFA CUP.

I CAN SEND YOU EVERY CASSETTE WISH YOU WANT.

FRIENDLLY,

AUTHORIZED AGENT BY FIFA
LICENSE NO
TEL.:- ISRAEL
ROMANIA

█████ Tel-Aviv 69101 69101 אביב-███ :טל
Tel. Romani█ 03 ████: פקס
Fax. Romania:██████ FAX ——████
E-mail:██████ דוא"ל:███

24.11.2003 An den Hauptgeschäftsführer
Betr. Spieler aus Rumänien und Brasilien

*Hallo, ich würde Ihnen gerne Spieler aus aller Herren Länder anbieten. Sagen Sie mir bitte, welche
Nationalitäten Sie suchen, und ich werde Ihnen Details über meine Spieler zukommen lassen.
Zum Beispiel: Ich habe einen defensiven Mittelfeldspieler von Dynamo Bukarest, 28 Jahre alt, der auch
UEFA-Cup spielt. Ich kann Ihnen jede Kassette schicken, die Sie haben wollen. Freundlichst,
(FIFA-zertifizierter Berater, Lizenz Nr.… Tel. Israel … Tel. Rumänien …)*

Andreas Rettig flattern als Manager des 1. FC Köln ständig *Angebote von Spielerberatern* auf den Tisch. Nicht alle davon sind seriös — Mai 2002 bis November 2003

Andreas Rettig (*1963) wirkt seit 1998 hauptamtlich als Manager im Bundesligabetrieb. Nach vier Jahren beim SC Freiburg kam er 2002 zum FC, wo er bis 2005 blieb. Weitere Erstligastationen: Augsburg, St. Pauli.

Kaum ein Transfer im Profifußball läuft ohne die Einbindung von Spielerberatern. Natürlich gibt es Agenten, die Karrieren sorgfältig planen und abwägen, ob die wirtschaftliche Perspektive beim Vereinswechsel des Klienten mit der sportlichen im Einklang steht. Für viele Vermittler aber liegt der Fokus darauf, schnelles Geld zu machen. Und da im Fußball horrende Summen gezahlt werden und sich jeder zum „Berater" ausrufen kann, buhlen auch einige zwielichtige Vertreter der Zunft um die Gunst von Spielern, um sie wie Ware an Klubs zu verhökern. Andreas Rettig kann ein Lied davon singen. Seit den neunziger Jahren hat der Bundesligamanager (u.a. SC Freiburg, FC Augsburg, FC St. Pauli) mit zahllosen Beratern zu tun gehabt. Wie wahl- und mitunter skrupellos Spieler angeboten werden, zeigen Schreiben, die Rettig in seiner Zeit beim 1. FC Köln (2002 bis 2005) erhält. Vom Faxgerät eines Restaurants schickt ein Agent aus dem Rheinland das Angebot für einen griechischen Nationalspieler („z.Z. ist er in Ungnade gefallen nachdem er nach einem schwachen Spiel als einziger vom Trainer angegriffen wurde"). Ein Kroate bietet gleich acht georgische Fußballer feil – und weist stolz auf deren Charakterfestigkeit hin („Wie Ihnen bekannt sein dürfte, fügen sich Georgier als Menschen wie auch als Fußballspieler (…) sehr gut in die neue Umgebung ein"). Ein Privatmann aus dem Rhein-Main-Gebiet behauptet, den Bruder des Bayern-Stars Roque Santa Cruz zu vertreten – und bittet um Rückruf. Und eine rumänische Agentur hat offenbar einen Bauchladen an Profis und fragt, welche Nationalitäten den FC-Manager besonders interessieren.

Herrn
Andreas Rettig
1.FC Köln

Griechischer Nationalspieler

Sehr geehrter Herr Rettig

Wie gestern telefonisch mit Herrn Vollmann vereinbart sende ich ihnen vorab einige
Informationen vom Herrn Grigoris Georgatos, Spieler von AEK Athen.
Z.Z. ist in Ungnade gefallen nachdem er nach einem schwachem Spiel als einziger vom
Trainer persönlich angegriffen wurde. Bis dato war er der beste Spieler mit dem meisten
Vorlagen und Toren.
Er spielt im linken Mittelfeld und ist sowohl im defensiven als auch im offensiven Bereich
sehr stark.
Die Ablösesumme ist nach Medien Informationen auf 300.000 € festgelegt (Hier ist bestimmt
noch Spielraum). Jahresgehalt bei AEK Athen ca. 350.000 €!!!
Vorab können Sie sich auch bei Herrn Rehagel informieren.
Wenn Sie Interesse haben werden wir noch weitere Informationen aus Griechenland
bekommen.
Mit sportlichem Gruß

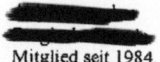

Mitglied seit 1984.

Anlage: Informationen aus den Portals von www.aekfc.gr und home.wanadoo.nl, sowie der
www.uefa.com.

28. November 2003

1. FC Köln
z.Hd.: Herrn Andreas Rettig, Sportdirektor

Representative Office

Hrvatska - Croatia

Tel:
Fax:

www. .com

Sehr geehrte Herr Rettig,

Georgien

Nach besonderem Abkommen für die Vertretung und Repräsentation zwischen Academy Consultants Ltd. Und dem bekanntesten georgischen Club FC Dinamo Tbilisi, möchten wir Sie hiermit mit den besten Spielern bekanntmachen, die für Ihren werten Club in näherer oder weiterer Zukunft von Interesse sein könnten:

1. **David Gvaramadze** / 27 Jahre, Torwart – georgianische Repräsentation A
2. **Giorgi Shashiashvili** / 24 Jahre, Verteidigung – A
3. **Lado Burduli** / 23 Jahre, rechts – A
4. **Dato Kvirkvelia** / 23 Jahre, links aussen – A
5. **Vitali Daraselia** / 25 Jahre, links – A
6. **Rati Aleksidze** / 25 Jahre, Stürmer – A
7. **Lado Akhalaia** / 21 Jahre, Stürmer – U 21
8. **Sandro Iashvili** / 18 Jahre, Stürmer, U 18

Wie Ihnen bekannt sein dürfte, fügen sich Georgier sowohl als Menschen, wie auch als Fußballspieler, von denen grösste Professionalität verlangt wird, sehr gut in die neue Umgebung ein. Sie sind sehr erfolgreich in ihren Clubs in Deutschland, Italien, England, Schottland (Schalke 04, Freiburg, AC Milan, Glasgow Rangers,...)... .

Wir möchten betonen, dass dies kein offizielles Angebot für den Übergang irgendeines oben aufgeführten oder eines anderen Spielers vom FC Dinamo Tbilisi ist, sondern nur die Möglichkeit einer Kontaktanknüpfung mit unserer Verwaltung in England oder unserem Regionalbüro in Kroatien, soweit eventuelles Interesse bestehen sollte. Alle unsere Fußballgeschäfte und Vermittlungen, einschließlich dieser Repräsentation des FC Dinamo Tbilisi, erledigen wir nach gültigen FIFA Regeln.

Bitte kontaktieren Sie uns für einen individuellen Lebenslauf eines der oben aufgeführten oder eines anderen Spielers. Academy Consultants Ltd. ist eine internationale Sportmanagementorganisation, mit direkter Anwesenheit in England, Spanien, Kroatien (Osteuropa), Argentinien, Brasilien und Japan.

Mit freundlichen Grüßen,

CEO

Lizenzierter Spieleragent

...red in England: Company No.

Spielerberater ——— Andreas Rettig

(45)

Abs.████████████   Ludwigshafen den 22.5.2002

████████████

████ Ludwigshafen

Tel.und Faxnr.0621/████████

Werter Fußballverein,

Heute möchte ich ihnen folgendes schreiben.Ich bitte,daß sie mir
Glauben schenken,denn alles was ich schreibe ist die Wahrheit.Ich weiß
nicht,ob sie in der Zeitung gelesen haben,daß der Bruder von Roque
Santa Cruz der bei den Bayern spielt gerne bei uns in der
Bundesliga,(1.oder2.)spielen möchte.Ein Trainer der 1.Liga
bestätigt,daß Diego Santa Cruz geeignet ist in den beiden Ligen zu
spielen.Diego Santa Cruz kommt im Juni wiederum nach Deutschland.Er
möchte nicht zu dem Verein,bei dem er ein Probetraining absolviert
hat.Wenn sie mich anrufen,sage ich ihnen,warum er nicht zu dem Verein
will.Sie haben jetzt die Chance diesen guten Mann zu bekommen.Ich
kann nur hoffen,daß sie mir glauben.Ich bitte sie,bei mir anzurufen,dann
können wir alles klären,daß der Spieler zu euch kommt.Ich bitte um
ihren Anruf.

Es grüßt euch,

Spielerberater ——— Andreas Rettig

„*Man fühlt sich wie auf einem Basar*" Andreas Rettig über den Umgang mit Spielerberatern und die Kunst, der Flut an Angeboten Herr zu werden

Andreas Rettig, grob geschätzt: Wie viele Angebote von Spielerberatern flattern einem Bundesligamanager pro Saison auf den Tisch?
In den frühen Nullerjahren waren es deutlich mehr als heute. Das lag daran, dass gerade internationale Spiele und Partien aus kleineren Ligen noch nicht im TV oder Internet liefen.
Das heißt in Zahlen?
Ich denke, in Hochzeiten trudelten manchmal bis zu zwanzig mehr oder weniger seriöse Angebote pro Tag ein. Heute sind es wesentlich weniger, weil auch die Berater – oder die, die sich so nennen – wissen, dass ich als Manager mir heute die Daten eines Spielers über verschiedenste Kanäle zugänglich machen kann.
Diese Schreiben stammten aus der Zeit zwischen Mai 2002 und November 2003. Wie viele der Angebote, die Sie damals von Vermittlern bekamen, würden Sie als seriös bezeichnen?
Manchmal kommt man sich als Manager vor wie auf einem Basar. Was nach Ansicht des Vermittlers ein Spieler so alles kann, ist unglaublich: beidfüßig einwandfrei, kopfballstark, charakterfest, große Ausdauer, blitzschnell. Einziges Manko: Er ist seit zwei Jahren ohne Verein. Hmm, wie kommt das bloß?
Woran erkennen Sie, dass ein Angebot dennoch interessant sein könnte?
Es ist sicher nicht von Nachteil, wenn es nicht schon beim ersten Kontakt um die Provision des Beraters geht. (*Lacht.*)
Konkret zu diesen Schreiben: Haben Sie damals Ihre Scouts beim FC gebeten, eines der hier vorgestellten Angebote zu prüfen?
Grundsätzlich sind wir den meisten Hinweisen nachgegangen, ob das in diesen Fällen auch so war, kann ich nicht mehr im Detail sagen. Als Manager hat man schließlich ein Netzwerk und kann oft schon über einen Anruf an anderer Stelle herausfinden, ob sich bei Anfragen dieser Art eine Antwort lohnt.
Einer schreibt, ein griechischer Nationalspieler sei beim Trainer in Athen in Ungnade gefallen, der damalige Nationaltrainer Otto Rehhagel könne aber die Qualitäten des Spielers bestätigen. Klingt das interessant?
Jaja, die bösen Trainer.
Ein anderer bietet gleich acht Georgier an, im Alter zwischen 18 und 27, darunter ein Nationalspieler.
Hier kamen mir meine Kontakte aus der Zeit als Manager des SC Freiburg zugute. Da hatten wir mit Levan Kobiashvili, Levan Tskitishvili und Aleksandr Iashvili gleich drei Georgier unter Vertrag, bei denen ich mich mal umhören konnte. Im Fußball kennt halt jeder jeden.
Ein Privatmann behauptet, den Bruder des Bayern-Spielers Roque Santa Cruz zu vertreten. Er bittet um Rückruf. Was machen Sie?
Ich glaube, das ist mir damals durchgerutscht.
Gab es ähnlich anmutende Angebote, bei denen Sie später bereut haben, nicht genau draufgeschaut zu haben?
Guter Mann, das ist eine Fangfrage. Wie soll ich bei der Vielzahl der Berateranfragen über die Jahre denn ausschließen, dass sich hinter einem hastig heruntergeschriebenen Fax oder einer Mail auch mal ein Ringeltäubchen verborgen hat?

„Fussballfreunde, die WM 74 ist in Gefahr. Raketenanschlag auf das Volksparkstadion am 22. Juni 1974. Fussballfreunde werft diesen Brief nicht gleich fort. Gebt den Brief weiter. Wir fordern Euch auf, als Empfänger, den Brief abzuschreiben und an 2-3 Freunde weiter zu senden. Wer die Kette unterbricht, hat 2-3 Freunde auf dem Gewissen."

Anonymus —— 1. FC Lokomotive Leipzig

Stasi-Bericht zum WM-Spiel BRD-DDR — 4. Februar 1974

Die Spaltung der Welt in Ost und West manifestiert sich in der Gründung zweier deutscher Staaten. *Auch im Fußball zerplatzen gesamtdeutsche Träume* — 3. Dezember 1953

Der Deutsche Fußballbund gründet sich am 21. Januar 1950 in Stuttgart neu. Das ostdeutsche Pendant, der Deutsche Fußballverband, wird 1958 gegründet. Vorläufer ist die 1950 geschaffene „Sektion Fußball".

Der DFB ist schwer enttäuscht. „Größte Überraschung" habe das Schreiben der Sektion Fußball im Deutschen Sportausschuss der DDR in der Frankfurter Zentrale ausgelöst, heißt es in der Antwort. Dass der Brief die „gute Seite aller Besprechungen" leider ignoriere und das Ziel habe, „den DFB in der Frage der Gesamtdeutschen Fußballmeisterschaft von vornherein ins Unrecht zu setzen". Denn ein einheitlicher Wettbewerb ist immer noch das Ziel der Konsultationen, die seit 1950 zwischen den Verbänden der beiden Staaten geführt werden, die vier Jahre zuvor auf deutschem Boden gegründet worden sind. Doch die Vorstellung, tatsächlich über die waffenstarrenden Grenzen politischer Systeme hinweg eine Fußballmeisterschaft auszutragen, zerschellt an den Realitäten des Kalten Krieges. Vor allem in Ostberlin besteht angesichts ideologischer Differenzen kaum Interesse, Konflikte werden planmäßig geschürt. Dass die DFB-Spitze gleichwohl darauf beharrt, dass schließlich 1949 auch ein „deutscher Pokalwettbewerb der Länder" stattgefunden habe, wirkt bestenfalls naiv. Statt eines gesamtdeutschen Wettbewerbs mit beispielsweise 13 West- und drei Ostklubs finden nunmehr getrennte Meisterschaftsrunden statt. So werden die westdeutschen Titelträger seit 1949 bis zur Gründung der Bundesliga in Ausscheidungsspielen ermittelt, die DDR-Meister durch die Spiele der Oberliga. Erst die friedliche Revolution von 1989 und die deutsche Einheit führen die beiden Verbände wieder zueinander, der ostdeutsche DFV tritt dem DFB als Regionalverband Nordost mit sechs Landesverbänden am 21. November 1990 bei.

Sektion Fußball

IN DER DEUTSCHEN DEMOKRATISCHEN REPUBLIK · BERLIN O 17. DEUTSCHE SPORTHALLE: STALINALLEE · TELEFON 55 52 51

An den

Deutschen Fußball Bund

Frankfurt/Main

Arndtstr. 39

SECTION DE FOOTBALL

DANS LA RÉPUBLIQUE DÉMOCRATIQUE ALLEMANDE

DATUM 3. Dezember 1953

Werte Sportfreunde !

Aufgrund der Beratungen vom 19.11.1953 zwischen den Vertretern
der Sektion Fußball der Deutschen Demokratischen Republik und
den Vertretern des DFB der Bundesrepublik in Berlin, erlauben
wir uns Ihnen nochmals unseren Standpunkt zur Zusammenarbeit
als Voraussetzung für die Durchführung Deutscher Meisterschaften
darzulegen. Seit Bestehen der Sektion Fußball der DDR ist eine
ihrer wesentlichsten Aufgaben die sportlichen und freundschaft-
lichen Beziehungen zwischen den Fußballern aus Ost- und Westdeutschland zu festigen, um somit für die Erhaltung des Friedens
und der Herstellung eines einheitlichen und demokratischen Deutschlands beizutragen. Deshalb förderte und unterstützte die Sektion
Fußball der DDR entsprechend den Wünschen aller Sportler den
gesamtdeutschen Spiel- und Sportverkehr. Der großen Verantwortung gegenüber den deutschen Sportlern bewußt, unterbreitete das
Präsidium der Sektion Fußball der Deutschen Demokratischen Republik dem Deutschen Fußball Bund immer wieder konkrete Vorschläge
über die Zusammenarbeit.
Das beweisen unsere Vorschläge bei den Beratungen in Freiburg 1950
sowie in Hannover und Berlin, in denen dargelegt wurde, daß die
Sektion Fußball bereit ist einen Arbeitsausschuß zu bilden, um den
gesamtdeutschen Sportverkehr zu fördern. Bedauerlicherweise müssen wir feststellen, daß bei fast allen bisherigen Beratungen
Ihre Vertreter nicht mit den nötigen Vollmachten ausgestattet
waren, um verbindliche Beschlüsse fassen zu können. Auch bei den
Beratungen am 19.11.1953 war dies wiederum der Fall.
Um die Zusammenarbeit zwischen Ost und West und die Vorbereitung
Deutscher Meisterschaften, wie überhaupt die friedliche Entwicklung des Deutschen Sports in einem friedliebenden demokratischen
einheitlichen Deutschland zu gewährleisten, erachten wir es als
notwendig, jetzt schon solche Formen der Zusammenarbeit zu wählen,
die darauf gerichtet sind, für die Zukunft schon Voraussetzungen
zu schaffen, die es ermöglichen einmal in einem geeinten Deutschland zu einer gesamtdeutschen Sportorganisation auf demokrati-
scher Grundlage zu kommen.
Deshalb machen wir den Vorschlag einen Arbeitsausschuß unter Anerkennung der Gleichberechtigung beider Verbände in unserem bis
jetzt noch geteilten Deutschland zu bilden. Wir können auch nicht
über den Zustand hinweggehen, daß beide Verbände zur Zeit in der
FIFA gleichberechtigt anerkannt und dort vertreten sind. Das Hin-
dert uns keineswegs einen gemeinsamen Weg zu suchen, um eine Form
zu finden, die unter Wahrung dieser Gedanken eine Zusammenarbeit
auf gleichberechtigte und freundschaftlicher Grundlage gewährleistet.
Der Deutsche Arbeitsausschuß sollte Vollmachten haben, sich mit
entscheidenden Fragen im Deutschen Sport zu beschäftigen. Hiervon
bleiben unberührt die inneren Angelegenheiten der Sektion Fußball

Sektion Fußball ———— DFB

*Brief der Sektion Fußball an den DFB (3. Dezember 1953) im Nachgang zum Zusammentreffen
der Verbandsvertreter im November 1953 (Seite 1)*

(46)

Sektion Fußball

IN DER DEUTSCHEN DEMOKRATISCHEN REPUBLIK · BERLIN O 17, DEUTSCHE SPORTHALLE, STALINALLEE · TELEFON 55 52 51

SECTION DE FOOTBALL

DANS LA RÉPUBLIQUE DÉMOCRATIQUE ALLEMANDE

<u>Bl.2 zum Schreiben an DFB</u>

DATUM _____

und des DFB.
Wir betrachten es als höchste und ehrenvollste Aufgabe, der Sport-
organisationen in Ost und West alles zu tun, um die Bestrebungen
der friedliebenden Bevölkerung ganz Deutschlands zur baldmöglichen
Wiedervereinigung unseres Vaterlandes auf friedlicher und demokra-
tischer Grundlage zu unterstützen. Diesen Gedanken sollten auch
alle Bestrebungen der Zusammenarbeit zwischen Ost und West dienen
und seine Ausdrucksform im Gesamtdeutschen Arbeitsausschuß finden.
Die Entwicklung im Westen unserer Heimat und das damit verbundene
Schicksal des Deutschen Sports erfüllt uns mit großer Sorge in Anbetracht der Bestrebungen unverantwortlicher revanchelüsterner und
dem Deutschen Volk feindlicher Kräfte, die unser Vaterland der Ver-
nichtung in einem neuen Krieg, wie er durch den EVG Vertrag planmäßig vorbereitet wird, preisgeben wollen.
Alle Deutschen Fußballmannschaften sehen in der Erreichung des Titels
"Deutscher Meister " die Krönung ihrer sportlichen Leistungen.
Darum sollte es sich der Arbeitsausschuß zur Aufgabe machen, gesamtdeutsche Meisterschaften vorzubereiten und ihre Durchführung zu
sichern. Genauso ist das Verlangen nach gemeinsamer Vertretung der
deutschen Sportler auf internationalem Gebiet vorhanden. Wir glauben,
daß dieser Wunsch berechtigt ist und erfüllt werden kann. Die Aufstellung gesamtdeutscher Mannschaften zu internationalen Wettkäm-
pfen und Meisterschaften, müßte ebenfalls Aufgabe des Arbeitsausschusses sein und schließlich sollten die Wettkampfbestimmungen ein-
heitlich geregelt werden. Diese Arbeit sollte ebenfalls der Arbeitsausschuß leisten.
Wir glauben mit unserem Vorschlag die Zustimmung aller deutschen
Fußballer zu finden, die eine solche Art der Zusammenarbeit begrüßen,
weil sie die Voraussetzung für eine beständige Zusammenarbeit in
unserem geteilten Vaterland im Interesse des Deutschen Sports und
der baldigen Wiedervereinigung unserer Heimat in Frieden, Einheit
und Wohlstand darstellt.
Wir sind bereit an einem von Ihnen zu benennenden Termin, wie vereinbart in Eisenach, über diese und von Ihnen zu unterbreitende
Vorschläge gemeinsam zu beraten und erwarten Ihre diesbezügliche
Antwort.

Mit sportlichen Grüßen !

Präsidium
der Sektion Fußball der Deutschen
Demokratischen Republik

(Staffel........)
Geschäftsführer

VEB .... Magdeburg 25...   Ze 565 6

Brief der Sektion Fußball an den DFB (3. Dezember 1953) im Nachgang zum Zusammentreffen
der Verbandsvertreter im November 1953 (Seite 2)

Liebe Sportkameraden,

Ihr Schreiben vom 3.Dezember ist bei uns am 4.Dezember eingegangen. Es hat in seiner Tenart allgemein größte Überraschung ausgelöst, nachdem es bisher die gute Seite aller Besprechungen zwischen Ihnen und unseren Vertretern war, daß man die politische Note zurückstellte.

Inzwischen haben Sie – ohne daß bisher ein Grund ersichtlich ist – über das sowjetzonale Nachrichtenbüro ADN Berlin nicht nur den Inhalt des Briefes bekanntgegeben, sondern durch Ihren Geschäftsführer Staffeldt weitere Informationen gegeben, die offensichtlich dahinzielen, den DFB in der Frage der Gesamtdeutschen Fußballmeisterschaft von vornherein ins Unrecht zu versetzen.

Wir haben seit dem 15.12.1951 fünf offizielle Besprechungen gehabt, die durchweg in gutem sportlichen Geiste geführt wurden.

Die Angelegenheit eines Gesamtdeutschen Arbeitsausschusses für alle Fragen (Meisterschaft, internationale Vertretung, gesamtdeutsche Mannschaften) ist bereits in Hannover von unserem Delegationsführer Hans Huber(München) am 15.12. geklärt worden. Vielleicht werden sich Ihre Vertreter erinnern, daß der DFB schon damals auf dem Zeitpunkt stand, daß ein ständiger Ausschuß nicht nötig sei, sondern es genüge, aktuelle Fragen von Zeit zu Zeit zu besprechen.

Wir haben die Frage der paritätischen Besetzung nie für besonders dringlich erachtet, was am besten daraus hervorgeht, daß wir zu den beiden Berliner Besprechungen nur durch die Mitglieder unseres Spielausschusses, Hans Körfer und Harry Burmeister vertreten waren, ebenso hat Ihre Vertretung in Hannover nichts dagegen einzuwenden gehabt, daß wir in der einen oder anderen Besetzung ein personelles Übergewicht hatten.

Die letzte Besprechung in Berlin am 19.11. hatte eine Klärung herbeigeführt: Gesamtdeutsche Meisterschaft mit rechtzeitiger Meldung auch der beiden Vertreter der Sektion Fußball der DDR.

Keine Einigung war über die Besetzung des Organisationskomitees dieser Meisterschaft erreicht worden. Sie werden sich erinnern, daß unser Kamerad Körfer u.a. den Vorschlag machte, einmal beide Spielausschüsse zusammentreten zu lassen, allerdings auch darum bat, diesen für die Organisation zuständigen Ausschuß auf die Basis DFB 3, Sektion Fußball 2, zu setzen und damit praktisch dem DFB, der im Verhältnis der Teilnehmer 3:1 liegt, die Federführung zu überlassen.

Ihr Schreiben stellt u.a. die Dinge von Freiburg 1950 an heraus. Sie machen uns den Vorwurf, daß unsere Vertreter nie oder zeitweise keine Vollmacht gehabt hätten, übersehen aber die Struktur unseres Verbandes, die einige entscheidende Fragen, so die Austragungsform der deutschen Meisterschaft, satzungsgemäß dem Bundestag als allein entscheidender Instanz überläßt.

Nachdem am 24.Januar 1953 ein a.o.-Bundestag in Frankfurt einer gesamtdeutschen Meisterschaft zustimmte, die dann an unserem Vorschlag 13:3 Teilnehmer bezw. Terminfragen scheiterte, konnte man optimistisch erwarten, daß ein späterer Bundestag eine gesamtdeutsche Meisterschaft, vom Beirat zustimmend behandelt, zu einem späteren Zeitpunkt sanktionieren würde.

DFB —— Sektion Fußball

II -

Wenn Sie sagen, daß alle deutschen Mannschaften in der Erreichung des Titels "Deutscher Meister" die Krönung ihrer sportlichen Leistung sehen, stimmen wir dem zu.

Dürfen wir Sie daran erinnern, daß in der Saison ~~1948=49~~ 1949=5o, als es anstelle des DFB eine "Deutschen Fußball-Ausschuss" ~~xxxxxxxxxxx~~ gab, schon einmal soweit war, daß wir gemein spielten? Ohne daß es damals allzu große Debatten um den Ausschuß gab, wurde ein deutscher Pokalwettbewerb der Länder durchgeführt. Genau so hatten wir die Zusage zu einer "Gesamtdeutschen Meisterschaft", organisatorisch war alles klar, bis plötzlich Anfang Mai Ihre Absage kam, u.a. mit der "politischen Lage und Ihrer Teilnahme am Jugendtreffen der FDJ in Berlin begründet"?

Vielleicht wäre schon seit 1950 alles in bester Ordnung, wenn damals Sie nicht plötzlich den Faden abgeschnitten hätten.

Als unsere Kameraden Körfer und Burmeister im Mai in Berlin waren, hatten Sie die Absicht, Ihre Meisterschafts-saison dem Kalenderjahr anzupassen, also grundlegend von unserer zu unterscheiden. Sie warteten mit einem neuen Vorschlag so lange, bis der DFB-Bundestag am 31-7-1953 vorbei war, obwohl Ihnen unsere Delegation klar legte, daß hier eine Entscheidung über die deutsche Meisterschaft 1954 fallen würde.

Wir haben bisher alles getan, eine Polemik von Verband zu Verband zu vermeiden, wie Sie von Ihnen jetzt sichtlich begonnen wird. Es überrascht uns z.B. von Ausführungen Ihres Kameraden Fritz Goedicke vom Trainer-Kollektiv Dynamo Dresden zu hören, der angeblich aus eigenen Erfahrungen bei westdeutschen Besuchen (er war dreimal unser Gast in Hannover) wissen will, daß der Sport bei uns im Westen politisch mißbraucht wird.

Der Beirat des DFB, der vom Ton Ihres Schreibens überrascht war, nachdem unsere Vertreter immer wieder die harmonische Zusammenarbeit herausstellten, die sich in allen Aussprachen ergeben hatte, betont nach wie vor die Bereitwilligkeit zur Austragung einer gesamtdeutschen Fußballmeisterschaft, und zwar mit der von Ihnen angeregten Teilnehmerzahl sechs DFB, zwei Sektion Fußball.

Hierüber und zur Frage eines Organisationsausschusses, dessen ausschließliche Aufgabe es sein würde, die notwendigen Vorarbeiten und auch die Abwicklung der Endspiele ab 2. Mai 1954 durchzuführen, erbitten wir ~~möglichst~~ bis zum 15.Januar 1954 eine verbindliche Nachricht ~~aus der~~ nachdem Ihnen ~~s~~mit der letzten Besprechung in Berlin durch unseren Sportkameraden Körfer bekannt ist, wie wir uns die Abwicklung im ersten Jahre, das schließlich einen Versuch darstellt, denken.

Mit sportl. Grüßen

DFB ——— Sektion Fußball

Replik des DFB auf den Brief der Sektion Fußball (Dezember 1953) (Seite 2)

Du.: Herrn Blatter

Herrn
Dr. Joao Havelange
Präsident der FIFA
Hitzigweg 11

CH-8030 Zürich

Deutscher Fußball-Bund

Dr. h.c. Hermann Neuberger
Präsident

Oberer Geisberg 27a
6601 Bischmisheim

Telefon (06 81) 3 10 42
Telefax (06 81) 39 88 84
Telex 4 421 227

12.09.1990
N/Bo

Sehr geehrter Herr Präsident,
lieber Herr Dr. Havelange,

Sepp Blatter hat Sie gewiß schon über die schnell vorangehende Auflösung des
bisherigen Mitgliedsverbandes "Deutscher Fußball-Verband der DDR", seine Um-
bildung in einen Regionalverband Nordost mit 6 Landesverbänden und seine Eingliederung in den Deutschen Fußball-Bund informiert.

Die beiden Vorstände haben nunmehr in unabhängigen Sitzungen aber in völliger
Übereinstimmung beschlossen, daß die Eingliederung dieses Regionalverbandes
am Mittwoch, dem 21. November 1990, auf einem außerordentlichen Bundestag
des DFB in Leipzig, Hotel Merkur, stattfinden soll.

Am Tage vorher löst sich der Deutsche Fußball-Verband der DDR auf, wird um-
gebildet in den erwähnten Regionalverband Nordost, damit die Aufnahme am
21. November dann durchführbar ist.

Der bisherige Mitgliedsverband der FIFA beendet also seine offizielle Tätigkeit
am 20. November. Mit seinen etwas über 500.000 Mitgliedern wird er dann
einen Tag später Mitglied im Deutschen Fußball-Bund, der damit etwa 5,4
Millionen Mitglieder umfassen wird.

Der Deutsche Fußball-Verband wurde im Jahre 1900 in dieser Stadt Leipzig
gegründet. Deshalb auch habe ich mich entschlossen, dort den a.o. Bundestag
durchzuführen, der um 11.00 Uhr im erwähnten Hotel beginnt. Es schließt sich
ein Mittagessen auf Einladung des DFV an, und um 17.00 Uhr findet im
Leipziger Stadion ein Spiel der Auswahlmannschaften des DFV und des DFB
statt. Das heißt also, daß der DFB seine Nationalmannschaft dort in Leipzig
antreten läßt.

- 2 -

Einladung zu den Feierlichkeiten zur Reunion von DFB und DFV im November 1990 (Seite 1)

Hermann Neuberger ———— João Havelange

- 2 -

Wir würden es als eine sehr große Ehre ansehen, wenn Sie bei diesem festlichen Akt nach 45-jähriger Trennung der deutschen Verbände teilnehmen
könnten. Sollte Ihnen dies, was mir persönlich sehr leid täte, nicht möglich
werden, würde ich Sie sehr herzlich bitten, daß zumindest der Generalsekretär
an dieser für uns sehr wichtigen Stunde teilhaben solte.

Vielleicht könnten Sie und/oder Sepp Blatter bereits am Vortag anreisen, zumal
der DFB eine Maschine, Lufthansa oder Condor, für seine Delegierten ab Frankfurt fliegen läßt und der Rückflug dann am Donnerstagvormittag sein wird.

Gerne hoffe ich, daß Sie Verständnis für diese sehr herzliche Bitte meiner
Freunde und von mir persönlich aufbringen können, bitte Sie um möglichst
baldige Entscheidung, sage jetzt schon ein Dankeschön für Ihr Verständnis und
bin mit guten Wünschen und

freundlichen Grüßen
Ihr

Einladung zu den Feierlichkeiten zur Reunion von DFB und DFV im November 1990 (Seite 2)

FIFA-Boss João Havelange soll Zeuge sein, wenn die ostdeutschen Verbände dem DFB beitreten. Die Vereinigung wird symbolträchtig in Leipzig vollzogen — 12. September 1990

Durch die Eingliederung der früheren DDR-Verbände im November 1990 ist der DFB auf einen Schlag um 424 587 Spieler und 4998 Vereine größer. Die Integration der Oberliga-Klubs verläuft allerdings mühsam.

Am 21. November 1990 posieren DFB-Präsident Hermann Neuberger und Hans Georg Moldenhauer, der Vorsitzende des nordostdeutschen Verbandes NOFV, vor einem Trabant und reichen sich über den Wagen hinweg die Hände. Der Zweitakter, auf dem publikumswirksam die Wappen des DFB und des zwei Tage zuvor aufgelösten DDR-Verbandes DFV drapiert worden sind, wird nie auf deutschen Straßen fahren, muss aber ohnehin nur symbolisch für die Eingliederung des ostdeutschen Fußballs ins westdeutsche System herhalten. Der Fußball kopiert damit die staatliche Einigung, die bereits eineinhalb Monate zuvor vollzogen worden ist. Eine kleine Spitze kann sich Moldenhauer angesichts des Anschlusses nicht verkneifen. Er verweist auf die Länderspielbilanz zwischen DDR und BRD, die durch zwei Siege bei Olympia 1972 und bei der WM 1974 unzweifelhaft positiv für den Osten ausfällt. Zur Vereinigung wird jedenfalls ein außerplanmäßiger DFB-Bundestag in Leipzig abgehalten, wo neunzig Jahre zuvor der Verband aus der Taufe gehoben worden ist. Natürlich ist viel Prominenz vor Ort. Bundesinnenminister Rudolf Seiters ist ebenso angereist wie FIFA-Präsident João Havelange und sein Generalsekretär Sepp Blatter, die von Hermann Neuberger mit warmen Worten eingeladen worden sind. Nicht alles wird jedoch sofort zusammengefügt. Da die Saison 1990/91 bereits im Sommer begonnen worden ist, wird die Oberliga-Runde noch beendet, Hansa Rostock wird Überraschungsmeister. Erst in der folgenden Spielzeit rücken zwei Klubs aus der Oberliga in die vorübergehend auf zwanzig Teams aufgestockte Bundesliga auf.

Der *Bau der Berliner Mauer* trennt die ostdeutschen Hertha-Fans von ihrem Lieblingsklub. Jetzt sind die Mitglieder im Westen gefragt — 21. August 1961

In den Wochen nach dem Bau der Berliner Mauer im August 1961 kommt es bisweilen zu ungewöhnlichen Ansammlungen von Menschen am östlichen Ende der Behmstraße im Bezirk Prenzlauer Berg. Zahlreiche Bürger versammeln sich und lauschen. Denn nur wenige Hundert Meter entfernt liegt die Plumpe, das Stadion von Hertha BSC, auf der westlichen Seite der Mauer. Und auch wenn der Mauerbeton die Sicht versperrt, so ist doch deutlich zu hören, wenn die Massen im Stadion Tore der Hertha bejubeln. Erst nach mehreren Wochen beenden DDR-Grenztruppen das öffentliche Hören und bringen auch auf dem Hochbahnsteig an der Schönhauser Allee Sichtblenden an, damit die Hertha-Fans aus Ostberlin die Spiele nicht mehr vom Bahnsteig aus verfolgen können. Der Liebe der Herthaner aus Pankow, Weißensee oder Treptow tut das keinen Abbruch, zumal sich auch der Klub redlich bemüht, Verbindung zu den Mitgliedern und Fans zu halten, und eine Erhöhung des Vereinsbeitrags beschließt, um sogenannte „Liebesgaben" über die Sektorengrenze zu schicken. Das sind keine Fanartikel, sondern Kaffee, Tabakwaren, Schokolade, Fett und Kakao. Die so etablierte Verbindung bleibt über die Jahrzehnte stabil. Als Kuriere zwischen Ost und West fungieren die älteren Herthaner aus der Metropole, sie dürfen reisen und transferieren Fanpost zwischen dem Osten und Westen der Stadt. Im Gegenzug gibt es vom Klub Weihnachtsgeschenke, es werden klandestine Adventsfeiern mit Hertha-Spielern organisiert. Und immer wenn die Hertha in der DDR oder anderen Ostblockstaaten spielt, sind Fans aus dem Osten im Stadion dabei.

Hertha BSC ist der größte und bekannteste Fußballklub der Hauptstadt. Er wurde 1892 gegründet, war am Gesundbrunnen beheimatet und feierte 1930 und 1931 mit zwei Meisterschaften seine größten Erfolge.

Hertha BSC eV

Berlin, den 21. August 1961
Behmstraße 28-48
Fernsprecher 464808

Rundschreiben Nr. 1/61
=======================

Lieber Clubkamerad!

Um in diesen Tagen die Verbundenheit mit den im Osten unserer
Stadt beheimateten Vereinskameraden zum Ausdruck zu bringen,
hat die Mitgliederversammlung am 18. ds.Mts. den einstimmigen
Beschluß gefaßt, ab sofort für alle Mitglieder die monatlichen
Beitragszahlungen um 0,50 M zu erhöhen.

Eine für den gleichen Zweck durchgeführte Geldsammlung erbrachte
einen Betrag von

(20,-)   246,50 M,

~~der~~ für eine Solidaritätsaktion Verwendung finden ~~soll~~. Vom Vorstand ist beabsichtigt, den infolge der jüngsten politischen Ereignisse von uns getrennten Kameraden Geschenkpäckchen als Liebesgaben zu übersenden.

Da diese Unterstützungsmaßnahme, mit der wir unsere Anteilnahme
unter Beweis stellen wollen, in Kürze durchzuführen ist, wird
gebeten, eventuelle weitere Spenden unter Kennwort
auf das Postscheckkonto 40 450 des Vereins einzuzahlen.

In der Hoffnung, daß die von uns allen als schmerzlich empfundene
Teilung Berlins nicht von langer Dauer sein möge und Sie der von
der Vereinsführung beschlossenen Sofortmaßnahme volles Verständnis
entgegen bringen, verbleibe ich mit sportlichem Gruß

gez. Hans H ö h n e
1. Vorsitzender

H e r t h a   B S C   e. V.   Berlin, den 24. September 1961
                                     Behmstraße
                                     Fernsprecher: 46 78 08

(48)

                    R u n d s c h r e i b e n   Nr. 1/61
                    ================================

<u>Betr.:</u> "Liebesgaben-Aktion" für Mitglieder, die im Ostsektor von Berlin
      bzw. in Mitteldeutschland ihren Wohnsitz haben.

Lieber Clubkamerad!

Vom Vorstand ist beabsichtigt, den infolge der jüngsten politischen Ereignisse
von uns getrennten Kameraden Geschenkpäckchen zu übersenden. Diese Solidaritätsaktion, mit der wir den Mitgliedern aus dem Ostsektor und Mitteldeutsch-
land gegenüber das Zugehörigkeitsgefühl zu Hertha BSC unter Beweis stellen
wollen, wird bis zu dem Zeitpunkt durchgeführt, an dem der freie Verkehr innerhalb Berlins wieder gewährleistet ist. Aus diesem Grunde hat die Mitgliederversammlung am 18. des vergangenen Monats den einstimmigen Beschluß gefaßt,
ab sofort für alle Mitglieder die monatlichen Beitragszahlungen um 0,50 DM zu
erhöhen, um somit die Verbundenheit und Anteilnahme mit den im Osten unserer Stadt beheimateten Vereinskameraden zum Ausdruck zu bringen. Eine auf
dieser Versammlung für den gleichen Zweck vorgenommene Sammlung erbrachte außerdem einen Betrag von 326,50 DM. Es darf gebeten werden, eventuelle
weitere Spenden unter Kennwort "Kameradschaftshilfe" auf das Postscheckkonto 40 450 des Vereins einzuzahlen. In der Hoffnung, daß die von uns allen so
schmerzlich empfundene Teilung Berlins nicht von langer Dauer sein möge
und Sie der in diesen Tagen von der Vereinsführung beschlossenen Hilfsmaßnah-
me volles Verständnis entgegenbringen, verbleiben wir

                              mit sportlichem Gruß
                         gez. Voges, gez. Herzog, gez. Bölter

Günter H e r z o g   Berlin W 3o, den 19.9.1961
                                        Goltzstr.36

An

H e r t h a B.S.C.
Berlin N 2o
============

Abrechnung 1. Päckchensendung für Ost-Mitglieder.

Einnahme: Spende - Sitzung   246,5o DM
            Gesang - Abt.   20,00
            Herr Schmidt   60,00
            Kasse   300,00   626,5o DM

Ausgaben: 1. Kaffee 8o/125 gr.   184,oo DM
          2. Tabakwaren 4o/Pack.   80,00
          3. Tabakwaren 2o/Pack.   40,00
          4 Briefmarken   40,00
          5. dto.   14,00
              Schokolade 4o/1oo gr
          6. Kakao 4o/125 gr. zus. 49,6o
          7. Kartons 4o Stck   6,8o
          8 dto.   1o Stck   2,00
          9 dto.   9 Stck   1,8o
             Fett   4o/25o gr.   3o,9o
         1o. Schokolade 8o/1oo gr
         11. Kakao 8o/125 gr. zus. 99,2o
             Kaffee 1o/25o gr.
         12. Fett 1o/25o gr. zus.   53,00
             Kaffee 1o/25o, gr.
         13. Butter 1o/25o gr.zus. 52,84   654,14 DM

Belege anbei   Fehl   27,64 DM
                                                ==============

Es wurden 6o Päckchen gefertigt, die Namen werden auf einer besonderen Liste beigefügt. Jedes Päckchen enthielt:
                250 gr. Kaffee
                25o "   Fett
                25o "   Kakao
                  2 Tfl.Schokolade
                 2o St. Zigaretten
Jeder Päckchenempfänger wurde durch einen persönlichen Brief unterrichtet, daß für ihn eine Sendung vorbereitet wurde.

Günter Pinske schreibt aus der DDR an etliche Stars von Schalke 04 Briefe. *Alle antworten ihm, nur Klaus Fichtel nicht.* Was ist passiert?
— 9. Mai 1969

Günter Pinske (l.) starb wenige Monate nach dem Treffen mit Klaus Fichtel 2016 im Alter von 79 Jahren. Fichtel (r.) ist mit 543 Pflichtspielen zwischen 1965 und '88 der Dauerbrenner unter den Schalke-Profis.

Günter Pinske ist ein Wandler zwischen den Systemen. 1957 ist der Bergmann aus Immenrode nach Gelsenkirchen übergesiedelt und hat sein Herz an den FC Schalke 04 verloren. Beim Gewinn der Meisterschaft ist er live dabei. Doch eine Lungenkrankheit macht seine Hoffnung auf eine Existenz im Tagebau des Westens zunichte. Mangels Perspektive kehrt er nach Thüringen zurück, die Mutter und sein Bruder bleiben im Pott, und durch den Bau der Mauer geht ein Riss durch die Familie. Als Lebenszeichen sendet ihm die Mutter zumindest regelmäßig den *Kicker* in den Osten. Doch auch diese Freude wird Pinske genommen: Die Umschläge mit der West-Zeitschrift rufen die Stasi auf den Plan. Um den Kontakt zu Schalke nicht zu verlieren, beginnt Pinske Briefe an die S04-Akteure zu schreiben. Bei Traktor Immenrode ist er Trainer, Vorsitzender und Kassenwart in Personalunion. Den Schalkern berichtet er aus dem ostdeutschen Amateursport und freut sich, wenn er Antworten erhält. Nur von einem kommt nie etwas zurück: Klaus Fichtel. Dem Verteidiger hat Pinske für die Wiederholung des Pokalhalbfinals 1969 gegen Kaiserslautern Glück gewünscht. Doch den Brief fängt die Stasi ab. Den Satz „Wenn man doch mal fahren könnte" interpretieren die Spitzel als Plan zur „Republikflucht". Jahrelang fragt sich Pinske, warum Fichtel sich nie gemeldet hat. Erst im Jahr 2000 erfährt er beim Blick in seine Stasi-Akte, dass Fichtel das Schreiben nie erhalten hat. 2016 wendet sich Pinskes Sohn Frank mit der Story an die Knappen, woraufhin Schalke den Vater einlädt und der Fan 47 Jahre nach dem Versenden des Briefs Fichtel doch noch trifft.

Immenrode, den 9.5.69
Sehr geehrter Herr Fichtel! Ich bin so frei, Ihnen heute mal wieder zu schreiben. Denken Sie nun nicht,
daß ich mich wieder dann melde, wenn es der Mannschaft gut geht. Ich habe wohl gewußt auf Grund der Heimspiele,
daß der Mannschaft keinesfalls der Abstieg droht und nun müßte auch das Pokalfinale glücken nach dem
1:1 gegen den 1. FCK. In der Glückaufkampfbahn rechne ich mit einem 2:0 oder 3:1 Sieg Ihrer Mannschaft. Wenn
Sie dann nur den Gerd Müller alleine haben, dann bin ich sicher, daß er abgemeldet ist, nur müßten dann
auch beide Verteidiger sicher sein. Alle tippen auf Bayern, doch ich bin optimistisch, denn Herr Gutendorf wird sich
auch etwas einfallen lassen. Das Endspiel ist ja am 14. Juni, nur wo es aus-

-getragen wird, ist mir nicht bekannt. Morgen in Nürnberg werden Sie ja auch dabei sein. Sowie Herr Nigbur und Libuda. Ich habe mich über alle Erfolge in letzter Zeit sehr gefreut und wäre auch gern mal wieder in Schalke dabei gewesen. Am 30.4. sah ich im Fernsehen noch mal viele bekannte Gesichter in der Sendung „Schalke muß sein". Für mich war das alles ein gutes Erlebnis und ich dachte gerne an 1958 zurück. Wenn man doch mal fahren könnte. Ich möchte Sie gern einmal persönlich kennenlernen und ein wenig mit Ihnen plaudern. Dann könnte ich auch Herrn Klodt mal besuchen. Dort holte ich stets meine Eintrittskarten. Jetzt hat er die Schüler und Jugend in der Hand. Ich habe hier alles alleine. Zwei 1. Mannschaften, Schüler (sie wurden Kreismeister) und die Jugend. Dazu gehören dann noch die Geschäftsführung usw. Es ist ja nur ein Dorf, aber wohl etwas zu viel für nur eine Person. Dann das Training und manchmal muß man auch noch als Schiri einspringen. Ja, Herr Fichtel, Sie haben sicherlich wenig Freizeit und mein Brief wird wohl einer von vielen sein, die Sie erhalten. Ich habe Ihnen ja geschrieben, verlangen kann ich nichts, doch bin ich heute noch stolz, daß Sie mir ein Foto geschickt haben. Darüber habe ich mich damals sehr gefreut. Ich schickte Ihnen damals auch etwas zum Zeitvertreib und hoffte, Ihren Geschmack gefunden zu haben. Meine Ansichten von der Mannschaft sind rein persönlich, und bitte seien Sie nicht böse, wenn manches naiv erscheint. Vielleicht haben Sie doch einmal für ein paar Zeilen Zeit. Ich wünsche auf jeden Fall viel Erfolg gegen den 1. FCK und wenn, dann auch gegen die Bayern fürs Endspiel. Viele Grüße auch an Ihre Mannschaftskameraden von mir. Ihnen persönlich beste Gesundheit und kein Verletzungspech für die kommenden Spiele und viele herzliche Grüße, Ihr Günter Pinske

aber wohl etwas zu viel für nur eine Person.
Dann das Training und manchmal muß
man auch noch als Schiri einspringen.
Ja, Herr Fichtel, Sie haben sicherlich wenig freie
Zeit und mein Brief wird wohl einer von vielen
sein, die Sie erhalten. Ich habe Ihnen ja geschrieben,
verlangen kann ich nichts, doch bin ich heute
noch stolz, daß Sie mir ein Foto geschickt
haben. Darüber habe ich mich damals sehr
gefreut. Ich schickte Ihnen damals auch
etwas zum Zeitvertreib und hoffte, Ihren
Geschmack gefunden zu haben.
Meine Ansichten von der Mannschaft sind
rein persönlich, und bitte seien Sie mir nicht
böse, wenn manches naiv erscheint.
Vielleicht haben Sie doch einmal für ein paar
Zeilen Zeit. Ich wünsche auf jeden Fall
viel Erfolg gegen den 1. FCK und wenn, dann
auch gegen die Bayern fürs Endspiel.

Viele Grüße auch Ihren Mannschaftskameraden von mir. Ihnen persönlich
beste Gesundheit und kein Verletzungspech
für die kommenden Spiele und viele herzliche Grüße
                    Ihr früher Pinske

H. Joel

An den
Deutschen Fußball-Verband der DDR

X-1o55   B e r l i n
         Storkower Strasse 118

Deutscher Fußball-Bund
Präsident des
Organisationskomitees
für die Fußball-
Weltmeisterschaft 1974
Hermann Neuberger
6601 Bischmisheim
Oberer Geisberg 27a
Telefon 06 81 / 89 49 49
dienstlich 55 0 55
Fernschreiber 04 421 405

7. November 1973
N/St.-

Liebe Freunde des Deutschen Fußball-Verbandes der DDR,

im Nachgang zu unserem Telegramm, mit dem wir Ihnen zur Erreichung des
Endrundenzieles der Fußball-Weltmeisterschaft 1974 in Deutschland gratu-
lierten, möchten wir auch auf diesem Wege zunächst einmal unsere aller-
herzlichsten Glückwünsche zum Gruppensieg übermitteln.

Wir sind stolz darauf, Ihre Mannschaft im nächsten Jahr bei uns empfangen zu können. Der Widerhall in der Öffentlichkeit und in der Sportpresse
über Ihren Gruppensieg war äußerst positiv, und wir glauben, daß Ihre
Qualifikation die Werbewirksamkeit in den Stadien, in denen Sie spielen
werden, nicht verfehlen wird.

Empfehlenswert schiene es mir, wenn Sie doch baldmöglichst einmal Verantwortliche Ihres Verbandes zu uns entsenden könnten, um an Ort und Stelle
alle Sie interessierenden Fragenkomplexe ansprechen und erschöpfend behandeln zu können. Dazu gehören mit Sicherheit Fragen der Unterkunftsmöglich-
keiten in den vier Gruppen, Fragen des Transportes, der eventuellen Wei-
terungen für Ihre Mannschaft bei einer Qualifikation auch für die 2. Final-
runde und vieles andere mehr.

Ich nehme an, daß auch Sie die Absicht zu einem solchen Gespräch haben.
Dankbar wären wir Ihnen allerdings, wenn Sie rechtzeitig Ihre Terminvor-
stellungen zu diesem Besuch bei unserem Organisationskomitee mitteilen
würden, damit die einschlägigen Verantwortlichen unseres Hauses auch
sprechbereit sind.

Mit nochmaligem herzlichem Glückwunsch zur Qualifikation und in der
Hoffnung auf ein gutes Zusammenwirken und auf ein baldiges Wiedersehen
anläßlich der Besprechung aller Details verbleiben wir

                          mit freundlichen Sportgrüßen
                          Organisationskomitee für die
                          Fußball-Weltmeisterschaft 1974
                          Der Präsident

                          (Hermann Neuberger)

DFB ——— DFV

DFB-Präsident *Hermann Neuberger folgt dem politischen Zeitgeist* und gratuliert der DDR freundschaftlich zur Teilnahme an der WM 1974 in der BRD — 7. November 1973

Hermann Neuberger (1919–1992) steht dem DFB ab 1975 bis zu seinem Tod als Präsident vor. In die Amtszeit des Saarländers fallen die WM-Titel 1974 und 1990 sowie der EM-Triumph in Italien 1980.

Bundeskanzler Willy Brandt setzt im Ost-West-Konflikt auf eine Entspannungspolitik, und auch DFB-Boss Neuberger geht in den Dialog. Nachdem die DDR am 3. November 1973 mit einem 4:1-Sieg in Albanien die Qualifikation zur WM 1974 geschafft hat, gratuliert er dem ostdeutschen Verband zur ersten Endrundenteilnahme einer Elf aus dem Arbeiter- und Bauernstaat. Mit den Glückwünschen verbindet er die Einladung zu einem baldigen Zusammentreffen. Er weiß, dass Reisen ins westliche Ausland für die DFV-Delegation eine Herkulesaufgabe darstellen. Details zur Sicherheit und Unterbringung sollen baldmöglichst vor Ort – und in den neuen Stadien, die anlässlich der WM gebaut beziehungsweise renoviert wurden – besprochen werden. Noch ahnt der DFB-Boss nicht, dass beim Turnier eine brisante Konstellation die beiden Fußballbünde erwartet: Am 5. Januar 1974 sorgt der Schöneberger Sängerknabe Detlev Lange im Sendesaal des Hessischen Rundfunks in Frankfurt als „Glücksfee" bei der Gruppenauslosung für ein spezielles Aufeinandertreffen. Er lost dem Gastgeber in der Gruppe 1 neben Chile und Australien auch das Team der DDR zu. Als der Knabe mit der Prinz-Eisenherz-Frisur die Kapsel an FIFA-Generalsekretär Helmut Käser übergibt, reicht dieser das DDR-Los mit erkennbarem Kopfschütteln an FIFA-Präsident Stanley Rous weiter. Kurz geht durch den Saal mit knapp 1000 Ehrengästen ein Raunen, dann brandet Applaus auf. Der Rest ist bekannt: Im letzten Gruppenspiel in Hamburg besiegt die DDR den Klassenfeind durch das Tor von Jürgen Sparwasser. Der WM-Pokal jedoch bleibt am Turnierende in der BRD.

Wird das Volksparkstadion beim WM-Spiel BRD gegen DDR Ziel eines Raketenangriffs? Die Stasi weiß schnell: Hier macht sich jemand wichtig — 4. Februar 1974

Am 2. Februar 1974 erhält der zweite Vorsitzende des Leipziger Oberligaklubs 1. FC Lokomotive einen merkwürdigen Brief. In markigen Worten fordert der Absender „Freiheit aller politischen Gefangenen", eine Chiffre für die in westdeutschen Gefängnissen inhaftierten RAF-Terroristen. Für den Fall einer verweigerten Freilassung kündigt der Schreiber einen Raketenanschlag auf das Hamburger Volksparkstadion am 22. Juni 1974 an, dem Tag des WM-Vorrundenspiels zwischen den beiden deutschen Nationalmannschaften. Dass der Brief, den der Lok-Funktionär an die Staatssicherheit weiterleitet, keine Hektik, sondern lediglich geheimdienstliche Routine wie etwa die „Überprüfung im Referat XX/2 (Schriftenfahndung)" auslöst, hat mit dem irrlichternden Inhalt des Schreibens zu tun, das zwischen Kettenbrieflyrik („Wir fordern euch auf, als Empfänger den Brief zweimal abzuschreiben und an 2-3 Freunde weiter zu senden") und politischem Aktivismus pendelt. Es bleibt unklar, ob der Absender selbst die Raketenanschläge plant oder nur davor warnen will. Überraschende Seitenstränge wie die Forderung nach einer Beendigung der „Folterforschung in der Uni-Klinik Hamburg/Eppendorf" tun ihr Übriges. Ohnehin ist schnell klar, dass die Verbindungen des Briefeschreibers zu den Terroristen der Roten Armee Fraktion eher ausgedacht sein dürften. Die RAF verschickt erstens keine Drohbriefe, sondern Bekennerschreiben und zeichnet ihre Briefe zweitens mit dem charakteristischen Stern mit Maschinenpistole. Und so bleiben die politischen Gefangenen in den Gefängnissen, und der Raketenanschlag erweist sich als Luftnummer.

ex. St.
5.1.74

BSTU
0084

(51)

Bezirksverwaltung Leipzig   Leipzig, den 4. 2. 1974
Abteilung XX/AGS   Do/Eck

A k t e n n o t i z

Hinweis zur Fußball-WM in Westdeutschland

Am 2. 2. 1974 wurde dem Unterzeichner vom Genossen J u n k e r
stellvertretender Vorsitzender des 1. FC Lokomotive Leipzig
ein Brief aus der BRD übergeben, der an den 1. FC Lokomotive
adressiert ist.
Aus dem Inhalt des Briefes ist zu erkennen, daß die Organisation
RAF am 22.6.74 während dem Fußballweltmeisterschaftsspiel
BRD gegen DDR in Hamburg auf das Volkssportstadion einen Raketenanschlag durchführen will. Weiterhin wird aus Anlaß des 25jährigen
Bestehens der BRD zur Amnestie für den 1. Mai 1974 für alle
politischen Gefangenen aufgefordert. Wenn diese Forderung von
der Regierung in Bonn nicht erfüllt wird, soll am 22.6.1974 das
Stadion in Hamburg bombardiert werden.

Als Absender hat sich auf dem Briefumschlag ein gewisser

███████████████████████████

angegeben.
Der Quelle beim 1. FC Lok war diese Person nicht bekannt.

Für den
Fall,
Schreibmasch.

Maßnahmen:

- Brief zur operativen Auswertung an die HA XX/3
- Auswertung durch EuA
- Überprüfung im Referat XX/2 (Schriftenfahndung)

Doberstein
Doberstein
Oberleutnant

BSTU
0085

Abschrift   Leipzig, den 4. 2. 1974
                                                 -/Eck

Absender: ███████████████████
                   ███████████████████

Empfänger: Lokomotive Leipzig, Leipzig/DDR

Brieftext:

Fußballfreunde, die WM 74 ist in Gefahr. Raketenanschlag auf
das Volksparkstadion am 22. Juni 1974. Fußballfreunde, werft
diesen Brief nicht gleich fort. Gebt den Brief weiter. Wir
fordern Euch auf, als Empfänger, den Brief abzuschreiben und
an 2 - 3 Freunde weiter zu senden.
Wer die Kette unterbricht, hat 2 - 3 Freunde auf dem Gewissen.
Den meisten Fußballfreunden fehlt das kritische Bewußtsein,
d. h. das Wissen des Menschen von sich selbst und die Welt, die
Fähigkeit des Ich, den eigenen Zustand und das erlebte zu kontrollieren (Von Politik will ich nichts wissen). Darum wird das
Volk für dumm verkauft. Die Wirtschaft schwimmt in Geld. Wir,
die Werktätigen zahlen für alles und jedes. Wer versucht, das
Volk aufzuklären, wird eingesperrt, gefoltert und mundtot gemacht. Ein Hamburger Staatsanwalt in seinem Plädoyer sagt offen
"Bürger wurden von Polizisten erschossen. Schluß mit dem Terror
und der Folterforschung in der Uni-Klinik in Hamburg/Eppendorf,
unter dem harmlosen Namen II5 SFB (Spiegel Nr. 3 1974).

Aus Anlaß: 25 Jahre BRD lautet unsere Parole:
                Freiheit für alle politischen Gefangenen

Die Bundesregierung, an deren Spitze der Friedensnobelpreisträger,
der SPD-Bundeskanzler Willy Brandt steht, rufen wir zu Amnestie
Amnestie zum 1. Mai 1974 für alle politischen Gefangenen.
Sollte der Ruf in Bonn nicht gehört werden, wird das Volkspark-
Stadion in Hamburg-Altona am 22. Juni 1974 durch Raketen Sam - 7
bombardiert.
An alle! Denkt an Belfast, Rom, München und Madrid, wo der Minister
samt seiner Begleitung in die Luft gesprengt wurde.
An alle! Denkt an Heidelberg und Hamburg, wo 1972 Bombenanschläge
verübt wurden. In Hamburg ignorierte Axel Springer aus Profit-
gier die schriftliche Warnung. Er opferte lieber über ein Dutzend
seiner Mitarbeiter, um den Ausfall nicht zu verlieren.
Nochmals an alle Fußballfreunde. Meidet am 22. Juni 1974 das Volks-
park-Stadion, wenn Ihr am Leben bleiben wollt.

                          RAF   Aufl. 5000

F.d.R.d.A. Eck

Dynamo-Stürmer Ralf Minge findet in seinem Spind einen anonymen Brief und gerät *unfreiwillig ins Blickfeld der Staatssicherheit* — September 1982

Ralf Minge (*1960) war von 1980 bis 1991 Stürmer bei Dynamo Dresden. Für die Sachsen bestritt er 306 Pflichtspiele, erzielte 146 Tore. Er gewann vier Mal den FDGB-Pokal und zwei DDR-Oberligameistertitel.

Am 22. Januar 1983 packt Ralf Minge, Stürmer der SG Dynamo Dresden, nach dem Training die Tasche und nimmt aus seinem Spind auch den Stapel Fanpost mit, der sich dort über die Monate angesammelt hat. Daheim öffnet seine Frau Conni die Umschläge und erstarrt. Sie hält einen als Autogrammpost getarnten Abwerbeversuch in den Händen. In dem Brief skizziert ein anonymer Schreiber detailliert, wie er Minge beim Europapokal-Spiel bei Bröndby Kopenhagen am 29. September 1982 (Endstand: 2:1) bei der Flucht in den Westen behilflich sein könne. Nach Rücksprache mit seinen Eltern und dem Teamkollegen Hans-Uwe Pilz übergibt Minge zwei Tage später das Schriftstück an seine Vorgesetzten beim Polizeiklub und wird daraufhin zu einer Befragung in die Bezirksverwaltung der Staatssicherheit geladen. Glaubhaft versichert er den Stasi-Mitarbeitern, zum Zeitpunkt des Spiels in Kopenhagen nichts von dem Schreiben gewusst zu haben. Er habe sich nur gewundert, dass ihn mittags vor dem Spiel eine Frau mit dänischem Akzent im Kopenhagener Hotelzimmer angerufen und gefragt habe: „Was machst Du nach dem Spiel?" Was Minge nicht ahnt: Auf die Befragung wird eine Operative Personenkontrolle (OPK) durch die Stasi folgen. Inoffizielle Mitarbeiter werden auf ihn angesetzt, er wird abgehört, überwacht, und der Geheimdienst wird versuchen, per Handschriftanalyse Rückschlüsse auf den Absender zu ziehen. Der Fall wird erst im Jahr 2010 gelöst, als Minge beim Jugendturnier in Bad Blankenburg vom Ex-Trainer und Talentscout Adolf Remy angesprochen wird. Remy hatte Minge am 10. September 1982 beim Spiel gegen den BFC Dynamo gesehen, wo dieser zwei Tore erzielte. Nach dem Match schrieb er ihm unter dem Pseudonym „Armin Reichel" und warf den Brief in Ostberlin in den Postkasten. Wer Minge damals im Hotel angerufen hat, wird sich niemals aufklären.

Lieber Ralf,

wir halten Dich für einen sehr begabten Spieler und sind der Ansicht, daß Du auch in der Bundesliga Karriere machen kannst.

Natürlich wissen wir um die Schwierigkeiten die mit einer solchen Entscheidung verbunden sind, aber wir sehen eine gute Möglichkeit in nächster Zeit in die Bundesrepublik zu gelangen.

Am 29.9. spielt ihr euer Rückspiel in Kopenhagen. Dort könntest Du mit Hilfe dänischer Sportfreunde bleiben und anschließend in die Bundesrepublik reisen.

Die zu erwartende Spielsperre kannst Du in Deinem Alter noch gut überbrücken und Du kannst sicher sein, daß alles für Dich getan wird, um Dir den Wechsel zu erleichtern.

Ob dieser Brief Dich erreicht, wissen wir nicht. Deine Anschrift ist uns nicht bekannt, daher geht der Brief an den Club (und hoffentlich weiter an Dich)

Sollte er Dich erreichen - vernichte ihn bald. Überlege bis zum Rückspiel in Kopenhagen und halte Dich dort bereit.

Habe Vertrauen - es ist keine Falle!

Lieber Ralf! Wir halten Dich für einen sehr begabten Spieler und sind der Ansicht, daß Du auch in der Bundesliga Karriere machen kannst. Natürlich wissen wir um die Schwierigkeiten die mit einer solchen Entscheidung verbunden sind, aber wir sehen eine gute Möglichkeit in der nächsten Zeit in die Bundesrepublik zu gelangen. Am 29.9. spielt ihr euer Rückspiel in Kopenhagen. Dort könntest Du mit Hilfe dänischer Sportfreunde bleiben und anschließend in die Bundesrepublik reisen. Die zu erwartende Spielsperre kannst Du in Deinem Alter noch gut überbrücken und Du kannst sicher sein, daß alles für Dich getan wird, um Dir den Wechsel zu erleichtern. Ob dieser Brief Dich erreicht wissen wir nicht. Deine Anschrift ist uns nicht bekannt, dafür geht dieser Brief an den Club (und hoffentlich weiter an Dich) Sollte er Dich erreichen – vernichte ihn bald. Überlege bis zum Rückspiel in Kopenhagen und halte Dich dort bereit! Habe Vertrauen – es ist keine Falle!

[handschriftlicher Brief, BStU 000026]

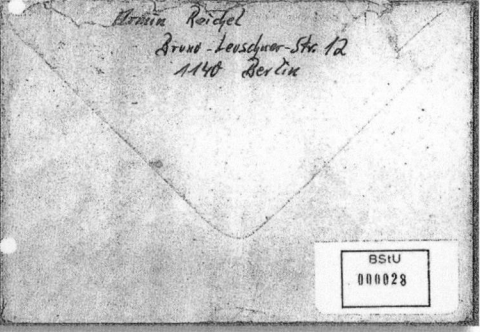

Setze alles auf eine Karte, es wird sich lohnen. Als sichtbares Zeichen – für den Erhalt des Briefes sowie
für Deine Bereitschaft, Dich in Kopenhagen abzusetzen – solltest Du zu Spielbeginn in Kopenhagen als vorletzter
oder letzter Spieler Deiner Elf auf das Feld laufen (oder gehen).

Nach dem Spiel wird Dich dann ein Däne ansprechen. (Im Stadion oder im Hotel) Ihm kannst Du vertrauen.
Wir hoffen, daß dieser Brief Dich nun erreicht und Du diese seltene Chance nutzt. Auf bald!

BV Dresden   Dresden,den 27.01.83
Abt. XX /3   Kr.

Einleitungsbericht

zur OPK " K o n t a k t " , über die Person

N a m e , Vorname :   M i n g e , Ralf

geb. am,in,PKZ   :   08.10.1960 in Elsterwerder - 4 07939 -

wohnhaft :   8020 Dresden,Ackermannstr.8502

Beruf :   Instandhaltungsmechaniker

Tätigkeit: Sportinstrukteur

Arbeitsstelle :   Wachregiment "F.E. Dzierzynski" Berlin/
                         SG Dynamo Dresden - Fußball

Familienstand :   Verheiratet / 1 Kind- 1982

Parteizugehörigkeit: parteilos

Am 25.01.1983 wurde bekannt,daß der Minge durch einen unbekannten
Briefschreiber aufgefordert wurde,anläßlich des Europa-Cupspieles,
am 29.09.1982 in Kopenhagen,aufgefordert wurde,die Mannschaft der
SG Dynamo Dresden zu verlassen und nicht wieder in die DDR zurück
zu kehren.

Der Brief wurde am 25.01.1982 durch den Minge beim Mannschaftsleiter
der Oberligamannschaft der SG Dynamo Dresden,Gen. O e s e r ,abge-
geben.Dieser leitete den Brief an den Vorsitzenden der SG, Gen.
R o h n e , weiter.

In einer erstem Stellungnahme erklärte der M. daß er den Brief
erst am 22.01.83 in der Autogrammpost gefunden habe.In einem ausführlichen Gespräch mit dem M. am 26.01.1983 wurden weitere Fak-
ten erarbeitet,die darauf schließen lassen,daß bisher unbekannte
Personen ein Interesse haben,den Minge zum ungesetzlichen Verlassen
der DDR zu bewegen.

Einleitungsbericht zur OPK (= Operative Personenkontrolle) durch die Staatssicherheit der DDR (Seite 1)

- 2 -.

Aufgrund des vorliegenden Sachverhaltes wird vorgeschlagen, den
Minge operativ in einer OPK zu bearbeiten mit der Zielstellung :

- der Verhinderung einer Abwerbung und des ungesetzlichen Verlassens der DDR durhh den M.,

- der operativen Absicherung des M. zur Feststellung weiterer
  Kontakt- und Abwerbungsversuche,

- der Identifizierung des Briefschreibers und aller anfallenden
  Kontaktpersonen,

- der Prüfung der objektiven und subjektiven Voraussetzungen
  für eine inoffizielle Nutzung des M,

- Entscheid über die weitere Bestätigung oder Ablehnung als NSW-
  Reisekader - Sport (Kandidat für die Olympiamannschaft – Fußball).

Oberleutnant

Leiter der ... ung

Oberstleutnant

Einleitungsbericht zur OPK (= Operative Personenkontrolle) durch die Staatssicherheit der DDR (Seite 2)

Bezirksverwaltung für
Staatssicherheit
Abteilung XX

Dresden, 27. Januar 1983
kra-reu /3/   /1983

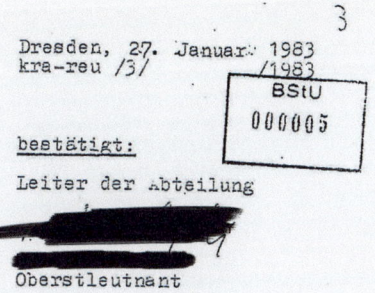

BStU
000005

bestätigt:

Leiter der Abteilung

Oberstleutnant

O p e r a t i v p l a n

zur OPK "Kontakt" über die Person   M i n g e   , Ralf
geb. am 8. 10. 1960 in Elsterwerda

Die operative Bearbeitung der OPK erfolgt mit der Zielstellung:

- Verhinderung des ungesetzlichen Verlassens der DDR durch
  Minge,

- Feststellung weiterer Kontakt- und Abwerbungsversuche,

- Identifizierung des Briefschreibers und anfallender Personen,

- Prüfung der Möglichkeiten für eine inoffizielle Nutzung des
  Minge,

- Entscheid über die weitere Bestätigung oder Ablehnung als
  NSW-Reisekader.

Zur Realisierung der Zielstellung werden im einzelnen folgende
operative Maßnahmen eingeleitet und durchgeführt:

I. IM-Einsatz

1. Der IMS "Gerd Schubert" aus dem Freundeskreis des Minge
   wird mit dem Ziel eingesetzt,
   - alle Reaktionen des M. auf die Erstmaßnahmen des MfS
     festzustellen und weitere, für die Sicherung und Be-
     arbeitung des M. erforderlichen
   - operativ bedeutsamen Informationen aus dem Wohn- und
     Freizeitbereich zu erarbeiten.

   Für den IM ist ein schriftlicher Auftrag zu erarbeiten.

   Termin: 5. Februar 1983
           laufend

Operativplan zur OPK mit konkreten Maßnahmen (Seite 1)

2. Der IMS "Schröter" wird beauftragt, ein gutes persönliches Verhältnis zum Minge herzustellen, mit dem Ziel der Schaffung vertraulicher Beziehungen.

   Termin: laufend

3. Der IME "Jahn" erhält den Auftrag, bei internationalen Vergleichen (z. B. 10. 2. - Jugoslawien, 23. 2. - Griechenland) in der DDR eine Kontrolle über den M. auszuüben, um alle Kontaktversuche festzustellen.

   Termin: zu internationalen Spielen

II. Maßnahmen im Zusammenwirken mit der SG Dynamo Dresden

1. Mit dem Minge ist ein ausführliches Gespräch zur Präzisierung des Ersthinweises, zur Schaffung eines Vertrauensverhältnisses sowie zur Vermittlung eines Gefühls der persönlichen Sicherheit zu führen. Das Gespräch wird durch Genossen Major Schurz, im Beisein des Genossen Oberstleutnant Rohne geführt.

   Termin: 28. Januar 1983

2. Im Zusammenwirken mit dem Vorsitzenden der SG Dynamo Dresden, Genossen Rohne, ist eine operativ-konspirative Kontrolle der Spinde und aller von den Aktiven genutzten Behältnisse und Räumlichkeiten durchzuführen.

   Termin:

3. Mit dem Vorsitzenden der SG Dynamo Dresden ist zu beraten und festzulegen, welche Maßnahmen eingeleitet werden können, um eine Kontrolle über die Autogrammpost zu erhalten und zu verhindern, daß diese über lange Zeiträume unbearbeitet in der SG gelagert wird.

   Termin:

III. Operativ-technische Maßnahmen

   - Vorbereitung der Maßnahme "B"* und Erarbeitung eines Sicherungsplanes zum Einbau.

   Termin: 15. Februar 1983

*Vorbereitung der Maßnahme B
Maßnahme B = „akustische Überwachung in geschlossenen und von begrenzten freien Räumen"
Heißt: Stasi-Techniker bauten heimlich Abhöranlagen u.a. in Wohn- und Geschäftsräumen ein. Raumüberwachungen wurden nicht nur in konkreten Verdachtsfällen veranlasst, sondern dienten z.T. auch der vorbeugenden Überwachung.

BStU
000007 3

5

- Einleitung von Kontrollaufträgen M und PZF zu den Eltern des M., seinen Geschwistern und allen anfallenden Verbindungen.

  Termin: 28. Januar 1983 und bei Anfall

- Überprüfung der auf dem Briefumschlag vermerkten Adresse auf Existenz und vorhandenen Material in der BV Berlin, Abteilung VIII.

  Termin: sofort

- Überprüfung der Handschrift und Einspeicherung in den Schriftenspeichern des MfS.

  Termin: 29. Januar 1983

- Erarbeitung von Hinweisen zur Persönlichkeit des Briefschreibers durch Referat XX/2 - Schriftenfahnder.

  Termin: 2. Februar 1983

Oberleutnant

(52)

Anonymus ——— Ralf Minge

Operativplan zur OPK mit konkreten Maßnahmen (Seite 3)

Bezirksverwaltung Dresden
Abteilung XX

Dresden, 26. 01. 1983

BStU
000045

Bericht über ein geführtes Gespräch mit dem Oberligaspieler
M i n g e , Ralf, wh. 8020 Dresden, Ackermannstr. 8/502

Auf der Grundlage des bereits bekannten Sachverhaltes wurde
am 26. 1. 1983 im Beisein des dienstlichen Leiters, Gen. OSL
R o h n e und des Unterzeichnenden das Gespräch mit dem Sportfreund Minge geführt. Im Ergebnis dessen wurde folgendes bekannt:

Dem Sportfreund Minge wurde zu Beginn des Gespräches deutlich
gemacht, daß es hier nicht um eine Befragung oder Vernehmung
geht, sondern die Anwesenden möchten in einer kameradschaftli-
chen und offenen Atmosphäre die bekannte Angelegenheit mit ihm
beraten und Klarheit in die Sache bringen. Dieses Anliegen wurde auch dadurch deutlich gemacht, indem dem Sportfreund Minge
vom Leiter der Bezirksverwaltung übermittelt wurde, daß wir
volles Vertrauen zu ihm haben und uns bei ihm bedanken, daß
er uns über die verantwortlichen Funktionäre von Dynamo von
dieser Angelegenheit in Kenntnis gesetzt hat.
Es hatte den Anschein, daß M. dies wohlwollend zur Kenntnis
nahm und das bestätigte sich dann auch im Gespräch durch seine
Offenheit und die Widergabe des Sachverhaltes.

Sportfreund Minge erklärte, daß er am 22. 1. 1983, nachdem er
gegen 15.45 Uhr sein Training beendet hatte, aus seinem Spint
die dort seit Monaten liegende Post heraus- und mit nach Hause
nahm. Es waren ca. 15 Postsendungen. Zu Hause legte er diese
Post in die Küche und sie wurde von seiner Frau gelesen. Durch
sie wurde M. auf den als Anlage beigefügten Brief aufmerksam
gemacht. Sie sei, nach den Worten von Minge, sehr aufgeregt
über diesen Brief gewesen. Nachdem er selbst diesen Brief gelesen hatte, haben sich beide Ehepartner entschlossen, den
Brief sofort am Montag, dem 24. 1. 83 der Leitung der SG Dynamo
zu übergeben.
Gegen 17.45 Uhr des gleichen Tages wurde die Familie Minge - wie
abgesprochen - von der Familie P i l z besucht. Es sollte ein
gemeinsamer Abend verbracht werden. Gegen 18.00 Uhr begab sich
der Sportfreund Minge mit dem Sportfreund Pilz aus der Wohnung,
um im Interhotel "Lilienstein" alkoholische Getränke einzukau-
fen. Während der Fahrt setzte M. den P. von dem bereits erwähnten Brief in Kenntnis und gab diesen auch zu lesen.
Nach Aussagen des M. zeigte P. eine sehr parteiliche Haltung,
indem er zum Ausdruck brachte: "Die müssen doch spinnen, was
die sich einbilden. Das darf doch nicht wahr sein. Diesen Brief
mußt du unbedingt sofort abgeben". Damit war das Gespräch über
den Brief beendet. Es wurde auch während des Zusammenseins am
22. 1. 83 in der Wohnung von Minges nicht mehr darüber gesprochen.

Vernehmungsbericht der Staatssicherheit über das Gespräch mit Ralf Minge (Seite 1)

Am 23. 1. 1983 suchte der Sportfreund Minge, gemeinsam mit seiner Ehefrau – wie geplant – seine Eltern auf, die in Prösen,
Kreis Riesa, Neue Straße 1 wohnhaft sind. Während des Aufenthaltes bei ihnen machte er seinen Vater mit dem Inhalt des
erwähnten Briefes bekannt. Auch von diesem wurde Minge aufgefordert, den Brief sofort abzugeben und sich keinesfalls auf
die im Brief erwähnten Dinge einzulassen. Sportfreund Minge
hat dem Vater auch versprochen, den Brief abzugeben.

Entgegen diesem Vorhaben kam es am Montag, dem 24. 1. 83 nicht
zur Abgabe des Briefes. Dazu befragt, konnte Sportfreund Minge
keine echte Erklärung dazu abgeben. Er sagte, ihm fiel dieser
Brief erst während des Trainings in denVormittagsstunden ein
und er hatte ihn zu Hause vergessen.
Er wurde auch vom Sportfreund Pilz an diesem Tag nicht befragt,
ob er den Brief schon abgegeben habe.

Am 25. 1. 1983 gegen 07.30 Uhr begegnete er vor dem Umkleide-
raum dem Mannschaftsleiter, Sportfreund O e s e r und über-
gab diesem den Brief mit den Worten: "Ich kann dir das nicht
erklären, lese bitte den Inhalt und entscheide dann". Sportfreund Oeser soll diesen Brief entgegen genommen haben. Wann
und wem er dann vom Inhalt des Briefes in Kenntnis setzte, entzieht sich der Kenntnis von Minge.
Nach dem Training am 25. 1. 83, gegen 12.00 Uhr wurde er im Um-
kleideraum vom Sportfreund Pilz angesprochen und gefragt, was
denn nun mit dem Brief sei, ohne konkret aufgefordert worden
zu sein, diesen unbedingt abzugeben. Minge sagte ihm, daß er
den Brief Sportfreund Oeser übergeben hat.
Während dieses Gespräches standen die Sportfreunde Schülbe,
Trautmann und Schmidt mit dabei. Ob die Genannten den Sachverhalt deuten konnten, ist dem M. nicht bekannt.

Befragt nach dem Absender des Briefes, sagte Minge, daß er diesen nicht kennt. Er kennt auch keine Personen mit ähnlichem Namen aus seinem Verwandten- und Bekanntenkreis, die evtl. in
Verbindung mit diesem Absender gebracht werden könnten. Auch
die Schrift ist ihm unbekannt.
Andere operativ bedeutsame Hinweise, die Schlußfolgerungen auf
den Urheber des Briefes zulassen, konnte M. nicht geben.

Im Ergebnis dieser Aussprache machte Sportfreund Minge noch fol-
gende Angaben:
Während seines Aufenthaltes am 29. 9. 1982 in Kopenhagen mit der
Mannschaft wurde er in den Mittagsstunden in seinem Zimmer von
einer weiblichen Person angerufen. Diese sprach gebrochen deutsch
und sagte folgende Worte: "Was machst du nach dem Spiel?"
Sportfreund Minge will darauf nicht geantwortet und sofort den
Hörer aufgelegt haben und brachte zum Ausdruck, daß ihn dieses
Gespräch sehr beunruhigt habe. Weiter sagte er, daß er von diesem Gespräch den Sportfreund Trautmann sowie den Trainer Prautzsch
in Kenntnis gesetzt habe.

Anonymus ——— Ralf Minge

Vernehmungsbericht der Staatssicherheit über das Gespräch mit Ralf Minge (Seite 2)

(52)

BStU
000047
3

24

Während der heute geführten Aussprache brachte Sportfreund
Minge den erwähnten Brief mit dem damaligen Telefongespräch
in Kopenhagen in Zusammenhang.

Konkret befragt, wie Sportfreund Minge als Angehöriger der
bewaffneten Organe den Sachverhalt wertet, sagte er:
Seine ersten Gedanken waren, daß es sich hier um eine Provo-
kation von irgendeinem Fußballfan der DDR handelt. Er habe
von Anfang an nicht voll die wahren Zielstellungen des Briefes
erkannt. Durch die geführten Gespräche mit seinem Vater, besonders aber die Gespräche mit den Genossen der Leitung der
SG Dynamo und nicht zuletzt die heutige Aussprache gewann er
immer mehr die Überzeugung, daß es sich hier um keine Provo-
kation eines Fans handelt, sondern es eine zielgerichtete
Aktion ist, um ihn abzuwerben.

Während des gesamten Verlauf des Gespräches machte Sportfreund
Minge einen durchaus aufgeschlossenen, zugänglichen Eindruck
und man konnte die Überzeugung gewinnen, daß er daran interessiert
ist, gemeinsam mit uns den Briefschreiber aufzuklären.
Er verurteilte diesen Brief und sagte, daß er keinesfalls die
Republik verraten würde. Er wird auch weiterhin im Ausland die
DDR als deren Bürger würdig vertreten. Er versprach auch, künftig aufmerksamer und sachsamer zu sein und über evtl. neue Vor-
kommnisse unverzüglich Meldung zu machen.

Anlage
1 Brief

Major

Vernehmungsbericht der Staatssicherheit über das Gespräch mit Ralf Minge (Seite 3)

„Uns wurde ziemlich mulmig"
Ralf Minge über die Vernehmungen der Stasi und wie sich das Rätsel um den Absender des Briefes löste

Ralf Minge, im Bericht der Stasi steht, Ihre Frau Conni sei nach Öffnen des Briefes sehr aufgeregt gewesen.

Ich weiß noch, wie wir in unserer 50-Quadratmeter-Zweiraumwohnung saßen und uns ziemlich mulmig wurde. Wie auch aus dem Stasi-Bericht hervorgeht, war ich ein junger Kerl und voll auf Fußball konzentriert. Und plötzlich taucht der Brief auf. Wir wussten nicht, wie wir damit umgehen sollen und welche Konsequenzen sich daraus ergeben. Es war bekannt, dass die Stasi auch Köder auslegt, um zu schauen, wer darauf eingeht.

Wie kam es, dass der Brief erst vier Monate nach dem Spiel in Kopenhagen bei Ihnen ankam?

Fanpost wurde zentral gesammelt und dann an uns Spieler weitergereicht. Der Brief war einer von etwa 15, die über Monate im Spind lagerten und ich nun gebündelt abarbeiten wollte.

Wie lange dauerte die Befragung bei der Bezirksverwaltung der Stasi?

Ich habe keine konkrete Erinnerung daran. Meist saß man bei solchen Terminen zwei Mitarbeitern gegenüber. Woran ich mich aber erinnere, ist, dass spürbar war, dass es sich bei dem Vorgang um etwas sehr Ernstes handelt.

Die Stasi leitete im Nachgang eine Operative Personenkontrolle (OPK) mit allerlei Maßnahmen ein. Wurde Ihnen bewusst, wie intensiv Sie nun unter Beobachtung standen?

Natürlich gab es damals Leute im und um das Team herum, von denen jeder wusste, dass sie zur „Firma" gehörten. Aber welche Tragweite der Brief mit dem Anwerbeversuch zur Republikflucht hatte, wie detailliert ich in der Folge beobachtet, analysiert, wer auf mich angesetzt wurde und was die Stasi anstellte, um den Absender zu ermitteln, habe ich erst 1996 bei der Durchsicht meiner Stasi-Akte verstanden.

Wie war das?

Vieles von dem, was ich da gelesen habe, nicht nur in Bezug auf diesen Brief, hat mich emotional stark mitgenommen. Allein die schiere Menge, das waren sechs Aktenordner. So viel, dass ich die Unterlagen gar nicht auf einmal durchlesen konnte und schon nach einer Dreiviertelstunde sehr bewegt abbrechen musste.

Durften Sie danach zeitweise nicht zu Spielen ins westliche Ausland reisen?

Nein, auf die schwarze Liste bin ich nie gekommen. Was möglicherweise damit zusammenhängt, dass mein Vater in dieser Zeit schwer krank war und verstarb. Und Conni und ich gerade ein Kind bekommen hatten. Ganz ehrlich, ich wäre auch nie auf die Idee gekommen abzuhauen. Weil ich meine Familie niemals dieser Gefahr ausgesetzt hätte und ich selbst auch viel zu viel Schiss vor den Konsequenzen hatte.

Wer der anonyme Absender mit dem Pseudonym „Armin Reichel" war, klärte sich erst am 21. August 2010.

Bei einem Sichtungsturnier in Bad Blankenburg sprach mich ein 75-jähriger Herr an, der für einen Spielerberater scoutete. Er sagte: „Hallo Herr Minge, mein Name ist Adolf Remy und ich habe Ihnen 1982 einen Brief geschrieben, den Sie sicher nie erhalten haben. Der Hamburger SV hatte damals Interesse an Ihnen!" Meine Recherchen ergaben, dass der HSV am 15. September 1982 im Landesmeisterpokal auf den BFC Dynamo getroffen war und wir fünf Tage zuvor beim BFC 3:3 gespielt hatten, wo ich zwei Tore erzielte. So ergab nach 28 Jahren Rätselraten plötzlich alles einen Sinn.

Dem sowjetischen Verband gefällt *der Mannschaftsbus der EM 1988* so gut, dass er ein Kaufangebot abgibt. Der Deal kommt zustande, doch Geld fließt nicht — 25. Juli 1988

Es ist ein Service für alle Teilnehmerländer der Euro 1988: ein Mannschaftsbus von Mercedes Benz in den Landesfarben. Die Idee ist nicht neu. Schon zur WM 1974 hat der Autokonzern Busse zur Verfügung gestellt. Damals gab es die eine oder andere Irritation, so hatte die DDR die Annahme ihres Busses zunächst verweigert, weil auf dem Wappen die Symbole der Werktätigen, Hammer und Zirkel fehlten. Nun aber, 14 Jahre später, ist eine andere Ostblock-Mannschaft ganz begeistert von ihrem Gefährt. Die Delegation der UdSSR will den Bus behalten und fragt nach dem Turnier beim Deutschen Fußball-Bund wegen eines Kaufes an. DFB-Präsident Hermann Neuberger macht die Transaktion zur Chefsache und arrangiert eine Übergabe des Busses anlässlich zweier Länderspiele, zu denen die sowjetische Mannschaft nach der EM nach Deutschland kommt. Auf den eigentlich fälligen Kaufpreis von 562 519 Mark, den Neuberger im Schreiben penibel auflistet, verzichtet der DFB generös und lobt sogar noch ein „Bewegungsgeld" für die russischen Gäste in Höhe von 10 000 DM pro Spiel aus. Die Großzügigkeit kommt nicht von ungefähr: Die Sowjetunion zerfällt 1988 in ihre Einzelteile, der Einparteienstaat ist bald Geschichte. Eine Finanzierung durch Devisen wäre für den Verband der UdSSR niemals zu umsetzbar gewesen. Der DFB sorgt deshalb dafür, dass es genügt, wenn die Sowjets bei der Logistik Entgegenkommen zeigen: Neuberger fragt nach, „ob von Ihnen auch zwei Omnibusfahrer mitgebracht werden, die dann durch Fachkräfte von Daimler-Benz mit dem Wagen und seinen Einrichtungen vertraut gemacht werden".

Deutscher Fußball-Bund

Fußballverband der UdSSR
Moskau

Per Telefax

Hermann Neuberger
Präsident

Oberer Geisberg 27a
6601 Bischmisheim

Telefon 06 81 / 3 10 42
Telefax 06 81 / 39 88 84
Telex 4 421 227

(handschriftliche Notizen: HR + Puri... + US)

Kopien:
Herrn Braun
Herrn H.R. Schmidt
Herrn Ramthun

25.07.1988
N/Bo

Liebe Freunde,

im Nachgang zu meinem Telefax vom 20.07. an Sie freue ich mich, Ihnen mitteilen zu können, daß der von Ihnen gewünschte Omnibus rund um das Spiel in Düsseldorf Ihnen zur Verfügung steht und dann in die UdSSR als Ihr Eigentum überführt werden kann.

Deshalb ist es notwendig, daß wir recht bald Ihre genaue Ankunft erfahren und ob, wie geplant, von Ihnen auch zwei Omnibusfahrer mitgebracht werden in der Delegation, die dann durch Fachkräfte von Daimler-Benz mit dem Wagen und seinen Einrichtungen genau vertraut gemacht werden sollen. Für dies stellt Daimler-Benz entsprechendes geschultes Fachpersonal sowie einen russischen Dolmetscher zur Verfügung.

Die Einfuhrmodalitäten von der Bundesrepublik aus in die UdSSR mit entsprechenden Papieren müssen Sie von sich aus natürlich vorbereiten. Von Daimler-Benz aus wird der Omnibus mit Papieren ausgestattet werden, die diese Reise bis in die UdSSR kontrollmäßig für die einzelnen zu überfahrenden Grenzen ermöglichen sollen.

Gerne erwarten meine Freunde und ich möglichst baldige weitere Nachrichten von Ihnen. Leider können Horst R. Schmidt und ich ja genauso wenig wie Dr. Koloskov in diesen Septembertagen rund um das Spiel nicht in Düsseldorf dabeisein, da wir für die FIFA in Seoul tätig sein müssen, jedoch wird von unserer Seite aus alles bis ins kleinste hinein vorbereitet.

Mit einem sehr freundlichen Gruß bin ich

Ihr Hermann

PS.: Zur freundlichen Kenntnisnahme: der Omnibus kostet 562.519,00 DM
plus 14 % Mehrwertsteuer. d.O.
PS. nur für Herrn Braun und Herrn H.R. Schmidt:
Wie mit Freund Edi Braun abgesprochen, geben wir der Delegation der UdSSR für die beiden "Pflichtspiele" bei uns jeweils ein Bewegungsgeld von DM 10.000,00.
d.O.

Hermann Neuberger —— Verband der UdSSR

53

Telex

an den
Fußball-Verband der UdSSR
z. Hd. Herrn Dr. Viacheslav Koloskov

17. Oktober 1988
Schm/rhe

Ersatzteile für den EURO-Bus

Sehr geehrter Herr Dr. Koloskov,

im Nachgang zu unserem Telex vom 5.10.1988 dürfen wir
Ihnen noch die Information geben, daß die Firma Daimler-
Benz über ein großes Ersatzteillager in Moskau verfügt.
Im Grundsatz bestünde also die Möglichkeit, die von
Ihnen bestellten Ersatzteile auch dort zu beziehen. Der
Vorteil einer solchen Handhabung wäre, daß man sich zeit-
raubende Zollformalitäten sowohl am Flughafen als auch
in Moskau ersparen könnte. Trotzdem gilt natürlich unser
Angebot wie mit Telex vom 5.10. mitgeteilt. Lassen Sie
uns doch bitte alsbald Ihre Entscheidung wissen, damit
alles Erforderliche in die Wege geleitet werden kann.

Zum Abschluß dieser Mitteilung möchte ich natürlich
nicht versämen, dem Fußball-Verband der UdSSR sowie
allen Spielern und Betreuern der Olympiamannschaft
sehr herzlich zum Gewinn der Goldmedaille in Seoul
zu gratulieren.

Mit freundlichen Grüßen
Deutscher Fussball-Bund
Organisation und Ausbildung

Ihr
Horst R. Schmidt

„Zusammenfassend kann somit festgestellt werden, dass der FC Bayern München sämtliche Voraussetzungen nach dem Statut für die Aufnahme in die Bundesliga erfüllt und demnach auch bei der dem südd. Fußballverband bisher zugebilligten Zahl von nur 5 Vereinen mit in die Bundesliga aufgenommen werden muß."

FC Bayern München ——— DFB

Beschwerde des FC Bayern beim DFB nach Gründung der Bundesliga — 17. Mai 1963

Deutscher Fußball-Bund

6 Frankfurt a. M.-West 13, Zeppelinallee 77
Postschließfach 133 63
Fernsprecher 77 82 54
Drahtanschrift: Fußball
Bankverbindung: Dresdner Bank Nr. 117335
Postscheckkonto: Frankfurt/Main Nr. 87205
Fernschreiber 041-2500

<u>Entwurf für die Ausschreibung der Bundesliga</u>

An die
Vereine mit Vertragsspielern
der 1. Regional-Ligen und der
Stadtliga Berlin
==============================

<u>Betr.</u>: Ausschreibung zur Bildung einer zentralen Spielklasse
(Bundesliga) zum 1. August 1963

Liebe Sportkameraden!

Der Bundestag des DFB hat am 28. 7. 1962 in Dortmund die Einführung einer zentralen Spielklasse (Bundesliga) für das Spieljahr 1963/64 auf der Basis des Lizenzspielertums beschlossen.
Nachdem nunmehr die Vorbereitungen beendet sind, erfolgt nachstehend im Einvernehmen mit dem DFB-Beirat die Ausschreibung
zur Bundesliga. Bewerben können sich alle Vereine der ersten
Regional-Ligen und der Stadtliga Berlin.

Als Bewerbungsunterlagen sind beizufügen:

1) Angaben des Tabellenstandes nach Ende der Spielzeit in den
   Spieljahren 1951/52 bis 1961/62 unter Angabe der Spielklassen.

2) Angabe des Tabellenstandes in den Spielgruppen bei den Gruppen-
   spielen um die Deutsche Meisterschaft.

3) Angabe, ob Deutscher Meister oder Vize-Meister, Pokalsieger
   und Vize-Pokalsieger (in welchen Jahren).

4) Bilanzen nebst Gewinn- und Verlustrechnungen für die beiden
   letzten Geschäftsjahre mit Bestätigungsvermerk eines verei-
   digten Buchprüfers oder Wirtschaftsprüfers.

5) Beschreibung der Platzanlage mit Angaben:

   a) in wessen Eigentum die Anlage steht,

   b) des Fassungsvermögens, getrennt nach Sitz- und Stehplätzen,

   c) ob Flutlichtanlage vorhanden ist,

   d) welche städtischen Stadien bei Großveranstaltungen benutzt
      werden können (Fassungsvermögen),

6) Versicherung, daß der Verein im Vereinsregister eingetragen
   ist (Angabe des Geschäftszeichens des Registergerichts),

Die Bundesliga wird gegründet. Endlich eine Spielklasse, in der die stärksten Mannschaften der Bundesrepublik gegeneinander spielen — 1. August 1962

Die Gründung der Bundesliga ist ein notwendiger Treiber, um den deutschen Fußball zu modernisieren. Die Spielklasse sorgt für einen Boom, der Zuschauerzahlen und auch die Erträge der Klubs stetig steigen lässt.

Bereits 1949 hat sich eine „Interessengemeinschaft Bundesliga" gebildet. Das Ziel der Vereinigung ist, die deutschen Spitzenklubs nicht länger nur gegen die regionale Konkurrenz in den Oberligen antreten zu lassen, sondern in einer zentralen Spielklasse für die gesamte Bundesrepublik. Diese neue Liga soll attraktivere Spiele und bessere Vermarktungsmöglichkeiten schaffen. Doch über lange Jahre obsiegen die Bedenkenträger in den Verbänden. Dort sorgt man sich um die hehren Ideale des Amateursports und wegen der finanziellen Belastungen durch weitere Reisen. Doch am Ende setzen sich die Befürworter um den umtriebigen Präsidenten des 1. FC Köln, Franz Kremer, in einer historischen Sitzung durch: Am 28. Juli 1962 entscheiden die Delegierten der Landesverbände auf dem DFB-Bundestag im Goldsaal der Dortmunder Westfalenhalle klar mit 103:26 Stimmen, dass die Bundesliga ab der Saison 1963/64 den Betrieb aufnehmen wird. Unter dem Eindruck des frühen Ausscheidens der Nationalelf bei der WM 1962 ist die Sorge um die Konkurrenzfähigkeit des deutschen Fußballs der wichtigste Antrieb. Doch welche Vereine sollen in der Premierensaison dabei sein? Ein regionaler Schlüssel bringt erste Klarheit, je fünf Teams aus den großen Oberligen Süd und West, drei aus der Oberliga Nord, zwei aus der Oberliga Südwest und eins aus der Berliner Stadtliga sind dabei. Doch das anschließende Verfahren mit einer schwer durchschaubaren Punktevergabe für Meisterschaften, erreichte Endrunden und Pokalendspiele sowie einer unklaren Bewertung infrastruktureller Bedingungen sorgt für heftige Streitigkeiten unter der Klubs.

- 2 -

7) Versicherung, daß der Verein jetzt und in Zukunft ehren-
amtlich geleitet wird,

8) Angaben über Amateur-Sport:

   a) Name der Amateur-Abteilungen und Angabe der Mitglieder-
     zahlen

   b) Zahl der Amateur-Fussballmannschaften, einschließlich
     Jugend- und Schülermannschaften,

9) Name des Trainers mit Angabe der DFB-Lizenz (ab Spieljahr
1963/64).

Die Auswahl der Vereine für eine Bundesliga erfolgt durch den
vom DFB-Vorstand eingesetzten Bundesliga-Ausschuß. Gegen seine
Entscheidungen kann Beschwerde beim Vorstand erhoben werden. Die
Entscheidungen des Vorstandes sind endgültig.

Anträge sind durch die vertretungsberechtigten Vorstände der Vereine - nach Zustimmung durch die Generalversammlung - mit den
geforderten Unterlagen bis zum 1. Dezember 1962 unter Einschreiben
an die DFB-Geschäftsstelle, Frankfurt (Main), Zeppelinallee 77,
zu richten. Später eingehende Bewerbungen können nicht mehr berücksichtigt werden.

Eine Zweitschrift der Bewerbung und der geforderten Unterlagen
ist an den Regionalverband einzureichen.

Mit sportlichen Grüssen
DEUTSCHER FUSSBALL-BUND
-Der Generalsekretär-

Anlage
Lizenzspieler-Statut

Bewerber zur Bundesliga

1. Eintracht Frankfurt
2. 1.FC Köln
3. Tasmania Berlin
4. Eintracht Braunschweig
5. Borussia Dortmund
6. Karlsruher SC
7. Sportfreunde 05 Saarbrücken
8. München 1860
9. Hannover 96
1o. Rot-Weiß Oberhausen
11. Schweinfurt 05
12. 1.FC Kaiserslautern
13. Hertha BSC Berlin
14. Borussia München-Gladbach
15. Fortuna Düsseldorf
16. Werder Bremen
17. Schwaben Augsburg
18. 1.FC Saarbrücken
19. Hamburger SV
2o. FC St. Pauli
21. Arminia Hannover
22. Kickers Offenbach
23. Spielvereinigung Fürth
24. Meidericher SV
25. Bayern Hof
26. VfB Stuttgart
27. Preußen Münster
28. Holstein Kiel
29. Westfalia Herne
3o. Borussia Neunkirchen
31. Schwarz-Weiß Essen
32. Viktoria Köln
33. *Bayern München*
34. *FK Pirmasens*
35. *Schalke 04*
36. *Bayer Leverkusen*

37. *Wuppertaler SV*
38. *VfR Mannheim*
39. *Wormatia Worms*
40. *Hamborn 07*
41. *1.FC Nürnberg*
42. *Saar 05 Saarbrücken*
43. *Alemannia Aachen*
44. *BFC Viktoria 89*
45. *VfL Osnabrück — 13 Uhr*
46. *Hessen Kassel 14.30 Uhr*

(handschriftliche Gruppenlisten)

Süd 13
Eintracht Ffm
Karlsruher SC
München 1860
Schweinfurt 05
Schwaben Augsburg
Kickers Offenbach
SpVgg Fürth
Bayern Hof
VfB Stuttgart
Bayern München
VfR Mannheim
1. FC Nürnberg
Hessen Kassel

Nord 8
Eintr. Braunschweig
Hannover 96
Werder Bremen
Hamburger SV
FC St. Pauli
Arm. Hannover
Holstein Kiel
VfL Osnabrück

Berlin 3
Tasmania
Hertha BSC
Viktoria 89

West 15
1.FC Köln
Bor. Dortmund
R.W. Oberhausen
Bor. M. Gladbach
Fortuna Düsseldorf
Meidericher SV
Preußen Münster
Westfalia Herne
S.W. Essen
Viktoria Köln
Schalke 04
Bayer Leverkusen
Wuppertaler SV
Hamborn 07
Alemannia Aachen

Südwest 7
Spfr. Saarbrücken
1.FC Kaiserslautern
1.FC Saarbrücken
Bor. Neunkirchen
FK Pirmasens
Worm. Worms
Saar 05 Saarbrücken

1. Dezember 1962

Am Stichtag für die Einreichung der Bewerbung zur Bundesliga trudeln noch Unterlagen aus der gesamten Republik beim DFB ein. Ein Verbandsmitarbeiter hält die 46 Vereine, die um die Teilnahme an der neuen Spielklasse buhlen, auf einem Arbeitspapier fest und vermerkt, aus welchen Oberligen diese stammen. Eintracht Frankfurt oder der BVB haben ihre behördlichen Pflichten offenbar schon länger erfüllt, ihre Namen sind per Schreibmaschine vermerkt. Der VfL Osnabrück (13 Uhr) und Hessen Kassel (14.30 Uhr) bringen die Papiere hingegen erst auf den letzten Drücker bei.

Eine Bundesliga ohne den FC Bayern? Präsident Wilhelm Neudecker kann es nicht fassen und verfasst eine scharfe Beschwerde an den DFB — 17. Mai 1963

Bauunternehmer Wilhelm Neudecker (1913–1993), hier rechts neben Coach Cajkovski, war von 1962 bis 1979 Präsident des FC Bayern. In seine Amtszeit fallen vier Europacup-Siege und der Gewinn des Weltpokals.

Die Bundesliga wird gegründet, und der FC Bayern München ist nicht dabei? Am 11. Mai 1963 wird Realität, was einige Funktionäre schon befürchtet haben. An der Säbener Straße geht ein Schreiben des DFB ein, in dem dem Deutschen Meister von 1932 ein Platz in der neuen Spielklasse versagt wird. Die Begründung ist ebenso nachvollziehbar wie schmerzlich. „Wenigstens im Jahre der Einführung der Bundesliga" sollen unter den 16 Gründungsmitgliedern nicht zwei Klubs aus derselben Stadt sein. Da der Lokalrivale TSV 1860 München als frischgebackener Meister der Oberliga Süd noch viel weniger aus der Bundesliga verbannt werden kann, muss der FC Bayern in den sauren Apfel beißen. Umgehend setzt Präsident Wilhelm Neudecker ein 14-seitiges Protestschreiben auf, in dem der Klub eine geharnischte Beschwerde gegen die Entscheidung einlegt und nicht zu Unrecht auf die herausragenden Erfolge des Vereins in den Jahren zuvor verweist. Die Bayern sind eine der erfolgreichsten Mannschaften in der Oberliga Süd, sind in den Jahren zuvor stets Dritter geworden und haben 1957 den DFB-Pokal gewonnen. Zorn ruft außerdem die offenkundige Ungleichbehandlung hervor. „Wir Spieler haben es als schlimm empfunden, dass die Bundesliga uns nicht haben wollte. Wir fühlten uns zurückgestuft", erinnert sich Stürmer Rainer Ohlhauser. Die Wut lässt das Team in der darauffolgenden Saison die Gegner spüren, als Zweiter der Regionalliga Süd zieht der FCB in die Aufstiegsrunde ein. Dort erweist sich aber Borussia Neunkirchen als effizienter. Erst ein Jahr später gelingt dem FC Bayern der Aufstieg. Der Rest ist Geschichte.

FC BAYERN MÜNCHEN E. V.

An den

Vorstand des
Deutschen Fußball-Bundes

6ooo – FRANKFURT/MAIN – West 13
        Zeppelinallee 77

                        München, den 17. Mai 1963
                        wo/th

Bewerbung um Aufnahme in die Bundesliga
Beschwerde des FC Bayern München e.V. an den Vorstand des DFB
_____

Gegen den Beschluß des Bundesligaausschusses vom 9.5.1963
legen wir Beschwerde ein und stellen den Antrag in öffent-
licher und mündlicher Versammlung zu entscheiden:

I.   Der Beschluß des Bundesligausschusses vom 9.5.1963 wird
     aufgehoben.

II. Der FC Bayern München e.V. wird in die Bundesliga auf-
     genommen und erhält die hierfür erforderliche Lizenz
     erteilt.

Begründung:

Die angefochtene Entscheidung hat zu Unrecht und mit unzu-
treffender Begründung dem Gesuch des FC Bayern um Aufnahme
in die Bundesliga nicht stattgegeben.

                        - 1 -

Beschwerde des FC Bayern München e.V. an den Vorstand des DFB vom 17. Mai 1963 (Seite 1)

(55)

Als Voraussetzungen für die Lizenzierung sind nur die in
den §§ 12 und 13 des Bundesligastatuts ausschließlich aufgeführten Bestimmungen bekanntgegeben worden.
Alle diese Voraussetzungen werden durch unseren Club erfüllt. Dies wird auch vom Bundesligaausschuß mit einer
einzigen Ausnahme in allen dort genannten Punkten anerkannt.
In der angefochtenen Entscheidung wird lediglich § 12 e,
nämlich die sportliche Qualifikation als nichtgegeben angenommen, dabei wird davon ausgegangen, daß den Vereinen des
SFV nur 5 Bundesligaplätze zur Verfügung stehen, von denen
schon vorweg zwei an den 1. FC Nürnberg und an Eintracht
Frankfurt vergeben wurden, während die verbleibenden drei
Plätze dem TSV 1860 München, dem Karlsruher SC und dem
VfB Stuttgart zugesprochen wurden.
Als Begründung wurde für die Lizenzerteilung an den TSV 1860
München angeführt, daß dieser als Südmeister aufzunehmen sei,
weil nach Auffassung des Bundesligaausschusses alle diesjährigen Regionalmeister in der Bundesliga vertreten sein
müssen. Die Aufnahme des KSC und VfB Stuttgart wurde dagegen
damit begründet, daß sich für diese Vereine bei der Bewertung
der sportlichen Leistungen, unter angemessener Berücksichtigung der Leistungen in der Vergangenheit, ein deutlicher
Vorsprung gegenüber unserem Club ergeben habe.
Damit hat der Bundesligaausschuß es fertiggebracht, für dieselbe Tatsache, nämlich die sportliche Qualifikation für
die Bundesliga, in ein und derselben Entscheidung zwei voll-
kommen konträre Bewertungsmaßstäbe anzuwenden.
Die Feststellung, daß sämtliche Tabellenersten der Oberligen,
einschließlich 1860 München, nach Auffassung des Bundesligaausschusses in die Bundesliga aufgenommen werden müssen, bestätigt nämlich, daß für den Begriff der sportlichen Qualifikation gemäß § 12 e des Bundesligastatuts die sportliche Leistung in der abgelaufenen Saison entscheidend ist. Diese Auffassung ist richtig und entspricht den in unseren Satzungen

– 2 –

en Grundsätzen, wenngleich sie
erstmals bekanntgegeben wurde.
ührung dieses Gedankens müßte
he Qualifikation des FC Bayern
tten der Südd. Oberliga für die
ch wenn dem Südd. Fußballver-
der obersten Spielklasse zuge-

n Beschluß bei der Beurteilung
es KSC, VfB Stuttgart und des
Nachteil und zu anderer Vereine
licher Bewertungsmaßstab ange-
h die Leistungen der Vergangen-
gt werden", so widerspricht das
samtlichen rechtsprinzipien; denn es geht nicht an, daß mit
ein und derselben Tatsache (sportliche Qualifikation für die
Bundesliga) für verschiedene Vereine in der nämlichen Entscheidung mit nicht nur verschiedenen, sondern auch voll-
kommen konträren Maßstäben bewertet wird, wie das hier geschehen ist. Die angefochtene Entscheidung stellt daher eine
grobe Verletzung des Gleichheitsgrundsatzes dar, der nicht
nur im Grundgesetz verankert ist, sondern auch für unser ganzes geschriebenes und ungeschriebenes Recht Gültigkeit hat.
Durch die Anwendung verschiedener Maßstäbe in der Begründung
der Ablehnung unserer Bewerbung ist diese Begründung außerdem schon in sich widerspruchsvoll und rechtfertigt damit die
Entscheidung nicht.

Zudem hat der Bundesligaausschuß in seiner Entscheidungsbe-
gründung nicht einmal erläutert, auf welche Weise und nach
welchen Gesichtspunkten die sportlichen Leistungen der Vergangenheit "angemessen" berücksichtigt wurden. Eine derart
unpräzise Formulierung erscheint bei einer Entscheidung von

– 3 –

Beschwerde des FC Bayern München e.V. an den Vorstand des DFB vom 17. Mai 1963 (Seite 2 + 3)

so außergewöhnlicher Tragweite und Bedeutung zunächst unbegreiflich und völlig unzulänglich. Sie kann nur mit der Schwäche der verfügbaren Argumente erklärt werden.

Die somit eindeutig nachgewiesene Tatsache, daß hier mit zweierlei Maß gemessen wurde, trifft den FC Bayern um so härter, als er allein durch diese ungerechtfertigte Anwendung zweier verschiedener Bewertungsmethoden von der Bundesliga ausgeschlossen werden soll; denn wenn man für die Bewertung der sportlichen Leistungen einen der beiden Maßstäbe anlegt, so ist unser Club auf jeden Fall für die Bundesliga qualifiziert.
Bei der Berücksichtigung der jetzigen sportlichen Leistungsstärke rangieren wir als Tabellendritter dieser Meisterschaftsrunde, sowohl vor dem schon vorab benannten Verein Eintracht Frankfurt, wie auch vor den uns jetzt vorgezogenen Clubs VfB Stuttgart und KSC.
Legt man dagegen bei der Bewertung der sportlichen Leistungen mehr Wert auf die vergangenen Jahre, so sind wir unter Berücksichtigung der letzten 5 Jahre (wie das offensichtlich im Fall des Meidericher SV geschehen ist) ebenfalls in die Bundesliga aufzunehmen, weil wir in diesem Zeitraum dreimal Tabellendritter, einmal Tabellenvierter und einmal Tabellenachter der Südd. Oberliga waren und demnach mindestens vor 1860 München und VfB Stuttgart einzureihen wären.
Berücksichtigt man einen noch weiter zurückliegenden Zeitraum bis auf etwa 10 Jahre, so blieben wir in der Bewertung jedenfalls noch vor 1860 München. Dieser Vorsprung würde sich sogar noch vergrößern, je weiter man zurückgeht. Welcher Bewertungsmaßstab bei der Zulassung des 1.FC Saarbrücken angelegt wurde, ist nicht einmal zu ahnen.

Nur durch die Tatsache, daß der Bundesligaausschuß in dem angefochtenen Beschluß offensichtlich willkürlich und ohne jede genauere und stichhaltige Begründung einmal diese und

- 4 -

Beschwerde des FC Bayern München e.V. an den Vorstand des DFB vom 17. Mai 1963 (Seite 4)

FC Bayern München ———— DFB

55

dann wieder die andere Bewertungsmethode angewandt hat,
sind wir mit unserer Bewerbung nicht berücksichtigt worden.

Wir wollen aber deswegen nicht so argumentieren, daß nun
irgendeiner dieser Maßstäbe zur Anwendung kommen müßte;
denn es kann nur ein ganz bestimmter Maßstab der richtige und gerechte sein, nicht aber ein beliebiger.
Daher vertreten wir den Standpunkt, daß als Maßstab für
die sportliche Qualifikation gemäß § 12 e des Bundesligastatuts nur die tatsächliche Spielstärke zugrundegelegt werden kann. Dies muß umso mehr bei einem Fußballverband gelten, der die Entscheidungen für die Einreihung in Spielklassen durch Auf- und Abstieg seit vielen Jahren aus dem
Tabellenstand, sogar unter Berücksichtigung von 1/100-stel
Torquotienten trifft. Derartige Maßstäbe werden auch bei
allen anderen sportlichen Wettbewerben angewandt.

Die Bundesliga stellt die oberste Spielklasse dar, eine
Spitzenliga über der bisherigen Spitzenklasse, den Oberligen, die damit nunmehr als Regionalligen die zweite
Spielklasse repräsentieren. Die Aufnahme in diese oberste
Klasse kann daher nur nach den anerkannten Grundsätzen über
den Auf- und Abstieg erfolgen, wonach in eine höhere Spielklasse nur die jeweils besten der nächst unteren Spielklasse aufsteigen. Dieser Grundgedanke beherrscht die
Satzungen und Spielordnungen und die sonstigen einschlägigen Bestimmungen der Landes- und Regionalverbände und auch
des DFB. Bisher ist während der vielen Jahre deutschen Fuß-
ballsports noch niemand auf den Gedanken gekommen, den
Tabellenersten nicht in die nächst höhere Spielklasse aufsteigen zu lassen, dafür statt seiner etwa einen Verein
an 4. oder 5. Stelle, der lediglich in den vergangenen Jahren, die zum Teil weit zurückliegen, Erfolge aufzuweisen

- 5 -

für den Aufstieg die augen-
:scheidend ist, dieses teils
:hriebene sportliche Grund-
ur aus den entsprechenden
iern auch aus elementaren
tstreites.

rtung des Tabellenstandes hat
eine Stimme erhoben. Der DFB-
edanken über die Problematik
sligaausschuß angewandten
en Proteststurm und die An-
Beteiligter, sondern der brei-
it der Veröffentlichung der
s Ausschusses damit vergleicht.

Wenn man aber glaubt, daß die Bewertung der augenblicklichen Spielstärke zwar maßgebend sei, aber nicht allein
die letzte Saison hierfür berücksichtigt werden kann, so muß
der abgelaufenen Spielzeit doch jedenfalls eine erhöhte
Bedeutung beigemessen werden, während von der Vergangenheit höchstens ein weiteres Spieljahr mitbeachtet werden
kann. Bei der ersten Aufnahme in die neu gegründete Bundesliga können die Grundsätze nicht anders sein, als in
den folgenden Jahren bei der Ermittlung der dann aufstei-
genden Vereine.

Auf jeden Fall hat aber zu gelten, daß sämtlichen Vereinen,
die als Bewerber um die Bundesligaaufnahme auftreten, die
gleichen Voraussetzungen für die Bewertung gewährt werden.
Da die Absicht zur Schaffung einer obersten Spielklasse
für das ganze Bundesgebiet der gleiche Modus der Auswahl
und die gleiche Richtlinie zur Prüfung und Bewertung der
Bewerbungen erfolgen für jeden einzelnen, die Bewerbung be-

- 6 -

Beschwerde des FC Bayern München e.V. an den Vorstand des DFB vom 17. Mai 1963 (Seite 5 + 6)

gründenden Punkt. Es ist unstatthaft, für jeden der
Landesverbände etwa nach anderen Gesichtspunkten be-
werten zu wollen, wie das nach den bekanntgewordenen
Begründungen des Bundesligaausschueses geschehen ist.
Ein Verstoß dagegen würde gegen das elementarste Grund-
recht im Sport verstoßen, daß jedem die gleichen Bedingungen zu gewähren sind. Schon bei der Verteilung
der Plätze für die einzelnen Landesverbände ist dieses
Prinzip erstmals verletzt worden, als dem größten Lan-
desverband im DFB die ihm nach jeder Bewertungsmöglich-
keit (Größe des Gebietes, Zahl der Vereine, Zahl der
Mitglieder o.a.) zustehende Zahl der Teilnehmer an der
Bundesliga nicht gewährt wurde. Diese Entscheidung hat
– wie sich nun herausstellt – unseren Verein betroffen,
da bei gerechter Aufteilung der Bewerbungsplätze sowie-
so eine sichere Lizenzerteilung an ihn möglich gewesen
wäre.

Es gibt nur einen einzigen B[...]
nur nach dem Tabellenplatz, [...]
Teilnahme an der Bundesligaru[...]
Voraussetzungen. Das ist kei[...]
gefochtenen sportlichen Rege[...]
Rücksicht auf die berechtigt[...]
ligavereine notwendige Vorau[...]
gen werden aber durch unsere[...]
in den §§ 12 und 13 genannte[...]
Zweifel erfüllt.

Der in dem angefochtenen Bes[...]
der Rechtsmittelbelehrung an[...]
Grund für die Ablehnung unse[...]
treffend und unverständlich. [...]

– 7 –

Gesichtspunkt findet weder in Bundesligastatut noch
sonst in einer Satzung oder in den ungeschriebenen sportlichen Gesetzen auch nur eine entfernte Grundlage. Er
kann deshalb auch nicht plötzlich zur Begründung einer
Ablehnung unserer Bewerbung herangezogen werden. Auch
hier gibt schon die unklare Formulierung (überdies ....
erscheine es ratsam ...... wenigstens für das Jahr der
Gründung der Bundesliga .....) dieser Begründung einen
Hinweis auf die Schwäche der Argumentation. Sie läßt
sich keinesfalls mit den Grundsätzen der leistungsmäßigen
Auslese vereinbaren. Das ergibt sich deutlich aus folgen-
dem Beispiel: Angenommen, im Bundesgebiet sind nicht
genügend qualifizierte Bewerber aus verschiedenen Städten
vorhanden, während es in 2 Großstädten je drei solcher
Vereine gibt. Wollte man der Begründung des Bundesliga-
ausschusses in dem angefochtenen Beschluß folgen, so
müßte man mehrere unqualifizierte Bewerber aus anderen
Städten aufnehmen, während vier bestens qualifizierte
Vereine der betreffenden Großstädte in der zweiten Spielklasse verbleiben müßten. Ein derartiger Maßstab verstößt gegen
jedes sportliche Leistungsprinzip und ist daher abzulehnen.
Bedeutung könnte diese Argumentation nur gewinnen aus dem
Gesichtspunkt der wirtschaftlichen Voraussetzungen. Eine
Handhabe hierfür ist aber in unserem Falle nicht vorhanden,
weil München als Millionenstadt ohne weiteres für zwei
Bundesligavereine die wirtschaftlichen und sportlichen
Existenzmöglichkeiten bietet. Der Beweis hierfür ist schon
dadurch erbracht, daß jeder der beiden Münchener Oberliga-
vereine mehr Zuschauer im Jahresdurchschnitt bei seinen
Spielen hat, als die meisten Bundesligavereine, die in
ihrer Stadt in der obersten Spielklasse als einzige Vertreter ohne Konkurrenz sind. Im übrigen kann man z.B.
5 Städt mit bereits lizenzierten Bundesligavereinen benennen,

– 8 –

Beschwerde des FC Bayern München e.V. an den Vorstand des DFB vom 17. Mai 1963 (Seite 7 + 8)

die zusammen nicht die Einwohnerzahl Münchens erreichen.
Somit ist diese Begründung nicht nur in sportlicher Hin-
sicht, sondern auch im Hinblick auf die wirtschaftlichen
Voraussetzungen unbegreiflich.
Die Tatsache, daß München die einzige Stadt in Bundesgebiet ist, die seit Jahren und auch jetzt zwei Vereine hat,
die bei vergleichbarer Spielstärke beide die sportliche
und wirtschaftliche Qualifikation für die Bundesliga
haben, kann nicht übersehen werden.

Zusammenfassend kann somit festgestellt werden, daß der
FC Bayern München sämtliche Voraussetzungen nach dem Bundesligastatut für die Aufnahme in die Bundesliga erfüllt
und demnach auch bei der dem Südd. Fußballverband bisher
zugebilligten Zahl von nur 5 Vereinen mit in die Bundesliga aufgenommen werden muß. Die Beschwerde ist daher
begründet.

Auf welche Weise ihr stattg[...]
nahme unseres Clubs anstelle[...]
oder durch die Erhöhung der[...]
auf 18 oder 20, was zu befür[...]
schwierigkeiten durchzuführe[...]
geordneter Bedeutung. Jeden[...]
auf irgendeine Weise stattzu[...]
anträgen zu entscheiden.
Bei dieser Feststellung könn[...]
dener rechtlicher Gesichtspu[...]
verzichtet werden. Trotzdem[...]
es nach geschriebenem und u[...]
Recht für alle Spielklassen[...]
daß vor Beginn einer Spielsa[...]
der Modus von Auf- und Absti[...]

– 9 –

Gegen diese Grundsätze ist bei der Einführung der
Bundesliga verstoßen worden, obwohl gerade bei einer so
bedeutenden Umstellung für größte Klarheit hätte gesorgt
werden müssen. Allein dadurch ist es möglich, daß heute
Entscheidungen ohne eindeutige und haltbare Begründung
getroffen werden können und dadurch betroffene Vereine
in Zeitnot mit u.U. verhängnisvollen Folgen kommen.
Wir haben davon abgesehen alle uns zur Verfügung gestellten ausführlichen juristischen Ausführungen, die von
einem Gericht in einem solchen Falle berücksichtigt werden
müßten, aufzuführen, weil wir glauben, damit rechnen zu
können, daß der DFB-Vorstand,in dem doch erfahrene Juristen
vertreten sind, sich selbst anhand von Kommentaren usw.
über die Rechtslage unterrichten kann.

Der DFB-Vorstand hat die Pflicht zu prüfen, ob der Entscheid des Bundesligaausschusses formell und sachlich in
Ordnung ist und einer gerichtlichen Nachprüfung stand-
hält,und zwar, nicht nur deshalb, weil er zur Verbeschei-
dung der Beschwerde nach den DFB-Bestimmungen zuständig
ist, sondern auch weil er aufgrund seiner gesetzlichen
Verpflichtung vor Ausführung, bzw. Zulassung der Ausführung
eines ihm bekannten Beschlusses eines Verbandsorganes,
dessen Zulässigkeit zu überprüfen hat und im gegebenen Falle
persönlich für Auswirkungen eines unzulässigen Beschlusses
haften würde. Die Schadenshöhe würde sich in höheren Re-
gionen bewegen (Einnahmen-Ausfall), wobei noch zu berücksichtigen wäre, daß gerade deshalb, weil in München der
TSV 1860 in die Bundesliga aufgenommen wurde, nicht einmal
unsere bisherigen Einnahmen gehalten werden könnten. Wir
hatten in den letzten fünf Jahren 1.434.434 Zuschauer gegenüber dem TSV 1860 mit 1.245.361, dem 1.FC Nürnberg
mit 1.429.970, Eintracht-Frankfurt mit 1.308.590, Karls-

– 10 –

Beschwerde des FC Bayern München e.V. an den Vorstand des DFB vom 17. Mai 1963 (Seite 9 + 10)

ruher SC mit 807.054 (!) und dem VfB Stuttgart mit
878.349 (!), also fast so viele Zuschauer wie der KSC
und VfB zusammen, was außerdem ein weiterer Beweis dafür ist, daß in München auch unter diesem Gesichtspunkt
zwei Bundesligavereine Berechtigung haben, ja sogar im
Hinblick auf das Interesse der Sportöffentlichkeit notwendig sind, und zwar notwendiger, als in vielen anderen
Städten ein einziger Bundesligaverein.

Wir sind überzeugt, daß der Bundesligaausschuß bei seiner
Entscheidung nicht an alle die in unserer Beschwerdebe-
gründung erwähnten Gesichtspunkte gedacht haben kann.

Dies kann nun im Beschwerdeverfahren geschehen.

Die einzelnen Mitglieder des DFB-Vorstandes müssen dabei
so entscheiden, wie sie unter Hintanstellung anderer evtl.
eigener Interessen entscheiden würden, und zwar so, wie
wenn sie allein für die Entscheidung verantwortlich wären
und selbst das Risiko im Falle eines Zivilprozesses hinsichtlich Kosten und Schadenersatz tragen müßten.

Die Juristen im Vorstand mögen, falls sie von der Richtigkeit des angefochtenen Bescheides überzeugt sind und daher
unserem Beschwerdeantrag nicht stattgeben wollen, dem DFB
die verpflichtende Erklärung abgeben, daß sie persönlich
für die im Falle eines Zivilprozesses dem DFB im Falle des
Unterliegens aufgebürdeten Kosten und sonstigen Folgen aufkommen.

Wer von der Richtigkeit des Entscheides des Bundesligaausschusses überzeugt ist und daher unsere Beschwerde ablehn-
nen will, muß konsequenterweise bereit sein, diese Verpflichtung zu übernehmen, weil dies dann nach seiner Überzeugung kein Risiko wäre.

– 11 –

Beschwerde des FC Bayern München e.V. an den Vorstand des DFB vom 17. Mai 1963 (Seite 11)

(55)

Zumindest den Juristen muß aber auch bekannt sein, daß entgegen der Bestimmung des § 13/f DFB-Satzung, § 4 Rechtsordnung und den §§ 6 e und 29 des Bundesligastatuts der ordentliche Rechtsweg nicht ausgeschlossen werden kann, bzw. von der Genehmigung des Vorsitzenden nicht abhänig gemacht werden kann und daß eine solche Bestimmung nur die Bedeutung hat, daß der Instanzenweg im Verband eingehalten werden muß. Aber auch diese Voraussetzung entfällt, wenn die Entscheidung ungebührlich verzögert wird oder ein längeres Zuwarten dem Betroffenen nicht zugemutet werden kann.

In diesem Zusammenhang dürfen wir noch darauf hinweisen, daß die in der Presse veröffentlichte Aktion zur Bereitstellung der Mittel zur Durchführung eines ordentlichen Gerichtsverfahrens, von uns in keiner Weise eingeleitet oder beeinflußt worden ist. Wir selbst haben erst durch die Presseveröffentlichung davon erfahren. Wir selbst unterliegen dem Druck der empörten Sportöffentlichkeit und der angebotenen Unterstützungsmaßnahmen.

Es ist schon tief bedauerlich, daß ein Verein, nur um seine elementaren Rechte wahren zu können, überhaupt daran denken muß, ihm angebotene juristische Beratung anzunehmen.

Die nach juristischen Gutachten berechtigten Einwände gegen die Entscheidung des Bundesligaausschusses, wovon jeder für sich die Entscheidung zu Fall bringen kann, sind nachstehend zusammengefaßt.

1. Verletzung des Gleichheitsgrundsatzes.

2. Verstoß gegen die guten Sitten, besonders im Volkssport Fußball (§ 138 BGB).

– 12 –

BGH 7. 3. 1956 / VI ZR 311/54).

chtbeachtung des allgemein Gesetzes, das jeweils die e in der gegebenen Reihenhtigen. Eine Abweichung von sogar einen Verstoß gegen ach § 3/c DFB-Satzung, ge- DFB, auf der Grundlage handeln, bzw. zu entschei- eschriebenen, sondern auch tgesetze Grundlage des Han- , ergibt sich auch aus

..... gegen den ....atz, daß ein Gesetz (auch eine Vereinsvorschrift) überhaupt nur angewendet werden kann, wenn es rechtzeitig und damit auch überhaupt ordentlich bekanntgemacht worden ist. Es sind jedoch die Vorschriften, bzw. Grundsätze, die der Bundesligaausschuß in den verschiedenen Fällen angewandt hat, weder aus dem Bundesligastatut, noch sonstigen offiziellen Veröffentlichungen zu entnehmen. Ja selbst in dem Bescheid, der in unserer eigenen Sache erging, ließ man uns im Dunkeln tappen. Man munkelt lediglich von einer Erfolgswertung nach Punkten, ohne daß bisher jemand dahinter kommen konnte, wie diese Wertung wirklich sein soll. Wir können daher verlangen, daß uns in allen Einzelheiten die Grundlagen bekanntgegeben werden, auf denen der Bundesligaausschuß entscheiden sollte und auch in allen Fällen der Aufnahme, bzw. Ablehnung der Bewerbungen in Wirklichkeit entschieden hat.

– 13 –

Beschwerde des FC Bayern München e.V. an den Vorstand des DFB vom 17. Mai 1963 (Seite 12 + 13)

Außerdem sind noch weitere Gesichtspunkte zu prüfen, wie die Zulässigkeit der vorzeitigen und damit bevorzugten Zulassung von 9 Vereinen durch Mitwirkung von Vertretern dieser bevorzugten Vereine im Bundesligaausschuß und Ordnungsmäßigkeit des Zustandekommens der in der Bundesliga gefaßten Beschlüsse.

Um jedes Mißverständnis zu vermeiden, betonen wir nochmals ausdrücklich, daß die Aufnahme des TSV 1860 von uns gebilligt wird. Sie entspricht den bisher geltenden unangefochtenen Grundsätzen in Fragen des Aufstieges. Wir glauben nicht, daß irgendein Mitglied des DFB-Vorstandes oder die Sportöffentlichkeit Anstoß genommen hätte, wenn d i e Vereine in die Bundesliga aufgerückt wären, die nach ihrem diesjährigen Tabellenplatz im Rahmen der den Oberligen zugeteilten Plätze zum Zuge kommen müßten. Dabei erkennen wir lediglich an, daß auch die materiellen Voraussetzungen erfüllt sein müssen. Daraus ergibt sich aber auch, daß nur diese Regelung den allgemein berechtigten Interessen der Sportöffentlichkeit Rechnung trägt und jede Abweichung nicht vertretbar ist.

Wir bitten um umgehende Entscheidung, bevor unserem Verein aus dieser unerträglichen Situation noch größerer Schaden erwächst.

Der FC Bayern hofft, daß die Herren, die den DFB-Vorstand repräsentieren ihm zu seinem guten Recht verhelfen werden.

FC BAYERN MÜNCHEN E.V.

(Wilhelm Neudecker)
I. Vorsitzender

(Karl P f a b)
II. Vorsitzender

Beschwerde des FC Bayern München e.V. an den Vorstand des DFB vom 17. Mai 1963 (Seite 14)

Der Frankfurter Trainer Paul Oßwald erwartet von seiner Mannschaft zum *Start in die neue Bundesliga* ein makelloses Auftreten — 10. Juli 1963

Paul Oßwald wurde als 33-jähriger Coach mit Eintracht Süddeutscher Meister. 1958 kehrte er zurück, holte 1959 die Deutsche Meisterschaft und zog 1960 mit den Frankfurtern ins Landesmeistercupfinale ein.

Voller Vorfreude stimmt Eintracht-Trainer Paul Oßwald sein Team auf die Vorbereitung zur ersten Bundesligasaison ein. In der Saison 1962/63 hat Eintracht die Teilnahme an der Endrunde um die Deutsche Meisterschaft als Vierter der Oberliga Süd deutlich verfehlt. Mit dem Start in die bundesdeutsche Eliteliga möchte der Trainer, der vor vier Jahren noch den Titel an den Main holen konnte, wieder an alte Erfolge anknüpfen. Für seine Spieler ist der 58-Jährige ein väterlicher Freund. Den Junggesellen im Team bringt er ein warmes Süppchen vorbei, wenn sie an einer Erkältung laborieren. Oßwald hat ein Auge für Talente, er ist ständig in der Region unterwegs, um nach Spielern Ausschau zu halten. Und: Er neigt ein wenig zum Perfektionismus. Kein Wunder, dass er sich von seinem Team in der Bundesliga, die der Eintracht nun eine deutlich höhere Aufmerksamkeit bescheren wird, ein makelloses Auftreten und sportlichen Erfolg erhofft. Sein Plan für die fünfwöchige Saisonvorbereitung steht: Nachdem Masseur Heiner Etzold das Gewicht der Akteure beim Trainingsauftakt festgehalten hat, erwartet sich Oßwald von seinen Männern volle Disziplin. Das Team wird den Trainer nicht enttäuschen. Nach dem 1:1 gegen den 1. FC Kaiserslautern zum Saisonauftakt setzt sich Eintracht bald in der Spitzengruppe der Bundesliga fest und schließt die Premierenspielzeit auf dem dritten Tabellenrang ab. Oßwald wird diesen Erfolg jedoch nicht auf der Bank, sondern im Krankenbett erleben. Am 17. April 1964 erleidet der gebürtige Thüringer zwei Herzinfarkte, sodass für die letzten drei Saisonspieltage sein Assistent Ivica Horvat als Chefcoach einspringen muss.

Gleichlautend an alle Lizenzspieler der Frankfurter
Sportgemeinde " EINTRACHT".

Liebe Sportkameraden !

Am 24. August 1963 beginnt die Deutsche Bundesliga ihre erste
Wettkampfserie.

Unsere Mannschaft gehört zu diesen 16 Auserwählten. Das ist
ein Erfolg, der nicht hoch genug gewertet werden kann. Viele
von Ihnen haben durch ausgezeichnete sportliche Leistungen
in den letzten 4 Jahren wesentlich zu diesem Erfolg beigetragen.

Von diesen 16 Mannschaften erwartet die deutsche Fussball-
gemeinde in der kommenden Saison eine wesentliche Leistungs-
steigerung. Darüber muss sich jeder von uns im Klaren sein,
wenn er dabei sein will.

Wir haben 5 Wochen Zeit zu einer intensiven Vorbereitung.
Dazu gehören:

1. Vernünftige Lebenshaltung
2. Beste sportliche Auffassung
3. Trainingseifer und Disziplin
4. Das Bestreben, seine persönliche Leistung zu steigern
    und in den Dienst der Mannschaft zu stellen

Sie haben einen wohlverdienten 4-wöchigen Urlaub vom Fussball
gehabt. Ich hoffe und wünsche, dass Sie sich alle gut erholt
haben und nun mit den besten Vorsätzen in die 1. Bundesliga-
Saison steigen wollen.

Es ist bereits bekannt, dass unser Trainingsbeginn auf Montag,
dem 15.7.1963, 18 Uhr, festgelegt wurde. Ich lade Sie hiermit
nochmals schriftlich dazu ein und erwarte einen vollzähligen
und pünktlichen Beginn. Vor Beginn des Trainings bitte ich Sie
unter Kontrolle von Herrn Etzold Ihr Gewicht feststellen und
kontrollieren zu wollen. Wir trainieren in der 1.Woche jeden
Tag, also am Montag, Dienstag, Mittwoch, Donnerstag und
Freitag um 18 Uhr. Am Samstag, dem 20.Juli, findet bereits das
1. Spiel gegen den FSV statt.

Ich würde mich freuen, Sie am Montag bei bester Gesundheit
begrüßen zu können.

                              Herzlichst
                              Ihr

Frankfurt, den 10.7.1963

(57)

Dr. Paul Ronge   Berlin, den 25. Juni 1965
Rechtsanwalt und Notar   Dr/La
1 Berlin 12
Wilmersdorfer Straße 58

Manfred Block
Rechtsanwalt
1 Berlin 33
Charlottenbrunner Straße 4

An den Vorstand
des Deutschen Fußball-Bundes e.V.
z.Hd. seines Vorsitzenden
Herrn Präsidenten Goesmann

6 Frankfurt / Main-West 13
Zeppelinallee 77

Für den Fußballverein HERTHA BSC Berlin und dessen früheres
Vorstandsmitglied Siegfried Schmidt legen wir, nachdem das
Bundesgericht des Fußball-Bundes in Düsseldorf rechtskräftig
das Urteil des Fußballgerichts in Frankfurt bestätigt hat
und damit HERTHA BSC als aus der Bundesliga ausgeschlossen
angesehen werden muß, folgendes Gnadengesuch vor.

                              I.

Im Vordergrund sämtlicher Erörterungen steht die Tatsache,
daß durch dieses Urteil Berlin vom Sport in der deutschen
Bundesliga ausgeschlossen ist.

Der Linksunterzeichnete faßt sein Mandat für HERTHA BSC
nicht nur als eine Mitwirkung an einem sachgemäßen Urteil
aus vereinsrechtlichen Gesichtspunkten auf. Daß Anliegen
und Motor seiner Tätigkeit im wesentlichen politische
Motive sind, braucht er nicht zu verschweigen. Die mangelnde
Resonanz dieser Ausführungen bei einem nicht ganz kleinen

                                                        -2-

*„Gnadengesuch" der Hertha-Anwälte beim DFB nach dem Zwangsabstieg
der Berliner am Ende der Saison 1964/65 (Seite 1)*

Hertha BSC muss 1965 zwangsabsteigen.
Der Klub hat verbotene Handgelder
gezahlt, wie alle anderen Klubs auch.
Doch der DFB statuiert ein Exempel
— 25. Juni 1965

Nach dem Zwangsabstieg
1965 verbrachte Hertha BSC
drei Spielzeiten in der
Stadtliga Berlin, die der West-
berliner Klub jeweils
als Meister abschloss.
1968 gelang der Wiederaufstieg
in die Bundesliga.

Man kann den Funktionären des Berliner Erstligisten
Hertha BSC nicht vorwerfen, sie hätten nicht alles ver-
sucht. Im Namen des Klubs richten die Rechtsanwälte
Paul Ronge und Manfred Block einen flehentlichen
Appell an den DFB, Gnade vor Recht ergehen zu lassen.
Vergeblich. Am Ende der Saison 1964/65 wird Hertha
BSC wegen Verstoßes gegen das DFB-Vertragsstatut in
die Regionalliga verbannt. Die Konsequenz aus un-
erlaubten Handgeldern, die der Klub Spielern diskret
gezahlt hat. Doch andernfalls wären Jürgen Sundermann,
Wolfgang Fahrian und Willibert Kremer wohl kaum in
die Mauerstadt Berlin zu locken gewesen. Bis zu 1200
Mark darf ein Profi 1964 verdienen, dazu ein Handgeld
von 10 000 Mark. Daran hält sich kaum ein Klub, bei
Hertha BSC fliegt das Schwarzgeldgeschäft jedoch auf.
Der Boss des DFB-Kontrollausschusses, Hubert Claeßen,
wundert sich über einen Fehlbetrag von 192 000 Mark
in der Kasse der Berliner. Gelder, die für verdeckte Zah-
lungen aufgewendet wurden. Hinzu kommen nebulöse
Äußerungen des Schatzmeisters auf der Hauptversamm-
lung 1965: „Ich darf hier im Interesse des Vereins nicht
alles sagen, würde ich es tun, würde Hertha BSC nicht
mehr bestehen." Der Zwangsabstieg schockiert den Klub.
Das Gnadengesuch zieht alle Register und nimmt sogar
den Präsidenten, die Klublegende Hanne Sobek, nicht
aus. „Man muss sich doch einmal die persönliche Tragik
dieses Mannes überlegen", barmt das Schreiben. Der
DFB lässt sich jedoch nicht erweichen. Kurios: Schon
bald wird auch in der Bundesliga das Profitum eingeführt. Davon allerdings hat Hertha BSC nichts mehr.

-2-

Teil der Zuhörerschaft ist nicht ohne persönliches
Angerührtsein vorbeigegangen. Es ist ein altes Sprich-
wort, daß fremdes Leid sehr leicht mit Ach, Ach, Ach
vorübergeht und auch der Satz aus dem Faust, daß fern im
Osten der Türkei die Völker, die zusammenschlagen, nur ein
angenehmes Gesprächsthema sind. Dementsprechend sind wir
Berliner es gewöhnt, daß die Wirklichkeit der Mauer und die
Erschütterung, die von ihrem Bestehen ausgeht, unseren
Besuchern und unseren Landsleuten im Bundesgebiet meist
erst dann ins Bewußtsein kommen, wenn sie rein optisch
mit der Mauer konfrontiert werden und dort ein Bild entsteht, das vielleicht mit demjenigen vergleichbar ist, das
im Jahre 1940 entstand, als man die ersten zerbombten
Straßenzüge mit eigenen Augen sah. Wir wissen, daß die
Berliner Hilfe nicht nur unter dem Gesichtspunkt der Notwendigkeit von Berlin, sondern auch unter dem Gesichtspunkt
der Belastung für die Bundesrepublik gesehen wird. Wir
persiflieren uns selbst oft damit, daß wir doch alle keine
Helden seien und schon gar nicht beabsichtigen, Helden zu
werden. Das ändert nichts an der Tatsache, daß die Berliner
Situation nicht nur für Berlin sondern für das gesamte
Deutschland einer der wichtigsten Punkte ist, wenn nicht der
wichtigste überhaupt.

Gerade in diesen Tagen, wo neue Repressalien drohen und die
Lage um Berlin und in Berlin als besonders ernst bezeichnet
wird, sollte es eigentlich nicht sein dürfen, daß für die
Erkenntnis erst geworben werden muß, daß jeder Schritt, der
in Berlin rückwärts getan wird, sich höchst unmittelbar
auf die Bundesrepublik und ihre Bewohner auswirken wird.
Es soll mit aller Deutlichkeit gesagt werden: Schäden in
Berlin wird in aller kürzester Zeit jeder einzige Bundes-
bürger, und zwar auch an seiner empfindlichsten Stelle,
nämlich in seiner wirtschaftlichen Situation zu spüren bekommen.

-3-

„Gnadengesuch" der Hertha-Anwälte beim DFB nach dem Zwangsabstieg
der Berliner am Ende der Saison 1964/65 (Seite 2)

-3-

Demgegenüber geht es nun einmal nicht an und deshalb muß mit aller Schärfe dagegen angegangen werden, daß im Saal in Düsseldorf - um keine Irrtümer aufkommen zu lassen, keineswegs vom Gericht - die dahingehende Verteidigung, insbesondere das Schlußwort des Berufungsführers Schmidt, als eine Art nationale Phrase angesehen und dementsprechend sogar von einigen Zuhörern belächelt wurde.

Wir leben in einer Zeit, in der sicher nicht von uns und unserer Demokratie das Leben völlig politisiert worden ist. Das gilt besonders für den "Brennpunkt" Berlin. Wenn auch schon in früheren Jahrzehnten die Berliner Philharmonie als "Botschafter der Musik" bezeichnet werden konnte, so gelten derartige Dinge heute in vielfältigem Maße. Wenn die Konzertreisen der Philharmoniker, der Radiosymphoniker, des Kammerorchesters unter Herrn von Benda, die Gastspiele unserer Staatsbühnen durchgeführt werden, dann sind das ebenso politische Angelegenheiten wie die Tatsache, daß Filmfestspiele in Berlin und gerade in Berlin stattfinden müssen. Die Berliner Festwochen sind eine politische Angelegenheit und wenn Berlin als Ort einer Olympiade im Gespräch ist, dann ist das keineswegs eine Angelegenheit des Sportes, keine Angelegenheit der olympischen Idee, sondern eine spezifisch Berliner und somit gesamtdeutsche Sache.

Infolgedessen sind in der gegenwärtigen Situation die Zeiten vorbei, in denen eine Massen"bewegung" wie der Fußballsport lediglich unter dem Gesichtspunkt der sportlichen Interessiertheit angesehen und entsprechend vielleicht belächelt werden könnte. Die unübersehbare Tatsache, daß Fußball nicht umsonst "König Fußball" genannt wird, führt dazu, daß im übertragenen Sinne der gesamte Fußballbetrieb in die Größenordnung der Massenmedien eingeordnet werden kann, daß also die Ausstrahlung weit über das, was vom

-4-

(57)

*„Gnadengesuch" der Hertha-Anwälte beim DFB nach dem Zwangsabstieg
der Berliner am Ende der Saison 1964/65 (Seite 3)*

57

„Gnadengesuch" der Hertha-Anwälte beim DFB nach dem Zwangsabstieg
der Berliner am Ende der Saison 1964/65 (Seite 4-5 + 7-14)

-6-

braucht; man soll sich nicht darüber hinwegsetzen,
indem man sagt, es ist ja "bloß" ein Sport, ein Hobby
gewesen. Auch ein Sport und auch ein Hobby kann zum
Lebensinhalt werden und selbst, wenn man sagen würde,
es sei nur eine Puppe zerschlagen worden, man zerschlägt
auch sicher keinen Menschen.

Dieser Mann steht, nunmehr 65 Jahre alt, am Ende einer
der sportlich erfolgreichsten Laufbahnen mindestens in
Deutschland, wenn nicht darüber hinaus. Er spielt seit
etwa 50 Jahren Fußball, ist vielfacher Meisterschafts-
spieler, hat sämtliche Ehrungen errungen, die man nur
erringen kann und hat darüber hinaus nicht nur durch
seine sportlichen Leistungen, sondern auch durch seine vor-
bildliche Lebensführung und durch sein menschliches Beispiel
eine unumstrittene und man möchte auch wohl sagen, un-
einnehmbare Stellung. Ich selbst habe Herrn Sobek erst
aus Anlaß dieses Verfahrens kennengelernt. Es ist nur
die Feststellung einer Tatsache, daß mir zahllose
Prominente begegnet sind. Ich glaube, es wäre manches in
unserem gesamten Leben leichter, wenn sich unsere Elite
ein Beispiel an seiner persönlichen Bescheidenheit nähme.
Diese absolute Integrität dieser Unterordnung unter die
Sache und der persönliche Einsatz hat ihn zum gegebenen
Vorsitzenden von HERTHA BSC werden lassen. Ich bitte,
immerhin zu bedenken, was es bedeutet, sich auf den Bock
eines verfahrenen Karren setzen zu sollen und das auf die
Gefahr hin, daß mit dieser Berufung in ihn gesetzte Vertrauen enttäuschen zu müssen. Das vielleicht Betrüblichste
am ganzen Verfahren ist doch wohl die Feststellung von
Herrn Sobek, daß er die Situation nunmehr nach den wenigen
Monaten überschaut und sich davon überzeugt habe, daß es
sich mit dem gegenwärtigen Bundesligastatut für den nicht
wirtschaften lasse, der es genau befolgt, um es mit einem

-7-

57

Hertha BSC ——— DFB

*„Gnadengesuch" der Hertha-Anwälte beim DFB nach dem Zwangsabstieg
der Berliner am Ende der Saison 1964/65 (Seite 6)*

⑤⑧

HORST-GREGORIO CAÑELLAS

An den

Vorsitzenden des
DFB - Kontrollausschusses
Herrn Hans Kindermann

6 Frankfurt am Main

Zeppelinallee 77

6 FRANKFURT AM MAIN 4.11.1971
GROSSMARKTHALLE
TELEFON 43 17 52 u. 44 30 05
FERNSCHREIBER 04 11 886

Ca. - gö.

Sehr geehrter Herr Kindermann,

ich darf nochmals auf meine vor Ihnen gemachten Aussagen
hinweisen, nach denen Herr Peter Maßen, anlässlich unseres
Bundesliga-Spiels gegen die Frankfurter Eintracht, seitens
seines Vereins pro Spieler meiner Mannschaft, eine Siegprämie von DM 1.000,-- ausgesetzt hat.

Weiterhin verweise ich auf die Ihnen übergebenen Tonbänder, in
denen Herr Wild bemerkt, daß er mit Herrn Kronsbein gesprochen
habe und daß dieser gegen die Annahme einer Siegprämie, nichts
einzuwenden hätte.

Außerdem bot mir Herr Maßen am 8. Mai 1971, etwa eine halbe
Stunde vor Spielbeginn Offenbach - Oberhausen an, doch unentschieden zu spielen.

Ich bitte Sie höflich, meine heutiges Schreiben recht zu verstehen,
aber bei der Fülle des Ihnen vorliegenden Materials ist es durchaus
möglich, dass das eine oder andere in Vergessenheit gerät.

Hochachtungsvoll

Bankkonto: Deutsche Bank A.-G. — Postscheckkonto: 84533 — Telegramm: canellas frankfurtmain

Horst-Gregorio Cañellas kämpft im *Bundesligaskandal 1971* um Wiedergutmachung und versorgt den DFB-Chefankläger mit pikanten Details — 4. November 1971

Südfrüchtehändler Horst-Gregorio Cañellas (1921– 1999) war von 1964 bis 1971 Präsident der Offenbacher Kickers. Obwohl der DFB 1976 seine lebenslange Sperre aufhob, bekleidete er nie mehr ein Funktionärsamt.

Offenbachs Präsident Horst-Gregorio Cañellas ist sauer. War nicht er es, der den Bundesligaskandal im Juni 1971 erst öffentlich machte, indem er bei seiner Geburtstagsparty anwesenden DFB-Funktionären ein Tonband vorspielte? Eine Aufnahme, auf der er u.a. mit dem Hertha-Spieler Tasso Wild über die Manipulation von Spielen verhandelt? Wegen Cañellas Mitschnitt hat der DFB jedenfalls den Stuttgarter Richter Hans Kindermann zum Chefankläger berufen, dessen Recherchen ergeben, dass in der Saison 1970/71 18 Erstligapartien verschoben wurden und mehr als 60 Profis und zehn Bundesligaklubs in den Fall verwickelt sind. Tasso Wild wird vom Sportgericht auf Lebenszeit gesperrt. Zu seiner Überraschung wird aber auch Cañellas von allen Funktionärsämtern ausgeschlossen und Kickers Offenbach zudem die Lizenz entzogen. Warum? Sein Angebot, Schmiergeld zu zahlen, so Cañellas, habe er nur zum Schein gemacht, um Beweise für den Betrug zu sammeln. Um seine Redlichkeit zu unterstreichen, versorgt er Kindermann deshalb stetig mit neuen Details aus der Spielzeit 1970/71. Etwa dass Rot-Weiß-Oberhausen-Präsident Peter Maaßen, dessen Klub dem Abstieg knapp entronnen ist, die Offenbacher mehrfach zu Spielverschiebungen animiert habe. Zudem will Cañellas gehört haben, dass der verurteilte Wild, mit dem er selbst über eine Siegprämie von 140 000 Mark für das Hertha-Team gegen Arminia Bielefeld verhandelt hat, den Vorgang mit Trainer „Fifi" Kronsbein abgesprochen habe. Maaßen wird 1972 für alle sportpolitischen Ämter gesperrt. Kronsbein kann nie etwas nachgewiesen werden. Horst-Gregorio Cañellas wird 1976 begnadigt.

Im Spiel bei Werder Bremen wird Bielefelds Stürmer Ewald Lienen schwer verletzt. *Er klagt die Bremer an – wegen vorsätzlicher Körperverletzung* — 17. August 1981

Ewald Lienen (*1953) macht sich bei Arminia Bielefeld und Borussia Mönchengladbach einen Namen als quirliger Außenstürmer. Später arbeitet er erfolgreich als Coach bei deutschen und internationalen Klubs.

Es ist einer von vielen Zweikämpfen im Bundesligaspiel zwischen dem SV Werder Bremen und Arminia Bielefeld am 14. August 1981 und doch eine Attacke, die in die Fußballgeschichte eingeht. Denn die Grätsche des Bremer Verteidigers Norbert Siegmann fügt Arminia-Stürmer Ewald Lienen eine zwanzig Zentimeter lange Fleischwunde am Oberschenkel zu, die offen liegende Muskelhülle schockiert die Zuschauer im Stadion und an den TV-Geräten ebenso wie die Tatsache, dass der Stürmer zornig in Richtung Trainerbänke humpelt. Von dort soll der Werder-Spieler zu einer härteren Gangart gegen den Bielefelder Stürmer aufgefordert worden sein. Die schwere Verletzung verheilt zwar relativ rasch, nicht aber Lienens Zorn über die Umstände, die zu der Attacke führten. Bereits drei Tage nach dem Spiel bekommt er – noch im Krankenhaus liegend – Post vom Anwalt des SV Werder. Der residiert passend in der Knochenhauerstraße und weist ihn darauf hin, dass er den Vorwurf der vorsätzlichen Körperverletzung, den er nach Abpfiff geäußert hat, unter Androhung einer Strafzahlung zu unterlassen hat. Im Oktober 1981 stellt Lienens Anwalt Strafantrag wegen vorsätzlicher Körperverletzung bei der Staatsanwaltschaft Bremen, der zurückgewiesen wird. Auch die anschließende Beschwerde bei der Generalstaatsanwaltschaft Bremen wird am 24. November 1981 abgelehnt unter anderem mit der Begründung, dass das Verhalten des Beschuldigten allenfalls im „Grenzbereich zwischen erlaubter Härte und unfairem Spiel liegend angesehen" werden kann. Grobe Fahrlässigkeit kann die Staatsanwaltschaft in der Aktion nicht erkennen.

Rechtsanwältin und Notarin

Rechtsanwalt und Notar

POSTFACH 10 12 65 · 2800 BREMEN 1

Knochenhauerstraße
Telefon (0421)
2800 BREMEN 1, 17. August 1981

Herrn
Ewald L i e n e n
z.Zt. Krankenhaus
4800 Bielefeld 14 (Brackwede)

Aktenz. vk/m
Bitte angeben!

EINGEGANGEN
1981

Sehr geehrter Herr Lienen!

Der "SV Werder Bremen v. 1899 e.V.", Herr Otto Rehhagel und Herr Norbert
Siegmann, haben mich mit der Wahrnehmung ihrer Interessen beauftragt.

Sie haben am Freitag, d. 14. August 1981, meinem Mandanten Norbert Siegmann
vorgeworfen, er habe Ihnen gegenüber eine vorsätzliche Körperverletzung begangen. Diese Behauptung ist falsch.
Die Verletzung, die Sie anläßlich des Spiels des Sportverein Werder Bremen
gegen den DSC Arminia Bielefeld erlitten haben, ist sicherlich bedauernswert
und wurde von Herrn Norbert Siegmann verursacht aber nicht verschuldet.

Für Herrn Norbert Siegmann weise ich daher jeden Vorwurf, eine vorsätzliche
Körperverletzung an Ihnen begangen zu haben, entschieden zurück. Diese Behauptung ist unwahr und geeignet, Herrn Siegmann in seinem Ruf als harten
aber fairen Fußballspieler zu beeinträchtigen.

Sie haben am selben Abend noch weitere Vorwürfe erhoben, und zwar gegen den
Trainer des Sportverein Werder Bremen, Herrn Otto Rehhagel.

- 2 -

Werder-Anwalt ——— Ewald Lienen

59

*Brief des Anwalts von Werder Bremen vom 17. August 1981 an Ewald Lienen, der zu diesem Zeitpunkt
noch im Krankenhaus im Bielefelder Stadtteil Brackwede liegt (Seite 1)*

- 2 -

Sie behaupten, Herr Otto Rehhagel hätte den Spieler Norbert Siegmann
aufgefordert, er möge diese "vorsätzliche Körperverletzung" Ihnen gegenüber
begehen. Ein solcher Vorwurf ist ebenso falsch wie grotesk. Eine solche
Behauptung hat Herr Rehhagel weder aufgestellt noch sonstwie einen diesbe-
züglichen Willen dem Spieler Norbert Siegmann kundgetan.

Ihr Vorwurf ist in erheblicher Weise geeignet, das Ansehen des Fußballehrers
Otto Rehhagel, in ganz erheblicher Weise zu beeinträchtigen.
Herr Otto Rehhagel kann und wird eine solche Bemerkung nicht unwidersprochen
hinnehmen und mit allen ihm geeigneten Mitteln eine weitere Behauptung durch
Sie zu unterbinden wissen.

Durch Ihre Behauptungen haben Sie auch das Ansehen des Sportverein Werder
in ganz erheblicher Weise in der Öffentlichkeit in Mißkredit gebracht.
Herr Otto Rehhagel und Herr Norbert Siegmann sind Angestellte des Sportverein
Werder Bremen und der Sportverein Werder Bremen wird es sich nicht erlauben,
daß solche falschen, unbewiesenen und diskriminierende Behauptungen und
Äußerungen durch Sie weiter aufgestellt werden und unwiderrufen bleiben.
Der Sportverein Werder Bremen wird daher alle rechtlichen Schritte unternehmen,
die erforderlich sind, um seine Rechte zu wahren.

Bevor solche gerichtlichen Schritte eingeleitet werden, gebe ich Ihnen Gelegenheit, die am Freitag, d. 14. August 1981, erstmals aufgestellten und in einem
Interview im Zweiten Deutschen Fernsehen am 15. August 1981 wiederholten Behauptungen,

a) der Spieler Norbert Siegmann habe Sie vorsätzlich gefoult und
b) der Trainer Otto Rehhagel habe ihn zu diesem vorsätzlichen Foulspiel
   aufgefordert,

innerhalb von 48 Stunden nach Erhalt dieses Schreibens mit dem Ausdruck des
Bedauerns zurückzunehmen und sich gleichzeitig durch Unterzeichnung des
Doppels dieses Schreibens verpflichten, eine solche Behauptung nicht mehr
zu wiederholen.

- 3 -

*Brief des Anwalts von Werder Bremen vom 17. August 1981 an Ewald Lienen, der zu diesem Zeitpunkt
noch im Krankenhaus im Bielefelder Stadtteil Brackwede liegt (Seite 2)*

- 3 -

Sie versprechen, für jeden Fall der Zuwiderhandlung eine Vertragstrafe in Höhe von DM 1.000,--, zahlbar an das SOS Kinderdorf, zu leisten.

Sollte das Doppel dieses Schreibens unterzeichnet nicht innerhalb der genann- ten Frist, spätestens jedoch bis zum 2o. August 1981, unterschrieben wieder in meinem Besitz sein, werde ich meinen Mandanten empfehlen, ohne weitere Ankündigung Anträge auf Erlaß einstweiliger Verfügungen gegen Sie zu stellen.

Die Kosten meiner Beauftragung haben Sie unter dem Gesichtspunkt der uner- laubten Handlung ebenfalls zu zahlen. Ich werde Ihnen diese Kosten noch ge- sondert in Rechnung stellen.

Hochachtungsvoll

Brief des Anwalts von Werder Bremen vom 17. August 1981 an Ewald Lienen, der zu diesem Zeitpunkt noch im Krankenhaus im Bielefelder Stadtteil Brackwede liegt (Seite 3)

⑤⑨

Generalstaatsanwaltschaft Bremen   Bremen, den 24. November 1981
- Zs 411/81 -

Herrn Rechtsanwalt
Rudolf Bruder   24. 11. 81   Eingegangen
━━━━━━━━━━━━━   25. NOV 1981
                                                  Dr. jur. Augstein
3000 Hannover

Betr.: Ermittlungsverfahren gegen Norbert Siegmann
       wegen Körperverletzung u. a.
       - 22 Js 230/81 -

Anl.: Durchschrift dieses Bescheids

        Sehr geehrter Herr Rechtsanwalt!

        Ich weise Ihre Beschwerde vom 2. 11. 1981 gegen den Be-
scheid der Staatsanwaltschaft Bremen vom 29. 10. 1981 als un-
begründet zurück.

        1. Dem Beschuldigten ist weder vorsätzliche einfache
noch gefährliche Körperverletzung (§§ 223, 223 a StGB) nachzu-
weisen. Zwar mag zutreffen, daß er bei nachträglicher Betrach-
tung keine Möglichkeit mehr hatte, den Ball zu erreichen, und
ein solcher Sachverhalt auch nach der von Ihnen angeregten Be-
weisaufnahme festgestellt werden könnte. Gleichwohl braucht
dieser Anregung nicht nachgegangen zu werden. Denn selbst bei
einer positiven Feststellung dieser Tatsache kann nicht mit
Sicherheit ausgeschlossen werden, daß der Beschuldigte im Zeitpunkt des in Rede stehenden Spielgeschehens die objektive Spiel-
situation verkannt und geglaubt hatte, doch noch an den Ball
heranzukommen. Daher ist nicht beweisbar, daß sein Tritt ausschließlich seinem Gegenspieler gegolten oder er zumindest
dessen Verletzung in Kauf genommen hätte.

Bs

*Antwort der Generalstaatsanwaltschaft Bremen vom 24. November 1981 auf die Beschwerde,
die Lienens Anwalt eingereicht hat, nachdem der Strafantrag wegen vorsätzlicher Körperverletzung von der
Staatsanwaltschaft Bremen zurückgewiesen wurde. (Seite 1)*

- 2 -

2. Aber auch eine Verfolgung wegen fahrlässiger Körperverletzung muß letztlich erfolglos bleiben. Ob fahrlässige Körper-
verletzungen (§ 230 StGB), die in "Kampfspielen" begangen worden
sind, strafrechtlich zu verfolgen sind, hängt im allgemeinen von
der Schwere des Regelverstoßes ab. Nach Rechtsprechung und Lehre
gelten Verletzungen, die durch leicht fahrlässige Regelverstöße
entstanden sind, als durch Einwilligung des Geschädigten gerecht-
fertigt; grob fahrlässige Verstöße gegen die Regeln werden dagegen von der Einwilligung des Gegenspielers nicht mehr gedeckt
(OLG Neustadt MDR 1956, 548; BayObLG NJW 1961, 2072; LK-Hirsch
§ 226 a RN 12). Liegt — wegen nur leichter Fahrlässigkeit — eine
durch Einwilligung gerechtfertigte Tat vor, vermag selbst die
Schwere der erlittenen Verletzung zu keiner anderen rechtlichen
Bewertung zu führen (BayObLG a.a.O., vgl. auch Eser JZ 1978,
373).

Im vorliegenden Fall läßt sich indessen nicht sicher feststellen, ob der Beschuldigte grob fahrlässig gegen die Spielre-
geln verstoßen hat. Nach Sachlage ist davon auszugehen, daß der
mit gestrecktem Bein vorgetragene Angriff nicht Ihrem Mandanten,
sondern dem Ball gegolten hat. Dieses "Hineingrätschen" ist eine
bei Fußballspielen häufig zu beobachtende Abwehr- oder Angriffs-
methode, bei der auch körperliche Einwirkungen auf den Gegner
im Kampf um den Ball manchmal nicht zu vermeiden sind, die aber
selbst sportlich nicht geahndet werden, wenn sie nicht dem Gegenspieler, sondern dem Ball galten. Wegen der nicht eindeutigen,
aber auch nicht weiter aufklärbaren Sachlage, die zu der be-
dauerlichen Verletzung geführt hat, kann das Verhalten des Beschuldigten daher allenfalls als im Grenzbereich zwischen erlaubter Härte und unfairem Spiel liegend angesehen werden. Jedenfalls ist nicht mit Sicherheit feststellbar, daß er in grober
Weise und damit strafrechtlich relevant gegen die Regeln verstoßen hat, so daß im Ergebnis von einer durch Einwilligung des
Verletzten gerechtfertigten Körperverletzung auszugehen ist. Mit
dieser Feststellung entfällt auch die Entscheidung, ob das
öffentliche Interesse ein Einschreiten von Amts wegen gebietet
(§ 376 StPO).

Das Recht Ihres Mandanten, Privatklage zu erheben, bleibt
durch diesen Bescheid unberührt.

Hochachtungsvoll
gez.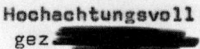

Antwort der Generalstaatsanwaltschaft Bremen vom 24. November 1981 auf die Beschwerde,
die Lienens Anwalt eingereicht hat, nachdem der Strafantrag wegen vorsätzlicher Körperverletzung von der
Staatsanwaltschaft Bremen zurückgewiesen wurde. (Seite 2)

⑤⑨

Ende der 1980er Jahre verbreiten Hooligans Angst in den Stadien. *Die Spieler und Fans des FC St. Pauli wollen sich das nicht länger bieten lassen* — August 1989

Die Metamorphose des FC St. Pauli vom biederen Stadtteilklub zum Identifikationsobjekt aufgeklärter Fußballfans wirkt stilbildend auf den Profifußball ein. Viele Forderungen von einst sind heute Allgemeingut.

Bis Mitte der 1980er-Jahre ist der FC St. Pauli aus Hamburg ein Klub wie jeder andere. Lange Geschichte, überschaubare Zuschauerzahlen, unpolitische Attitüde. Dann jedoch entdeckt die Subkultur die Kicker aus dem Rotlichtbezirk. Am Millerntor soll plötzlich der Beweis geführt werden, dass es ein richtiges Fußballleben im falschen gibt, dass es auch inmitten des kommerziellen Sports einen Klub geben kann, der für einen Werbevertrag nicht seine Seele verkauft, der politisches Bewusstsein mit sportlichem Erfolg verknüpft. Das Stadion im Stadtteil am Hafen wird zum Wallfahrtsort des linken Lagers, das die Spiele des Kiezklubs mit unkonventionellen Fanaktionen und reflektierten Fanzines bereichert. Mit den Jahren verändern die Fans nicht nur das Treiben auf den Tribünen, sondern auch den Verein. Anfangs haben die Altvorderen um den ehemaligen Finanzminister Hans Apel den Anhängern belustigt bis irritiert zugeschaut, nun sind es plötzlich Spieler, die den Ball aufnehmen. Da ist Keeper Volker Ippig, der zwischenzeitlich in der Hafenstraße wohnt und den die Anhänger mit dem Schlachtruf „Volker, hör die Signale!" feiern. Vor allem aber ist da das Bewusstsein der Profis, dass es eine Fußballkultur im Stadion gibt, die es zu schützen gilt: vor Hooligans, Nazis, aber auch vor den Eingriffen von Marketingabteilungen und Polizei. Gegen Gewalt, gegen Faschismus, gegen Sexismus, aber auch gegen Alkoholverbote, polizeiliche Drangsalierung und reine Sitzplatzstadien. Der offene Brief, den Fans und Spieler des FC St. Pauli verfassen, ist ein Novum, das so in keinem anderen Stadion der Republik möglich gewesen wäre.

OFFENER BRIEF

Mit dem folgenden Offenen Brief wenden sich Fans und Spieler des FC St. Pauli an die am Fußballsport interessierte Öffentlichkeit und die mit ihm befaßten Institutionen.

Fußballspiele sollen Spaß bringen, fairer und sportlicher Wettkampf der Aktiven auf dem Rasen sein und gute Unterhaltung, möglichst ein Fest für die ZuschauerInnen. Viele Menschen nehmen Woche für Woche teil an dem Geschehen auf bundesdeutschen Fußballplätzen, sei es auf den Rängen, durch die Medien oder beim eigenen Spiel in Vereinen und Freizeitmannschaften. Hunderttausende unterstüzen bei Wind und Wetter die Mannschaften der Profiligen, viele fahren Hunderte von Kilometern, um ihren Verein bei Auswärtsspielen anzufeuern.

In den Mittelpunkt des öffentlichen Interesses rücken Fußballfans jedoch immer erst dann, wenn gewalttätige Auseinandersetzungen in und um die Stadien stattgefunden haben. Prügeleien zwischen Fans gegnerischer Mannschaften, Beschädigungen und Zerstörungen von Kneipen und öffentlichen Einrichtungen, Angriffe auf Unbeteiligte - all das scheint, glaubt mensch den Medien, zum alltäglichen Umfeld von Spielen der Profiligen zu gehören.

Die Auseinandersetzungen, die tatsächlich stattfinden, sind erschreckend und schaden dem Fußball insgesamt. Gerade hier auf St. Pauli wird es langsam lästig, ein- bis zweimal die Woche mit Angriffen von HSV- und Auswärtshooligans konfrontiert zu werden. In anderen Städten sind Innenstädte, Bahnhöfe und Stadionumgebung für viele Menschen an Spieltagen zu Tabuzonen geworden. KuttenträgerInnen tarnen sich, um Konfrontationen mit Hooligans aus dem Weg zu gehen. Gerade Menschen mit Kindern gehen aus Angst vor erlebter oder aber von den Medien hochgespielter Gewalt nicht mehr in die Stadien oder verbieten ihren Kindern, die Spiele der 1. und 2. Bundesliga zu besuchen. Daß Fußballstadien für Frauen aufgrund der frauenfeindlichen Einstellungen und Sprüche dort oft schwer zu ertragen sind, wollen wir hier nur am Rande erwähnen.

Die Maßnahmen, mit denen viele Vereine und die Ordnungskräfte darauf reagieren, haben bislang nicht zu einem Rückgang der Auseinandersetzungen geführt. Statt dessen werden alle ZuschauerInnen mit Einschränkungen konfrontiert, die nicht unbedingt geeignet sind, den Reiz eines Samstagnachmittags zu erhöhen. Alkoholverbote, Videoüberwachung und Durchsuchungen in den Stadien, das Einpferchen der Fans in immer kleinere, von hohen Zäunen umgebene „Käfige" oder massive Polizeipräsenz, die die Fahrt zu einem Gefangenentransport machen, betreffen alle ZuschauerInnen, egal ob sie gewaltbereite Hooligans sind oder rein fußballbegeisterte Fans.

Die geplante Einführung von Sitzplatzstadien als Sicherheitsmaßnahme ist dabei der vorläufig letzte Punkt einer Kette hilfloser Schritte zur Eindämmung von Gewalt in den Stadien, die bislang nur die Gewalttätigkeiten gesteigert und aus den Stadien in die Städte getraben haben.

Eine weitere Tendenz, die wir in den Stadien feststellen, die jedoch bislang von Medien und Offiziellen weitgehend ignoriert wird, ist die Zunahme rassistischer Parolen, Fahnen und Transparente. Dazu kommen immer wieder Versuche neonazistischer Organisationen, Fußballfans in den Kurven, vor allem aber Hooligans mit rechtsradikaler Politik zu beeinflussen. Sprüche wie „Deutsche wehrt euch, geht nicht zu St. Pauli" oder „Deutschland den Deutschen, Ausländer raus" sind mittlerweile in vielen Stadien fester Bestandteil der Gesänge in den Kurven . Dunkelhäutige Spieler wie Sane, Baffoe oder Manzi werden mit Urwaldgeräuschen oder rassistischen Parolen gegnerischer „Fans" konfrontiert (aber bejubelt, wenn sie der eigenen Mannschaft angehören...). Gegen diese Entwicklung wird von den wenigsten Vereinen vorgegangen.

Wohlgemerkt: Nicht jeder Fußballfan ist ein Hooligan, und nicht jeder Hooligan ist ein Nazi. Das wäre zu einfach. Genau dieser Vorwurf der Vereinfachung ist den Verantwortlichen von DFB und vielen Vereinen wie

auch den Medien aber zu machen. Ihr Bild vom Fußballfan und ihr Vorgehen gegen Randale ist geprägt von der Vorstellung einr großen Masse wilder Tiere voller Aggressionen und Bierbäuche, die in Käfige gesperrt werden muß und nur durch immer mehr Polizeipräsenz, Kontrolle und Gewaltandrohung im Griff gehalten werden kann. Als dieses „Sicherheitsrisiko" geistern Fußballfans durch die Entscheidungsinstanzen. Dabei wird gerne vergessen, daß die Fans nicht nur (zumindest in der Vergangenheit) einen Großteil der Vereinseinnahmen durch Eintrittsgelder sichern, sondern auch, daß ohne Fans Fußballspiele vermutlich nicht mehr Spannung als eine Briefmarkensammlung hätten.

Für die Medien ist gerade mal die Zahl ihrer Anwesenheit im Stadion vermeldenswert und die Frage, ob die Stimmung, gemessen am Lautstärkepegel, gut war oder nicht.

Die Kommerzialisierung des Sports, die Konzentration auf wenige große Stadien bewirken eine immer größere Kluft zwischen ZuschauerInnen und Spielern, ebenso wie der Starkult um die Spieler und deren Professionalisierung. Eine direkte Identifikation oder gar ein Kennenlernen ist immer weniger möglich.

Dort, wo es sogenannte „Fanprojekte" gibt (lediglich in sieben Städten des bundesdeutschen Profifußballs...) begnügen sich die Vereine meist mit geringen finanziellen Zuwendungen und überlassen ansonsten die Verantwortung für ihre Fans ganz und gar SozialarbeiterInnen.

Die größte Ignoranz wird von verantwortlicher Seite allerdings der o.g. Tendenz zu rechtsradikalen und rassistischen Parolen und Einflüssen in den Stadien gegenüber an den Tag gelegt. Fußballsport ist für sie ganz einfach unpolitisch, und nach dem Motto, daß nicht ist, was nicht sein kann, werden Kriegs- und Nazi-Symbole sowie die vorhandene Verwechslung von „Unterstützung" mit „Angriffen auf andere" entweder einfach nicht wahrgenommen oder vielleicht sogar für den Ausdruck eines „gesunden deutschen Nationalbewußtseins" gehalten.

Mit dieser Haltung gegenüber Fußballfans machen sich die Verantwortlichen in Vereinen, Verbänden und Medien mitschuldig an den Entwicklungen auf den Rängen (bis hin zum Rückgang der ZuschauerInnenzahlen) und den Gewalttätigkeiten in und um die Stadien.

Fußball ist ein Kampfsport, Wettstreit zweier Mannschaften nach festen Regeln. Er hat viel mit Identifikation und Gegnerschaft zu tun. Allerdings hat es überhaupt nichts mit Fußball zu tun, wenn sogenannte „Fans" diesen Wettstreit nach dem Spiel mit Fäusten, Schlaggegenständen oder Leuchtspurmunition übernehmen. unbeteiligte ZuschauerInnen gefährdet oder verfolgt werden. Und wenn die Lust auf Prügeleien wie in den letzten Wochen auf St. Pauli dazu führt, daß in Ermangelung eines passenden und willigen Gegners (nämlich FC St. Pauli-Hooligans, die es nicht gibt) auf einmal gemeinsam gegen andere Ziele wie beispielsweise die Hafenstraße oder AusländerInnen vorgegangen wird, hört der Spaß endgültig auf.

Wie gesagt: Nicht jeder Fußballfan ist ein Hooligan, und nicht jeder Hooligan ist ein Nazi. Aber die Spieler und Fans des FC St. Pauli haben weder Lust auf das eine noch auf das andere.

Für die Fans des FC St. Pauli gilt weiterhin: Wir haben kein Interesse daran, uns mit anderen Fans zu prügeln, nur weil ihr Schals rot-weiß sind und nicht braun-weiß. Ebenso wenig haben wir Lust darauf, daß das Millerntor und die umliegenden Stadtteile zum Austragungsort der Prügeleien auswärtiger oder anderer Hamburger Hooligans wird.

Weitaus wichtiger ist es uns, Kontakte zu Fußballfans in anderen Städten aufzunehmen und zu pflegen, um z.B. gemeinsam zu überlegen, wie gegen zuschauerInnenfeindliche Maßnahmen wie

Alkoholverbote oder Sitzplatzstadien vorgegangen werden kann.

Die bunte Mischung von Menschen, die sich in Fußballstadien zusammenfindet, fördert dabei auch Toleranz und Solidarität, die über den Zaun des jeweiligen Vereins hinausgehen sollte.

Dabei gibt es allerdings eine Grenze: Für viele Fans des FC St. Pauli ist die Toleranzschwelle dort überschritten, wo nationalistische, rassistische und neonazistische Parolen, Fahnen und Transparente „Unterstützung" ausdrücken sollen. Diese Art von „Unterstützung" werden wir auch weiterhin nicht zulassen.

Das Publikum am Millerntor wird weithin als das fröhlichste und friedlichste der 1. Bundesliga gerühmt. Der Kampfgeist der Fans des FC St. Pauli drückt sich in lautstarker Unterstützung aus, die sie zum vielzitierten „12. Mann auf dem Platz" gemacht hat. Am Millerntor gibt es keine Hooligans, auch bei Auswärtsspielen erleben wir immer wieder die Überaschung über die Fröhlichkeit der mitgereisten ZuschauerInnen. Im Wilhelm-Koch-Stadion wird mensch nach der in anderen Stadien so weit verbreiteten Kriegs- und Nazisymbolik vergleich suchen.

Statt dessen wird am Millerntor alle zwei Wochen ein großes Fest gefeiert, bei dem sich unter anderem zeigt, daß die Fans des FC St. Pauli auch bei schlechten Tabellenplätzen nicht zuhause bleiben. Am Millerntor gibt es die konstantesten ZuschauerInnenzahlen der Liga.

Der FC St. Pauli kann sicherlich kein Vorbild sein. Aber wir erwarten von allen Menschen und Institutionen, die sich hierzulande mit Fußball und den Entwicklungen in und um die Stadien beschäftigen, die Erfahrungen unseres Vereins zu berücksichtigen und in der Diskussion darum,

wie mit gewalttätigen Auseinandersetzungen im Zusammenhang mit Fußballspielen umgegangen werden kann, nicht nur auf vermeintlich altbewährte Kontrollmaßnahmen und Gewaltandrohungen zu vertrauen.

Deshalb fordern wir Spieler des FC St. Pauli folgende Beteiligte mit Nachdruck auf, etwas gegen diese Entwicklung zu unternehmen:

1. Die Vereinsführungen und Spieler der Vereine in der 1. und 2. Liga, sich mit ihren Fans zu diesem Thema auseinanderzusetzen; und zwar intensiv und kontinuierlich

2. Den DFB, die Vereine ihre Verantwortung bewußt zu machen, zur Gründung von Arbeitskreisen anzuregen und überregionale Tagungen zu diesem Thema zu veranstalten und mitzufinanzieren

3. Die Medien, dieses Thema aufzugreifen und Sendezeiten bzw. Platz in ihren Zeitungen zur Lösung dieses Problems zur Verfügung zu stellen und sich nicht länger auf reine Berichterstattung bei Negativspielen zu beschränken

4. Die Fußballfans, sportliche Fairneß zu akzeptieren und Gewaltverzicht als Selbstverständlichkeit anzusehen

5. Von allen Beteiligten die uneingeschränkte Bereitschaft, diesem Thema endlich die notwendige und längst überfällige Beachtung zu widmen bzw. das duldsame Schweigen sofort zu beenden.

Die Spieler des FC St. Pauli verzichten auf sogenannte Fans, die unsere Fußballspiele zum Anlaß nehmen, sich mit den Fans der anderen Mannschaft zu prügeln und auf sogenannte Sportsfreunde, die nicht bereit sind, ausländische Fußballer, egal welcher Hautfarbe, so zu behandeln und zu akzeptieren wie die einheimischen.

FANS UND SÄMTLICHE SPIELER DES FC ST. PAULI VON 1910

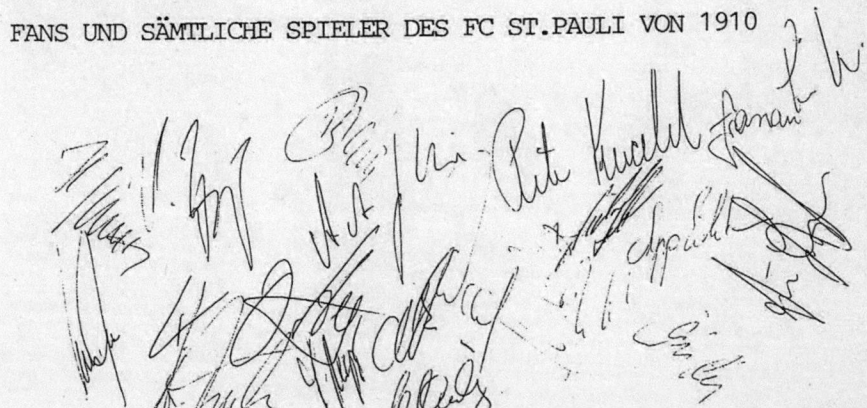

„Der Ligaausschuß sieht in der beantragten Werbung einen Verstoß gegen das unter § 2 Nr. 1 enthaltene Verbot, wonach Werbung ,nicht gegen die allgemein im Sport gültigen Grundsätze von Ethik und Moral verstoßen darf'. Die Ablehnung beinhaltet das Verbot, für Kondome als Empfängnisverhütungsmittel beim Geschlechtsverkehr zu werben.“

Replik des DFB zum Antrag des FC 08 Homburg für die „London"-Werbung — 25. Oktober 1989

DFB —— FC 08 Homburg

Werbung für Kondome auf dem Trikot? Bundesligist FC 08 Homburg präsentiert einen neuen Sponsor. Die Sittenwächter des DFB laufen Amok — Juli/August 1989

Der FC 08 Homburg steigt 1986 erstmals in die Bundesliga auf. Nach dem Abstieg 1988 gelingt bereits 1989 mit Christian Streich (o.), später Trainer des SC Freiburg, der Wiederaufstieg für ein weiteres Erstligajahr.

Die „London Rubber Company" ist in den 1980er-Jahren die größte britische Kondomfirma. Und sie sorgt in der Saison 1987/88 für einen veritablen Skandal. Der umtriebige Präsident des Bundesligisten FC 08 Homburg, Manfred Ommer, verhandelt mit der deutschen Dependance der Firma, die für 200 000 Mark den „London"-Schriftzug auf dem Trikot der Saarländer platzieren möchte. Ein schmales Honorar für die große Aufmerksamkeit, die das Unternehmen dafür erhält. Denn der Antrag, den Ommer zur Genehmigung an den DFB schickt, löst an der sittenstrengen Otto-Fleck-Schneise Schockwellen aus. Im Frühjahr 1988 spielen die Homburger zeitweise mit einem schwarzen Balken über dem Logo, was die Bekanntheit der Kondomfirma aber nur steigert. Nach dem Abstieg kehrt der Klub schon zur Saison 1989/90 in die erste Liga zurück. Und erneut wird der Antrag auf „Genehmigung von Werbung auf der Spielkleidung" vom Beauftragtem des DFB-Ligaausschusses, Wilfried Straub, mit Verweis auf die Verletzung der „Grundsätze von Ethik und Moral" zurückgewiesen. Beim DFB ist man überzeugt, dass „eine solche vom Fernsehen verbreitete Werbung über den Fußballplatz nach wie vor von einem nicht unbeträchtlichen Teil der Bevölkerung als anstößig empfunden wird". Ommer spielt das Schreiben in die Karten. Er hat, wie er bekundet, mit der „Dämlichkeit der Funktionäre" gerechnet. Das Landgericht Frankfurt gibt den Homburgern schließlich Recht, dass die Werbung weder gegen Sitte noch Moral verstoße, sodass die Saarländer in der Spielzeit 1989/90 mit freiem Blick aufs „London"-Logo auflaufen.

ANTRAG

auf Genehmigung von Werbung auf der Spielkleidung von Spielern für den Bereich des DFB

1. Antragsteller: (Name u. Anschrift des Vereins)	Fußball-Club 08 Homburg-Saar	Untere Allee 42 6650 Homburg-Saar
2. Vertragspartner: (Name u. Anschrift der Firma)	LONDON RUBBER COMPANY GMBH DEUTSCHLAND Am Waltershof 48, 4050 Mönchengladbach 1	
3. Art der Werbung: (Genaue Beschreibung i. S. AV §6)	Schriftzug LONDON (mit Kreis) 200 qcm	
4. Umfang der Werbung: (Genaue Größenangabe i. S. AV §6)	s.o.	
5. Sonstige Gestaltung: (i. S. AV §6, Name der Heimatstadt Größe der Buchstaben)	wie bisher	
6. Vertragsdauer:	Spielzeit 89/90	
7. Vertragskonditionen:	siehe Vertrag	
8. Geltungsbereich im Verein: (welche Mannschaften)	1. Lizenzspielermannschaft	

Besondere Bestimmungen:

Auf der der Rückseite zu entnehmenden Allgemeinverbindlichen Vorschriften über die Beschaffenheit und Ausgestaltung der Spielkleidung von Spielern wird hingewiesen. Sie sind Bestandteil dieser Genehmigung.

Unterschrift des Antragstellers:

Unterschrift des Vertragspartners:
(LRC GmbH - Dr.H.Storandt)

Genehmigungsvermerk: Hierdurch wird die Genehmigung zur Anbringung von Werbung auf der Spielkleidung von Spielern durch

den .... in der beantragten/veränderten und durch Originalmuster belegten

Form für das Spieljahr .... erteilt.

Ort	Datum	Unterschrift

Antrag des FC 08 Homburg auf „Genehmigung von Werbung auf der Spielkleidung
von Spielern für den Bereich des DFB" zur Bundesliga-Saison 1989/90

(61)

Deutscher Fußball-Bund

Otto-Fleck-Schneise 6
Postfach 710265
6000 Frankfurt / Main 71
Telefon 069 / 6 78 81
Durchwahl 069 / 67 88 ....
Telex 41 68 15, Telefax 67 88 266
Bankverbindungen:
Dresdner Bank, Frankfurt / M.
Nr. 906992 (BLZ 500 800 00)
Bank für Gemeinwirtschaft, Aachen
Nr. 1025 537 200 (BLZ 390 101 11)
Postgirokonto Frankfurt / M. Nr. 87205-606

Fußball Club o8
Homburg Saar
Postfach 15o8

665o Homburg/Saar

02.08.1989
Str/pv

Trikotwerbung Saison 1989/9o

Sehr geehrter Herr Ommer,

vielen Dank für die Überlassung des Trikotwerbeantrages.

Wir teilen Ihnen mit, daß wir aufgrund der Beschlußlage des
Ligaausschusses im Moment nicht in der Lage sind, diesen positiv zu bescheiden.

Der Ligaausschuß wird sich mit dem Antrag entweder in seiner
Sitzung am 14.8.1989 oder 3o.8.1989 befassen.

Rein vorsorglich machen wir darauf aufmerksam, daß, nachdem
Ihr Verein am Spielbetrieb mit Trikotwerbung "London" auch
in der neuen Saison teilnimmt, es bei negativer Entscheidung
dazu kommen kann, daß am Spielbetrieb mit nichtgenehmigter
Trikotwerbung teilgenommen wird.

Mit freundlichen Grüßen
DEUTSCHER FUSSBALL-BUND
-Lizenzliga-

Wilfried Straß
Ligasekretär

Eingangsbestätigung des Antrags des FC 08 Homburg durch den DFB-Ligaausschuss vom 2. August 1989

Deutscher Fußball-Bund

EINSCHREIBEN/RÜCKSCHEIN

FC Homburg
z.H. Herrn Präsident Manfred Ommer
Untere Allee 42

6650 Homburg

Otto-Fleck-Schneise 6
Postfach 710265
6000 Frankfurt/Main 71
Telefon 069/6 78 81
Durchwahl 069/67 88 ....
Telex 41 68 15, Telefax 67 88 266
Bankverbindungen:
Dresdner Bank, Frankfurt/M.
Nr. 906992 (BLZ 500 800 00)
Bank für Gemeinwirtschaft, Aachen
Nr. 1025 537 200 (BLZ 390 101 11)
Postgirokonto Frankfurt/M. Nr. 87205-606

(61)

25.10.89 LA/is

Antrag auf Genehmigung von Trikotwerbung mit dem Schriftzug "London" für die Spielzeit 1989/90

Der DFB-Ligaausschuß hat auf den Antrag des FC Homburg 08 auf Genehmigung von Werbung auf der Spielkleidung der Lizenzspieler des FC Homburg mit dem Schriftzug "London" entschieden:

Der Antrag wird zurückgewiesen

B e g r ü n d u n g :

Der Antrag des FC 08 Homburg auf Trikotwerbung mit dem Schriftzug "London" für die Spielzeit 1989/90 war abzulehnen.

Der Ligaausschuß sieht in der beantragten Werbung einen Verstoß gegen das unter § 2 Nr. 1 enthaltenen Verbot, wonach Werbung "nicht gegen die allgemein im Sport gültigen Grundsätze von Ethik und Moral verstoßen darf".

Die Ablehnung des Ligaausschusses beinhaltet das Verbot, für Kondome als Empfängnisverhütungsmittel beim Geschlechtsverkehr zu werben. Der Schriftzug "London" ist nicht wertneutral und steht auch nicht für die Herstellung anderer Gummiprodukte. Sofern die Firma London einen Bekanntheitsgrad hat, beruht dieser auf dem Wissen um die Herstellung von Präservativen. Falls mit der Werbung der Bekanntheitsgrad der Firma erst geschaffen oder erhöht werden soll, zielt er nicht auf eine Werbung für Babyschnuller, Luftballons, Wärmflaschen oder dergleichen. Die Werbung richtet sich vielmehr auf die von dem Unternehmen produzierten Kondome. Dies ergibt sich zum einen daraus, daß das Bemühen des Antragstellers bisher allein darauf ausgerichtet war, den Schriftzug "London" allenfalls mit Hinweisen auf Kondomeigenschaften

Der DFB-Ligaausschuss lehnt den Antrag des FC 08 Homburg auf Genehmigung der „London"-Trikotwerbung ab (Einschreiben vom 25. Oktober 1989) (Seite 1)

- 2 -

("London schützt", "London Gummiwaren") hergestellten Gummi-
artikel zu ergänzen, zum anderen aus der gleichzeitig vom
Antragsteller mit der Firma London vereinbarten Bandenwer-
bung - "Do it with .... London". Es ist auch nicht das Anliegen des Unternehmens, London mit der Werbung für Kondome
eine gesundheitlich motivierte Kampagne gegen die Verbrei-
tung von Aids zu starten. Im Gegenteil wird die Bemühung des
DFB, die Trikotwerbung mit einer Aussage der damit gewollten
Bekämpfung von Aids zu verbinden ("London schützt gegen
Aids", "London - vorbeugend gegen Aids", "Mit London gegen
Aids"), weiterhin vom Antragsteller abgelehnt. Der Ligaausschuß würde den Antrag möglicherweise anders beurteilen,
wenn der FC Homburg - wie im Vorfeld der Auseinandersetzung
vor dem Schiedsgericht bereits vom DFB angeboten - durch
geeignete und nachhaltige Maßnahmen öffentlich darlegt, daß
mit der beantragten Werbung "LONDON" primär nicht für die
Kondome der Fa. London, sondern für die Bekämpfung von Aids
geworben wird. Bei seiner Entscheidung geht der Ligaausschuß
davon aus, daß trotz der mit der Anti-Aids-Kampagne verbun-
denen staatlichen Kondomwerbung eine solche vom Fernsehen
verbreitete gewerbliche Werbung über den Fußballplatz nach
wie vor von einem nicht unbeträchtlichen Teil der Bevölkerung als anstößig empfunden wird.

Der vom Antragsteller vergleichsweise herangezogene Werbevertrag des Deutschen Leichtathletik-Verbandes (DLV) mit der
Firma Beiersdorf, die ebenfalls Hersteller von Kondomen ist,
ändert an der Rechtsauffassung des Ligaauschusses nichts.
Zum einen ist der Ligaausschuß an Entscheidungen anderer
Sportverbände nicht gebunden, zum anderen ist der Vertrags-
abschluß des DLV mit der Firma Beiersdorf nicht vergleichbar
mit dem Trikotwerbevorgang FC Homburg, da nach diesem Vertrag eine Trikotwerbung ausdrücklich ausgeschlossen ist. Die
Firma Beiersdorf darf lediglich bei Veranstaltungen und in
Publikationen des DLV werben und dabei auf das Produkt "Duo"
in Verbindung mit dem Hinweis auf den gesundheitspolitischen
Aspekt der Vorsorge gegen Aids aufmerksam machen.

Auf den dem Deutschen Fußball-Bund zur Abgabe einer Willens-
erklärung verurteilende Urteil des Landgerichts Frankfurt am
Main vom 7.2.1989 - 2/13 O 194/88 - kann sich der Verein
schon deshalb nicht berufen, weil das Urteil nicht rechtskräftig ist und daher keine rechtlich bindende Äußerung ent-
hält, erst wenn dieses Urteil tatsächlich rechtskräftig würde, wäre der DFB verpflichtet, dem Antragsteller das Spielern seiner Lizenzspieler in Bundesspielen mit der Werbung
"London" zu gestatten.

Nach Auffassung des Ligaausschusses ist es aber nicht von
der Hand zu weisen, daß im Hauptsacheverfahren das OLG
Frankfurt das Urteil des Landgerichts Frankfurt vom 7.2.1989
aufheben wird. Im einstweiligen Verfügungsverfahren hat die
13. Zivilkammer des LG Frankfurt nach mündlicher Verhandlung
in den Urteilsgründen sehr ausführlich und zutreffend darge-

*Der DFB-Ligaausschuss lehnt den Antrag des FC 08 Homburg auf Genehmigung der
„London"-Trikotwerbung ab (Einschreiben vom 25. Oktober 1989) (Seite 2)*

– 3 –

legt, daß der Ligaausschuß bei seiner Entscheidung, den Antrag auf Trikotwerbung mit dem Schriftzug "London" für die Spielzeit 1988/89 abzulehnen, eine ihn aufgrund der Verbandsautonomie zustehende Ermessensentscheidung ohne Ermessensmißbrauch oder gar Willkür getroffen und damit rechtswirksam gehandelt hat. Die 13. Zivilkammer hat im Hauptsacheverfahren dagegen verkannt, daß die Entscheidung des Ligaausschusses nur der eingeschränkten Nachprüfbarkeit unterliegt. Das Gericht kann nicht in einer Frage zulässiger Ermessensausübung seine Wertvorstellung anstelle der des Verbandes setzen, in dem es nach eigener Interpretation der Begriffe der "im Sport gültigen Grundsätze von Ethik und Moral" zu eigener Bewertung kommt, sie im Vergleich zu der vom Verband eingenommenen Haltung allein für richtig hält und sie dem Verband aufoktroyiert.

Mit freundlichen Grüßen

DEUTSCHER FUSSBALL-BUND
Ligaausschuß

i. A. Wilfried Straub
Ligasekretär

Der DFB-Ligaausschuss lehnt den Antrag des FC 08 Homburg auf Genehmigung der „London"-Trikotwerbung ab (Einschreiben vom 25. Oktober 1989) (Seite 3)

62

Die Ernährung von Fußballspieler

Als Metzgermeister mit 50jähriger Berufserfahrung kann ich nur zur Ernährung der Spieler Stellung nehmen.

Seit Jahren versuche ich unseren Vereinspräsidenten Stefan Kunz zu überzeugen, dass bei der Ernährung der Fußballspieler etwas schief läuft.
Die vielen Verletzungen durch Bänderabrisse, Muskelfaserrisse, Sehnenabrisse und Knorpelschäden sollen uns zudenken geben.
Mit den Worten: „ Wir haben die besten Verbindungen und machen schon alles richtig; wurde ich abgespeist.
Dass alles nicht so einfach ist, weiß auch ich. Der Mensch ist ein Individuum und eine Regel für alle gibt es nicht.
Ich habe dann einmal ganz naiv unseren Körper mit einem Automotor verglichen.
Um diesen gesund zu erhalten brauchen wir u. a. Eiweiß, Mineralien, Spurenelemente und Vitamine.
Damit der Motor das Auto in Bewegung bringt braucht er Energie in Form von Benzin.
Das Benzin für unseren Bewegungsapparat sind Kohlehydrate. Wir brauchen sie um so richtig in Schwung zu kommen.
Damit aber der Motor keine Risse bekommt, die Kolben nicht stecken bleiben, braucht er Öl.
Das weiß jedes Kind. - Aber wenn sie fragen: „Was ist das Öl für unsere Muskeln ? werden sie kaum eine Antwort erhalten. Oder haben sie schon einmal das Wort Kollagen im Zusammenhang mit der Ernährung unserer Sportler gehört?
Der Motor braucht auch ein Kühlsystem mit Wasser und Luft.
Das Kühlsystem unseres Körpers ist die Haut. Sie besteht zu fast 100% aus Kollagen.
Kollagen ist der Oberbegriff für verschiedene Arten von Eiweiß.
Unsere Muskeln bestehen aus Bündeln von Muskelfasern. Damit sich die einzelnen Fasern nicht reiben und brüchig werden und reißen, müssen sie geschmiert werden.
Das besorgt ein Kollagen.
Sehnen und Bänder bestehen aus Kollagen. Der Knorpel unserer Gelenke und auch die Bandscheiben bestehen aus Kollagen.
Aber bei der Ernährung unserer Sportler spielt das Kollagen keine Rolle!
Ich habe hier einen Zeitungsausschnitt der von der Vorbereitung eines Spiels einer Jugendmannschaft handelt:
….Nach dem Abschlusstraining gestern gab es Kaiserschmarrn oder Pfannkuchen.
Am Abend Nudeln. Trainer Fünfstück: „ Kohlehydrate satt".
Das hört sich an wie wenn Formel 1 Pilot Vettel vom Qualifikationsrennen kommt, seinen Wagen in der Box abgibt und die Monteure haben nichts anderes zu tun, als den Tank wieder mit Benzin zu füllen!
Nach dem Training wäre des „Kaisers" Schweinehaxe (statt Kaiserschmarren) die bessere Alternative gewesen.
Für Vorschläge würde ich gerne zur Verfügung stehen.

Albert Speyerer,
████████ Kaiserslautern ██████████ Tel. 0631/██

Metzger Albert Speyerer wundert sich über *die Verletzungsanfälligkeit der Lauterer Profis* – und liefert FCK-Boss Stefan Kuntz eine Erklärung — 17. Juli 2013

Die bekannte Lauterer Metzgerfamilie Speyerer unterstützte den FCK schon vor dem Krieg mit Sachspenden. Der junge Fritz Walter wurde als Gast der Familie auf Kampfgewicht gepäppelt, Sepp Herberger schaute oft auf Kaffee und Kuchen vorbei.

Die Metzgerfamilie Speyerer hat sich über Generationen nicht nur wegen ihrer Fleisch- und Wurstwaren einen guten Ruf in der Pfalz erworben. Schon vor dem Krieg unterstützt Hermann Speyerer den 1. FC Kaiserslautern als „heimlicher Ernährungsberater". Als Fritz Walter 1938 auf ärztlichen Rat mangels Gewicht nicht aus der Jugend in die 1. Herren aufsteigen darf, verbringt er einige Zeit in der Familie des Metzgers, die ihn mit den nötigen Kalorien päppelt. Die engen Bande zu den „Roten Teufeln" bleiben auch bestehen, als Sohn Albert nach dem Krieg das Geschäft übernimmt. Als der Zweitligist am Ende der Saison 2012/13 knapp am Wiederaufstieg in die Bundesliga scheitert, schreibt dieser einen Brief an seinen Verein, in dem er Vorstand Stefan Kuntz erklärt, dass trotz der Heerscharen von Spezialisten, die sich auf Grundlage wissenschaftlicher Erkenntnisse inzwischen um die Ernährung von Fußballprofis kümmern, auf althergebrachte Essgewohnheiten nicht verzichtet werden sollte. Speyerer ist überzeugt, dass, so wie ein Motor als Treibstoff Benzin und Öl als Schmierstoff braucht, der Fußballer Kohlenhydrate als Antriebsmittel und Kollagen zum Schmieren benötigt. Sprich: jenes Strukturprotein, das sich bei Mensch und Tier vor allem in den weißen, unelastischen Fasern von Sehnen, Bändern, Knochen und Knorpeln findet. Der Fachmann aus der Fleischerbranche erkennt in der veränderten Ernährung die Ursache für die wiederkehrenden Zipperlein von Kickern und hofft, dass die FCK-Verantwortlichen seinen langjährigen Erfahrungen als Kenner der Materie Fleisch zukünftig mehr Gehör schenken.

63

OFFENER BRIEF
von den Präsidenten der 49 europäischen Fussball-Nationalverbände

Wir, die Präsidenten der 49 Fußball-Nationalverbände Europas, fühlen uns in Anbetracht der Vielzahl nicht fundierter Stellungnahmen im Anschluß an die Veröffentlichung des Gutachtens des Generalanwalts des Europäischen Gerichtshofs in Luxemburg im Fall Bosman verpflichtet, diesen Offenen Brief zu schreiben. Wir möchten unsere tiefe Besorgnis über die kürzlich gemachten Vorschläge, das Transfersystem und die für nicht-selektionierbare Spieler geltende sogenannte "3 + 2" Regel in der Europäischen Union abzubauen, zum Ausdruck bringen. Wir bezweifeln, daß dem europäischen Bürger, den Regierungen und den Behörden Europas die schwerwiegenden Auswirkungen dieser Vorschläge für den bedeutendsten Sport Europas vollends bewußt sind.

Das aktuelle Transfersystem funktioniert sehr gut - wie dies Tausende von Vereinswechsel zeigen, die alljährlich auf der ganzen Welt mit wenig oder keinen Schwierigkeiten erfolgreich vollzogen werden. Im vorliegenden Fall ergaben sich Probleme für Herrn Bosman, nicht wegen des Transfersystems, sondern gerade weil der betroffene belgische Klub die Transferregeln nicht einhielt. Das Transfersystem ist sicherlich nicht perfekt und mag gewisser Änderungen bedürfen; diese werden zur Zeit mit der Spielergewerkschaft besprochen. Dies bedeutet jedoch nicht, daß das System völlig aufgehoben werden muß.

Generalanwalt Carl Otto Lenz erkennt das Transfersystem als eine berechtigte Methode an, die es erlaubt, Erlöse von den größten und damit reichsten Klubs über jede Ebene des Fußballs nach unten bis zu den kleinsten Amateurvereinen zu verteilen. Sein Gegenvorschlag, Mittel ohne jegliche Gegenleistung zu verteilen, ist indessen völlig undurchführbar. Die von den nationalen und internationalen Verbänden kontrollierten Einnahmen aus Fernsehen, von Sponsoren und aus internationalen Spielen werden bereits auf alle Ebenen des Fußballs umgelegt. Sie genügen aber nicht für sich alleine, die mittleren und unteren Vereine zu unterstützen. Das Konzept, wonach die wenigen großen Vereine in jedem Land einfach den erforderlichen Anteil ihrer Einnahmen zur Unterstützung der Masse der mittleren und kleineren Vereine ohne Gegenleistung weggeben sollten, ist ganz einfach nicht praktikabel!

Mit der "3+2"- Regel wird andererseits sichergestellt, daß mindestens sechs Spieler in jeder Klubmannschaft die Nationalität des eigenen Vereins haben. Dadurch soll auch vermieden werden, daß einige wenige reiche Klubs sämtliche der größten Spieler Europas unter Vertrag nehmen. Dies geschieht aus rein sportlichen Gründen und dient der Aufrechterhaltung eines gesunden Wettbewerbes wie auch der Sicherung der Zukunft der nationalen Repräsentativmannschaften. Und dies ist sicher nicht zu viel verlangt! Anzumerken ist, daß Vereine in der Tat unbegrenzt Verträge mit Spielern aus anderen Verbänden abschließen können. Die "3+2" Regel bezieht sich ausschließlich auf die Zusammensetzung der Mannschaften auf dem Spielfeld.

Zu bemerken ist, daß ähnliche oder gleiche Regeln aus genau den gleichen Gründen in den meisten organisierten Mannschaftssportarten in allen Teilen der Welt angewandt werden.

Die Aufhebung dieser Regelungen innerhalb der Europäischen Union würde folgendes bedeuten:

1. Die heute vereinten Nationen des europäischen Fußballs werden in zwei Teile gespalten, die mit zwei verschiedenen Systemen arbeiten. In der Tat werden die Verbände der Europäischen Union in eine andere Lage versetzt als der Rest der ganzen Welt.

2. Die Lücke zwischen der Handvoll reicher Vereine in jedem Land und dem gesamten Rest des Fußballs wird riesengroß werden. Hunderte der mittleren oder kleineren Vereine werden unter Umständen ihre Existenz verlieren oder bestenfalls auf eine tiefere Ebene absteigen müssen und Halbprofi- oder Amateurvereine werden.

3. Am meisten Sorgen bereitet die Tatsache, daß viele mittlere und kleinere Vereine mangels nötigen Anreiz ihre sehr kostenaufwendigen Jugendmannschaften und Jugendausbildungs- systeme aufgeben werden. Dadurch wird ein großes Vakuum in der Heranbildung von Jugendlichen zu Profispielern verursacht. Denn ohne entsprechende Möglichkeiten und ohne den Traum, sich nach und nach über alle Ebenen des Fußballs bis zur Spitze hocharbeiten zu können, werden Hunderte von jungen Menschen dem Fußball aufgeben und auf die Straße zurückkehren. Und zwar mit allen sozialen Folgen, die sich daraus ergeben können!

Im Fußball geht es nicht nur um die großen Vereine und um die großen Stars. Es geht auch um die Tausende von Klubs und die Hunderttausende von Spielern jeder Rangstufe überall auf unserem Kontinent. Folglich wenden wir uns, die Präsidenten der 49 großen wie kleinen, südlichen wie nördlichen, östlichen wie westlichen europäischen Verbände der Mitgliedsstaaten der Europäischen Union und der Länder, die noch nicht Mitglieder sind, an die Öffentlichkeit und hoffen aufrichtig, daß dieser Fall nicht zum Abbau von Systemen führen wird, die gut funktionieren und zum allgemeinen Wohl unseres Spiels bestehen. In der Tat muß das Recht der Europäischen Union die Grundprinzipien sichern, von denen es durchdrungen ist. Es muß jedoch auch die subsidiären autonomen Regelungen achten, die für verschiedene Bereiche gelten, insbesondere die spezifisch nationalen sportlichen und kulturellen Regelungen, die den unantastbaren Reichtum Europas darstellen und die nicht in eine vereinfachte wirtschaftliche Vision aufgehen dürfen.

Jean-Marc Bosman will nur den Verein wechseln, der aber verlangt eine horrende Ablöse. Als Bosman klagt, erzeugt es ein Erdbeben im europäischen Fußball — Dezember 1995

Jean-Marc Bosman (*1964) war von 1983 bis 1996 aktiver Fußballer. Seine Klage gegen die Beschränkungen für Profis bei Vereins- wechseln kippte zwei zentrale Pfeiler des europäischen Transfersystems.

Am 2. August 1990 erscheint der Fußballprofi Jean-Marc Bosman im Büro des Lütticher Anwalts Luc Misson. Sein Vertrag beim belgischen Erstligisten RFC Lüttich läuft aus, und der Klub will ihm 75 Prozent weniger als bis- her zahlen. Es ist ein Angebot, bloß formuliert, um die Transferrechte am Spieler nicht zu verlieren. Bosman sucht einen neuen Klub und findet den französischen Zweitligisten Dünkirchen, gerade fünf Kilometer jenseits der belgischen Grenze. Keiner ahnt, dass es diese fünf Kilometer sein werden, die das europäische Transfersys- tem aus den Angeln heben. Der RFC Lüttich setzt eine Ablösesumme fest, mit 800 000 Dollar ein Fantasiepreis für einen Spieler von Bosmans Kaliber. Dünkirchen zahlt nicht, worauf Lüttich die Freigabe verweigert und den armen Bosman auf der Tribüne versauern lässt. Sein An- walt findet: Das Transfersystem im Fußball kollidiert mit dem Recht auf freie Wahl des Arbeitsplatzes in der EU. Am darauffolgenden Montag reichen Bosman und Mis- son Klage gegen den RFC Lüttich ein. Es wird fünf Jahre, vier Monate und zehn Tage dauern, bis der Europäische Gerichtshof Bosman recht gibt und sich das Fußballge- schäft damit für immer verändert. Die Jahre dazwischen sind ein juristischer Marathon, in dessen Verlauf die Kar- riere des Spielers auf der Strecke bleibt. Bosman wird zu einer Persona non grata im professionellen Fußball. Sein Transfer nach Dünkirchen kommt nie zustande, und er spielt nach dem Urteil nur noch für unterklassige Verei- ne in Frankreich und Belgien. Profitieren werden jedoch die folgenden Spielergenerationen, durch Handgelder und explodierende Gehälter.

Der deutsche Frauenfußball ist in der Krise, zu groß ist das Leistungsgefälle. Da haben Hannelore Ratzeburg und Walter Baresel eine Idee — 11. August 1983

Walter Baresel (1913–1998) war von 1963 bis 1975 für die Terminplanung der Bundesliga verantwortlich, später leitete er den Spielausschuss des DFB und überwachte regelmäßig die Pokal-Auslosung in der „Sportschau".

Es ist eine Fußballrevolution, die sich in einen unspektakulären administrativen Akt kleidete. Bei nur zwei Gegenstimmen erlaubt der Deutsche Fußball-Bund im Herbst 1970 seinen Mitgliedsvereinen endlich, Abteilungen für Frauenfußball zu gründen und einen geregelten Spielbetrieb zu organisieren. 15 Jahre zuvor hatte der knochenkonservative Verband die Vorstellung, Frauen könnten unter dem DFB-Dach um Punkte kicken, noch ausdrücklich verboten. Das Umdenken des DFB sorgt anfangs für einen Boom des Frauenfußballs und eine Gründungs- und Eintrittswelle. Nun, Anfang der 1980er, neigt sich die Hausse des Frauenfußballs jedoch langsam ihrem Ende zu. „Wir haben vor 15 Jahren Fehler gemacht", konstatiert Pionierin Anne Trabant ernüchtert. „Wir haben das Dach zuerst errichtet, jetzt fehlt der Unterbau!" Auf Kreis- und Bezirksebene gibt es keine spielstarke Klasse, in der sich die besseren der damals rund 60 000 Spielerinnen gefordert fühlen können. Diese Erkenntnis ist ein gefundenes Fressen für DFB-Boss Neuberger, der umgehend schadenfroh verkündet: „Ich habe gleich gewarnt." Anderswo wird konstruktiver gedacht. Frauen-Referentin Hannelore Ratzeburg und der Vorsitzende des DFB-Spielausschusses, Walter Baresel, regen eine neue, oberste Leistungsklasse an. Die allerdings wird erst sechs Jahre später Wirklichkeit. Auf dem Bundestag des DFB in Trier wird am 27. und 28. Oktober 1989 die Einführung der Bundesliga der Frauen beschlossen, im September 1990 ist erstmals Anpfiff – zunächst in zwei Staffeln, aufgeteilt in Nord und Süd. Wie von Baresel und Ratzeburg vorgeschlagen.

[handwritten note top right]

Deutscher Fußball-Bund

An die
Vorsitzenden der Mitgliedsverbände

Otto-Fleck-Schneise 6
Postfach 710405
6000 Frankfurt/Main 71

Telefon 0611/67881
Durchwahl 0611/6788-222
Telex 416815

Bankverbindungen:
Dresdner Bank, Frankfurt/M. Nr. 906992
(BLZ 500 800 00)
Postscheckkonto Frankfurt/M. Nr. 87205-606

11. August 1983 Sch/bö

Leistungsklassen im Damen-Fußball

Liebe Sportkameraden,

am 28./29. Oktober 1983 findet der ordentliche Bundestag des DFB in
Mannheim statt. Der dann folgende DFB-Bundestag könnte möglicherweise erst
im Oktober 1986 anstehen, weshalb hinsichtlich der Leistungsklassen im
Damen-Fußball vorher keine Entscheidungen mehr möglich sein dürften.
Anträge zum DFB-Bundestag müssen bis zum 26. August 1983 bei der
DFB-Geschäftsstelle eingegangen sein.

Nach Auffassung des Spielausschusses und der Referentin für den Damen-Fußball
verlangt diese Tatsache sofortige Reaktionen, die fristgerecht eingeleitet
werden sollten. Im übrigen wird der Präsident, Herr Hermann Neuberger, bei
seinem Besuch bei den Mitgliedsverbänden Gelegenheit nehmen, diesen Bereich
besonders anzusprechen.

Die Deutsche Damen-Fußball-Meisterschaft ist zum 10. Male ausgespielt worden.
Häufig waren die gleichen Mannschaften beteiligt, die sich in ihren
Landesklassen ohne besondere Anstrengungen durchsetzen konnten. Es hat
sich wiederholt gezeigt, daß auf DFB-Ebene nur wenige Mannschaften mithalten
konnten; dies trifft auch auf den Vereinspokal der Damen zu. Aufgrund dieser
Tatsache, die dem gesamten Bereich Damen-Fußball nicht förderlich sein kann,
machen wir auf die nachstehenden Bemerkungen aufmerksam.

1. Die Spitzenmannschaften werden in ihren Landesklassen zu wenig gefordert,
   es fehlt der regelmäßige echte Leistungsvergleich und Leistungsanreiz.

2. Die anderen Mannschaften der Landesklassen leiden ebenfalls an der
   Ungleichheit des Niveaus in den Spielklassen. Sie haben keine Chance,
   selbst zum Erfolg zu kommen und müssen sich gegenüber der Überlegenheit
   der Spitzenklubs frustriert fühlen.

3. Der fehlende wirkliche Leistungsvergleich auf Vereinsebene führt auch
   dazu, daß die einzelne Spielerin ihre eigene Leistungsstärke falsch
   einschätzt und kaum noch zu motivieren ist.

4. Im internationalen Wettbewerb treffen unsere Nationalspielerinnen plötzlich
   auf sehr starke Gegnerinnen. Aus der Unterforderung in der eigenen Spielklasse, in der man eine so herausragende Rolle spielt, entsteht die
   Überforderung in den Spielen gegen starke Konkurrenz.

64

Walter Baresel —— Mitgliedsverbände

Zusätzliche Trainingszeiten und Trainingsprogramme für die Nationalspielerinnen reichen nicht aus. Es sollte eine ausgeglichene Spielklasse geschaffen werden, in der die Spitzenmannschaften während der ganzen Serie gefordert werden.

Für die anderen Damenmannschaften wäre dann das starke Leistungsgefälle auch beseitigt, und die Chance eines ausgeglicheneren Wettbewerbs gegeben. Gerade diese Mannschaften könnten in ihren intensiven Bemühungen um den Damenfußball unterstützt und neu motiviert werden.

Für die Einrichtung von vier regionalen Spielklassen könnte die Anzahl der Spitzenmannschaften evtl. nicht ausreichen, wenn von 10 bis 12 Mannschaften je Spielgruppe ausgegangen wird.

Es ist daher zu überlegen und wird vorgeschlagen, je eine Spielklasse über die Bereiche Nord und Süd einzuführen. In jeder Staffel sollten mindestens 10 bis höchstens 12 Mannschaften spielen.

Es muß allerdings geprüft werden, ob die bekannten leistungsstarken Vereine im Damen-Fußball eine überregionale Spielklasse annehmen und die finanziellen Belastungen tragen wollen, weshalb diesen ein Abdruck dieses Rundschreibens zugegangen ist, ebenso den Damen-Referenten und Spielobleuten der Verbände.

Wir wollten nicht versäumt haben, mit diesem Rundschreiben auf die Dringlichkeit hinzuweisen, um damit auch dem Damenfußball neue Impulse zu geben.

Mit freundlichen Grüßen

Spielausschuß des DFB

gez.:   gez.:
Walter Baresel   Hannelore Ratzeburg
Vorsitzender   Damen-Referentin

F.d.R.

[signature]

Horst Schmidt
Abteilungsleiter

D/Verbandsgeschäftsstellen
  Damen-Referenten
  Spielobleute

  Vorstand des DFB
  Spielausschuß des DFB
  DFB-Trainer
  Abteilungen im Hause

Finale, oho: Die Frauen der SSG 09 Bergisch-Gladbach feiern 1984 bereits ihren dritten DFB-Pokalsieg vor 10 000 Zuschauern im Frankfurter Waldstadion.

15.05.2017

FIFA
Mr.Omar Ongaro
Head of Players' Status and Governance

Dear Sir,

I am a football player, Kerem DEMIRBAY born on 03.07.1993, having both Turkish and German nationalities. I have already played for Germany National Teams but from now on, I wish to play for Turkish National teams.

My family is from Turkey and I feel myself as Turkish. It is very important for me to play football for my nation and for Turkish National Teams.

Consequently, instead of Germany National Teams, I wish to play for Turkish National Teams. I understand the impact of such a change and I am aware that this change is of a definitive nature.

Yours faithfully

Kerem DEMIRBAY

Lieber Herr,
ich bin Fußballer, Kerim Demirbay, geboren am 3.7.1993, und habe die türkische und deutsche Staatsbürgerschaft. Ich habe bereits für deutsche Nationalmannschaften gespielt, aber von jetzt an möchte ich für türkische Nationalteams spielen.

Meine Familie stammt aus der Türkei, und ich fühle mich türkisch. Es ist sehr wichtig für mich, für mein Land zu spielen und für türkische Nationalmannschaften.

Folglich möchte ich anstatt für deutsche Nationalmannschaften für türkische Nationalteams spielen. Mir ist die Tragweite eines solchen Wechsels klar, und ich bin mir bewusst, dass dieser Wechsel endgültiger Natur ist.

Hochachtungsvoll, Kerem Demirbay

Der türkische Verband veröffentlicht *ein Bekenntnis von Kerem Demirbay*, das sich der Absender nicht erklären kann — 15. Mai 2017

Kerem Demirbay spielt beim Confed Cup 2017 zwei Mal für den DFB und erzielt gegen Kamerun sein erstes Länderspieltor. Obwohl die deutsche Elf das Turnier gewinnt, wird er danach nie mehr ins Aufgebot berufen.

Große Verwirrung beim DFB. Gerade hat Bundestrainer Joachim Löw den Kader für den Confederations Cup 2017 in Russland verkündet, da erscheint auf der Homepage des türkischen Verbands TFF eine Erklärung von Kerem Demirbay. Der Sohn türkischstämmiger Eltern gibt bekannt, zukünftig für das Land seiner Ahnen auflaufen zu wollen. Eine Verlautbarung, die nicht nur bei den DFB-Granden, sondern auch beim Spieler selbst für Verwunderung sorgt. Auf Nachfrage räumt der Profi zwar ein, geprüft zu haben, ob es ihm theoretisch noch möglich sei, für die Türkei zu spielen. Bei dieser Gelegenheit habe er wohl „leichtsinnigerweise ohne inhaltliche Prüfung" die Erklärung unterschrieben. Demirbay ist in Herten geboren und im Gelsenkirchener Stadtteil Buer aufgewachsen. Als Teenager hat er zwölf Testspiele für Juniorenteams der Türkei absolviert. Zu Pflichtspielen ist er nicht zugelassen, da er nur den deutschen Pass besitzt. Nach der Berufung ins DFB-Aufgebot für den Confed Cup gibt es für ihn keine Zweifel, für welche Nation er spielen möchte: „Für mich ist klar, dass ich der Einladung folge", gibt Demirbay über die sozialen Netzwerke bekannt, „ich habe mich entschieden, für Deutschland zu spielen, da ich hier geboren wurde und aufgewachsen bin und mich auch mit der deutschen Nationalmannschaft identifiziere." Nach der Pressekonferenz, bei der Löw das Turnier-Aufgebot bekannt gibt, lenkt der TFF deshalb schnell ein. In einer Mitteilung erklärt der türkische Verband, es sei wohl eine „Last-Minute-Entscheidung" des 23-Jährigen gewesen. Das Schreiben endet mit den knappen Worten: „Wir wünschen ihm Erfolg."

Robert Enke nimmt sich das Leben. Sein Suizid schockiert die Fußballszene und wirft schmerzliche Fragen auf. Die Nationalelf sucht nach Antworten — 18. November 2009

Robert Enke, 1977 in Jena geboren, ist einer der besten Keeper seiner Generation. Er spielt für Borussia Mönchengladbach, Benfica Lissabon, den FC Barcelona und Hannover 96. Im Jahr 2007 wird Enke Nationalspieler.

Es ist ein allzu kurzes Fußballerleben. Am Abend des 10. November 2009 nimmt sich Robert Enke, Keeper bei Hannover 96 und in der Nationalmannschaft, das Leben. Seit Jahren ist er wegen Depressionen in Behandlung, aus Furcht vor Stigmatisierung und einem abrupten Ende seiner Karriere wissen nur wenige Vertraute von seiner Krankheit. Sein Suizid sendet Schockwellen durch die Fußballszene. Warum glaubte Enke, sich niemandem offenbaren zu können? Warum sind Depressionen eines der Tabuthemen im Profisport? Alles Fragen, auf die niemand so recht eine Antwort weiß. DFB-Manager Oliver Bierhoff kommen auf einer Pressekonferenz die Tränen, Mitspieler fragen sich, warum sie nichts von der Krankheit des Kollegen gemerkt haben. Und die Nationalelf schreibt einen offenen Brief an den verstorbenen Mitspieler. „Es ist für uns alle ein schmerzhafter Gedanke, dass Du Dich einsam und allein gefühlt haben musst, auch wenn Du mit uns zusammen warst. Dass Du so oft das Gefühl gehabt haben musst, viel mehr verlieren zu können als nur ein Fußballspiel." Als die DFB-Auswahl neun Tage später gegen die Elfenbeinküste antritt, halten 33 000 Zuschauer in der Gelsenkirchener Arena zu einer Schweigeminute inne, beide Teams tragen schwarze Armbinden, ein Enke-Trikot mit der Nummer 1 liegt auf der Ersatzbank. Aber was bleibt über die spontanen Trauerbekundungen hinaus, was verändert sich wirklich? Fortan wird etwas offener über den Umgang mit Depressionen bei Profis gesprochen. Langsam dringt durch, dass es sich dabei um eine Krankheit handelt. Mehr allerdings nicht, es ist noch ein langer Weg.

**DEUTSCHER
FUSSBALL-BUND**

18. November 2009

Lieber Robert,

es ist nicht leicht, heute Abend die Fußballschuhe anzuziehen, raus zu gehen auf den Rasen, 90 Minuten das zu tun, was Du so sehr geliebt hast. Dein Tod ist für uns immer noch allgegenwärtig. Er hat uns alle sprachlos gemacht, fassungslos, hilflos. Wir waren wie gelähmt, als wir die unerträgliche Nachricht bekommen haben. Wir waren nicht in der Lage, unsere Trauer in Worte zu fassen. Wir waren nicht in der Lage, ein paar Tage später Fußball zu spielen. Wir konnten nicht einfach so zur Tagesordnung übergehen. Wir alle brauchten diesen Moment der Ruhe, um zu realisieren, was passiert ist. Richtig verstehen werden wir es vielleicht nie.

Wir haben lange zusammengesessen und an Dich gedacht. Wir haben zusammen geschwiegen, zusammen geweint und zusammen nach Antworten gesucht, aber eigentlich immer nur neue Fragen gefunden. Quälende Fragen nach dem Warum. Warum konnten wir Dir nicht helfen? Warum konntest und wolltest Du uns nicht von Deinen Problemen erzählen? Warum ist es in unserem Leistungssport, in unserer Leistungsgesellschaft nicht möglich, Angst und Krankheit auszusprechen?

Es ist für uns alle ein schmerzhafter Gedanke, dass Du Dich einsam und allein gefühlt haben musst, auch wenn Du mit uns zusammen warst. Dass Du so oft das Gefühl gehabt haben musst, viel mehr verlieren zu können als nur ein Fußballspiel. Dass für Dich so viel mehr auf dem Spiel stand als für jeden anderen von uns. Dein Tod ist so trostlos. Aber wir werden alles dafür tun, in Deinem Sinn weiterzumachen, guten Fußball zu spielen, erfolgreich zu sein. Und uns dafür einzusetzen, dass Vorurteile und Stigmatisierungen im Fußball keinen Platz haben.

Du wirst uns fehlen. Auf dem Weg ins Stadion, in der Kabine, im Strafraum. Du wirst uns fehlen, weil Du ein außergewöhnlicher Torhüter warst. Aber noch vielmehr, weil Du ein bemerkenswerter Mensch warst. Wir spielen heute für Deutschland, wir spielen für die Fans. Aber wir spielen vor allem für Dich. Für einen guten Freund, durch dessen Tod wir alle noch ein Stückchen näher zusammengerückt sind.

Wir sind ein Team. Und Du wirst immer ein Teil dieses Teams bleiben.

Deine Nationalmannschaft

Nationalmannschaft ———— Robert Enke

„Spiel- und Trainingskleidung wird vom DFB gestellt. Ihrerseits bitten wir, 2 Paar in gutem Zustand befindliche Fußballschuhe, davon 1 Paar mit Gumminocken, und Laufschuhe mitzubringen. Die Reisekosten werden erstattet. Der Lohnausfall kann bis zu 75 % gegen eine Bescheinigung des Arbeitgebers vergütet werden."

Aus der DFB-Einladung an
den WM-Kader 1954
— 12. Mai 1954

DFB ——— WM-Kader 1954

Vergesst Euren Turnbeutel nicht!
Der DFB lädt die kommenden „Helden von Bern" ins WM-Trainingslager 1954 nach Grünwald ein
— 12. Mai 1954

In sechs Wochen werden die „Helden von Bern" in einem Sonderzug unter dem Jubel von Hunderttausenden zurück nach Deutschland kommen. Ins Trainingslager zur Vorbereitung auf die WM fahren Fritz Walter, Helmut Rahn & Co am 25. Mai 1954 hingegen fast unbemerkt von der Öffentlichkeit mit der Straßenbahn. So sieht es zumindest die Einladung des DFB vor, die die Akteure knapp zehn Tage vor Beginn des Lehrgangs in der Sportschule Grünwald erreicht. Vom Hauptbahnhof nehmen die 25 geladenen Spieler die Linie 7 oder 17. Am Ostfriedhof steigen sie in die Tram 25 um und erreichen so das Trainingscamp im Münchner Vorort. Auch sonst müssen sich die Spieler um die meisten Formalitäten selbst kümmern. DFB-Abteilungsleiter Passlack weist die Spieler darauf hin, dass sie ihren Arbeitgeber frühzeitig über ihre Abwesenheit informieren sollen. Der Fußballbund erstattet den Nationalspielern zumindest 75 Prozent ihres durch die Abwesenheit bedingten Lohnausfalls. Für die Spieler aus Norddeutschland, die einen Nachtzug nehmen müssen, kümmert sich der Verband um Schlafwagentickets. Alle anderen sollen Rückfahrkarten lösen, das Geld auslegen und die Belege hinterher zur Erstattung einreichen. Obwohl Adi Dassler den DFB mit seiner Firma ausrüstet, sind die Sportler gehalten, zwei Paar Fußballschuhe sowie Nocken- und Laufschuhe mitzubringen. Von den eingeladenen Akteuren werden bis auf Fritz Herkenrath, Gerhard Harpers, Josef Röhrig und Hans Weilbächer alle mit in die Schweiz fahren. Ob sich einer bei der Anreise im Münchner Straßenbahnnetz verfranst hat, ist nicht überliefert.

Nach Ende des Lehrgangs in Grünwald am 3. Juni 1954 berief Sepp Herberger den 22er-Kader für die WM. Dieses Team traf sich am 9. Juni in der Sportschule Schöneck und reiste tags darauf nach Spiez am Thuner See weiter.

Deutscher Fußball-Bund

Frankfurt a. M., Arndtstraße 39
Fernsprecher 74576 / Drahtanschrift: Fußball
Bankverbindung: Rhein-Main Bank, Nr. 117335
Postscheckkonto Frankfurt/Main Nr. 87205

Zur Kenntnisnahme!

den 12. Mai 1954 P/Gbg.

Betr.: Weltmeisterschatfslehrgang der Nationalspieler
in der Zeit vom 25. Mai - 3. Juni 1954 in der
Sportschule München-Grünwald

Liebe Sportkameraden!

Wir teilen Ihnen hierdurch mit, dass wir die nachfolgend
aufgeführten Spieler Ihres Vereins zum Weltmeisterschaftslehrgang, der in der Zeit vom 25.5. - 3.6.1954 in der
Sportschule München-Grünwald abgehalten wird, eingeladen
haben:

Der Lehrgang wird am 25. Mai 1954 mittags 12.00 Uhr beginnen.
Bis zu diesem Termin sollen die Spieler in München-Grünwald
anreisen.

Aus gegebener Veranlassung teilen wir Ihnen mit, dass alle
eingeladenen Spieler für die Dauer des Lehrgangs für Ver-
einsspiele nicht freigegeben werden können.

Wir bitten Sie, Ihre Dispositionen danach einzurichten.
Im Interesse der guten Vorbereitung der Spieler auf die
Weltmeisterschaft bitten wir Sie weiterhin, uns im Falle
auftretender Schwierigkeiten zu unterstützen und auch
den Spielern, soweit als möglich, behilflich zu sein.

Indem wir Ihnen für Ihre Mühewaltung im voraus bestens
danken verbleiben wir

mit sportlichen Grüssen!
DEUTSCHER FUSSBALL-BUND
I. A.

Passlack

(Passlack)

Verteiler:
Regional- und Landesverbände
Herrn Herberger
Bundesvorstand
Spielausschuss

DFB —— WM-Kader 1954

(67)

Liste der eingeladenen Spieler:

Kubsch, FK Pirmasens

Herkenrath, Rot Weiss Essen

Turek, Fortuna Düsseldorf

Kwiatkowski, Borussia Dortmund

Laband, Hamburger SV

Bauer, Bayern München

Kohlmeyer, 1. FC Kaiserslautern

Erhard, SpVgg. Fürth

Eckel, 1. FC Kaiserslautern

Metzner, Hessen Kassel

Harpers, SV Sodingen

Posipal, Hamburger SV

Liebrich, 1. FC Kaiserslautern

Mai, SpVgg. Fürth

Röhrig, 1. FC Köln

Herrmann, FSV Frankfurt

Rahn, Rot Weiss Essen

Morlock, 1. FC Nürnberg

Weilbächer, Eintracht Frankfurt

Walter, O., 1. FC Kaiserslautern

Walter, F., 1. FC Kaiserslautern

Biesinger, BC Augsburg

Pfaff, Eintracht Frankfurt

Schäfer, 1. FC Köln

Klodt, Schalke 04

Deutscher Fußball-Bund

Frankfurt a. M., Arndtstraße 39
Fernsprecher 74576 / Drahtanschrift: Fußball
Bankverbindung: Rhein-Main Bank, Nr. 117335
Postscheckkonto Frankfurt/Main Nr. 87205

den 12. Mai 1954 P/Gbg.

Betr.: Weltmeisterschaftslehrgang der Nationalspieler
in der Zeit vom 25. Mai - 3. Juni 1954 in der
Sportschule München-Grünwald

Lieber Sportkamerad

Hiermit laden wir Sie zum Weltmeisterschaftslehrgang der
Nationalmannschaft, der in der Zeit vom 25.5. - 3.6.1954
in der Sportschule München-Grünwald abgehalten wird,
herzlichst ein.

Lehrgangsbeginn

Der Lehrgangsbeginn ist auf den 25.5.1954, 12.00 Uhr
mittags festgesetzt.

Anreise

Wir bitten Sie, sich so einzurichten, dass Sie bis zu
diesem Termin in der Sportschule München-Grünwald
eintreffen können.

Es ist vorgesehen, dass Sie in der Nacht vom 24./25.5.
1954 anreisen.

Evtl. benötigte Schlafwagenkarten werden wir Ihnen zur
Verfügung stellen.

Beurlaubung

Bezüglich Ihrer Beurlaubung vom Arbeitsplatz, bitten wir
Sie, schon jetzt alle erforderlichen Vorbereitungen zu
treffen.

Benachrichtigung des DFB und Bundestrainers

Wir haben Ihrem Verein von dieser Einladung Kenntnis gegeben und ihn um Unterstützung gebeten.

Wir bitten Sie, die beiliegende Rückantwortkarte zu der
Mitteilung zu benutzen, ob Sie an dem Lehrgang teilnehmen
können. Wir erwarten Ihren Bescheid bis zum 20. Mai 1954.

Im Falle einer Erkrankung oder einer Verletzung werden
Sie gebeten, Bundestrainer Herberger direkt zu ver-
ständigen. Die Anschrift des Bundestrainers lautet:
Hohensachsen/Bergstrasse, Tel. Großsachsen 347.

Reise nach München

Für die Reise nach München lösen Sie sich von Ihrem Heimat-
bahnhof eine Karte nach München und zurück.

Die Sportschule München-Grünwald ist zu erreichen ab
München Hbf: Mit den Strassenbahnlinien 7 und 17 bis
Ostfriedhof, an der Haltestelle Ostfriedhof umsteigen in
die Linie 25 bis München Neu-Grünwald, Sportschule.

-2-

— 2 —

Spiel- und Trainingskleidung

Die Spiel- und Trainingskleidung wird vom DFB gestellt.
Ihrerseits bitten wir, 2 P. in gutem Zustand befindliche
Fussballschuhe, davon 1 P. mit Gumminocken und Laufschuhe
mitzubringen.

Erstattung von Auslagen

Die Reisekosten werden erstattet. Der Lohnausfall kann
bis zu 75% des Gesamtbetrages gegen eine entsprechende
Bescheinigung des Arbeitgebers vergütet werden.

Unterkunft und Verpflegung

Die Unterkunft und Verpflegung der Lehrgangsteilnehmer
erfolgt in der Sportschule München-Grünwald. Hier können
die Spieler für die Dauer ihres Aufenthalts erreicht werden.
(Tel. Nr. 47 66 26)

Wir hoffen gerne, dass wir Sie bei guter Gesundheit und
bester Dinge in München erwarten dürfen und verbleiben

mit sportlichen Grüssen!
DEUTSCHER FUSSBALL-BUND
I. A.

(Passlack)

Verteiler:

Bundesvorstand
Spielausschuss
Herrn Herberger

Deutscher
Fußball-Bund

Die Verantwortlichen der Nationalmannschaft des DFB wünschen
den Spielern und Betreuern noch ein paar erholsame Stunden
im Kreise der Familie. Alle Teilnehmer werden unter Hinweis
auf die entsprechenden Empfehlungen hinsichtlich einer
aktiven Erholung zu Hause in bester körperlicher Verfassung
am Pfingstsamstag in Frankfurt erwartet. Wir alle hoffen auf
eine erfolgreiche Zeit in Italien bei guten WM-Spielen in
einer fußballbegeisternden Atmosphäre.

Die Nationalspieler als die besonderen Botschafter unseres
Landes und alle Beteiligten bitten wir, zu einem erfreu-
lichen Image für den deutschen Fußball beizutragen.

Mit den besten Grüßen

DEUTSCHER FUSSBALL-BUND
S p i e l b e t r i e b

Horst Schmidt
Abteilungsleiter

Verteiler:

Vereine der Spieler
Vorstand des DFB
Spielausschuß des DFB
Ligaausschuß des DFB
Franz Beckenbauer
Holger Osieck
Berti Vogts
DFB-Sportlehrer
Technische Betreuer
Abteilungen im Hause

(68)

Deutscher Fußball-Bund

An die

Spieler der Nationalmannschaft

Otto-Fleck-Schneise 6
Postfach 710265
6000 Frankfurt / Main 71
Telefon 069 / 6 78 81
Durchwahl 069 / 67 88 ....
Telex 41 68 15, Telefax 67 88 266
Bankverbindungen:
Dresdner Bank, Frankfurt / M.
Nr. 906992 (BLZ 500 800 00)
Bank für Gemeinwirtschaft, Aachen
Nr. 1025 537 200 (BLZ 390 101 11)
Postgirokonto Frankfurt / M. Nr. 87205-606

29. Mai 1990 Sch/mx

WM Italia 90

Liebe Sportkameraden,

es ist soweit, Team-Chef Franz Beckenbauer hat sich in Ab-
stimmung mit den Verantwortlichen für die Nationalmannschaft
des DFB entschieden und hat die 22 Spieler für die WM be-
nannt. Die Meldung der 22er Liste an die FIFA ist an den
Weg gebracht worden; der "count down" für unsere WM-
Teilnahme 1990 läuft. Mit dieser Einladung ist der Wunsch
auf ein gutes Zusammenwirken aller Beteiligten mit erfolgreichen Spielen unserer Nationalmannschaft verbunden.

Den beigefügten und erforderlichen Bemerkungen werden verschiedene Unterlagen aus der FIFA-Informationstagung für die
WM Italia 90 überlassen, die sich die Spieler ansehen
sollten, um danach zu verfahren. Team-Chef Franz Beckenbauer
wird bei den Mannschaftsbesprechungen noch auf einzelne
Punkte eingehen. Es ist im übrigen damit zu rechnen, daß
erstmals die beiden Auswechselspieler aus allen elf Spielern
auf der Bank ausgewählt werden können.

Bei auftretenden Verletzungen bis zum 2. Juni bitten wir um
einen sofortigen Bescheid, um erforderliche Maßnahmen veranlassen zu können. Im Ernstfall würde bei dem FIFA-
Organisationskomitee ein Spieleraustausch auf der 22er Liste
beantragt werden müssen.

Die Flugtickets für die Anreise nach Frankfurt sind bereits
in Kaiserau ausgehändigt worden. Das Gepäck darf nur bis
Frankfurt eingecheckt werden, weil der Weiterflug um 11.55
Uhr nach Verona mit einer Lufthansa-Chartermaschine erfolgt.
Nach Ankunft in Verona wird zuerst die Akkreditierung vorge-
nommen, um anschließend nach Kaltern weiterzufahren.

Den abstellenden Vereinen dürfen wir noch einmal für die im
abgelaufenen Spieljahr und im Zusammenhang mit der WM Italia
90 gewährte Unterstützung unseren besonderen Dank aus-
sprechen.

DFB ——— WM-Kader 1990

Seid erholt und benehmt Euch! - 29. Mai 1990.
Die Ansprüche an die Nationalspieler kurz vor dem Aufbruch in die WM-Vorbereitung 1990 nach Kaltern in
Südtirol sind mehr als überschaubar. Eine Chartermaschine der Lufthansa bringt die hoch bezahlten Profis nach
Verona. Die Tickets wurden den Spielern bereits zuvor beim DFB-Lehrgang in der Sportschule Kaiserau
ausgehändigt. Was die Spieler mitbringen, bleibt ihnen selbst überlassen. Hauptsache, so DFB-Spielbetriebsleiter
Horst R. Schmidt im gewohnt behördlichen Einladungsduktus ("count down" in Anführungszeichen, hui,
„Team-Chef" mit Bindestrich), die Spieler schlagen am Pfingstsamstag in „bester körperlicher Verfassung"
in Frankfurt auf. Abmelden beim Arbeitgeber müssen sie sich genauso wenig, wie sich einen Überblick über das
regionale Streckennetz des Südtiroler ÖPNV verschaffen. Der deutsche Kader für Italien lebt weitaus
komfortabler als sein Pendant 36 Jahre zuvor beim Turnier in der Schweiz. Das Ergebnis aber ist dasselbe:
Beide Teams kehren mit dem WM-Pokal in die Heimat zurück.

Drin oder Linie? Das dritte Tor im WM-Finale 1966, das England zum Weltmeister macht, erhitzt die Gemüter.
Ein Fan verlangt den Videobeweis
— 1. August 1966

Erst am 5. Juli 2012 beschloss die FIFA, die Torlinientechnik einzuführen. Sie wurde erstmals bei der FIFA-Klub-Weltmeisterschaft 2012 und beim FIFA-Konföderationen-Pokal 2013 zur Erprobung eingesetzt.

Wolfgang Weber versucht, das Schlimmste zu verhindern. „Bobby Charlton hat reflexartig seine Arme hochgerissen und ich habe ihn umklammert und seine Arme festgehalten, denn er sollte nicht jubeln", wird sich der Nationalspieler später an die 101. Minute des WM-Finales zwischen England und Deutschland im Wembley-Stadion erinnern. Mit 2:2 ist das Spiel in die Verlängerung gegangen, nun hat Geoff Hurst das Leder aus kurzer Distanz aufs deutsche Tor gedroschen. Der Ball prallt von der Unterkante der Latte auf den Boden, springt von dort zurück ins Feld und wird von Weber ins Aus geköpft. Referee Gottfried Dienst gibt Eckball, konsultiert dann aber Linienrichter Tofiq Bachramov. Der gibt später zu Protokoll: „Ich habe nicht gesehen, dass der Ball im Tor war. Aber ich sah, wie der Engländer Hunt nach dem Schuss von Hurst die Arme hochriss. Und der deutsche Torwart machte einen untröstlichen Eindruck. Schon deshalb muss es ein Tor gewesen sein." Sehr viel später, im Mai 2006, liefert eine digitalisierte Aufarbeitung der Szene den Beweis: Der Ball ist zu keinem Zeitpunkt seiner Flugbahn mit vollem Umfang hinter der Linie. Torschütze Hurst räumt ein: „Die Deutschen glaubten aufrichtig, dass der Ball die Linie nicht überschritten hat. Nachdem ich die Zeitlupe Hunderte Male gesehen habe, muss ich zugeben, dass es aussieht, als hätten sie recht." 1966 ist es zu früh für den Videobeweis. Auch wenn ihn der deutsche Fan, Landwirt Helmut Mollenkopf aus Treffensbuch, der das Finale mit seinen Fußballfreunden und einigen Getränken angeschaut hat, gleich nach Abpfiff in seinem Telegramm an die FIFA vehement einfordert.

Charges to pay
_____s._____d.
RECEIVED

TS 721/2 LN

TELEGRAM

Prefix. Time handed in. Office of Origin and Service Instructions. Words.

No._____
OFFICE STAMP

HARROW
1 AU
66
MIDDX

At
From
By

TS 721/2 LN   P005/700 X-D6893 51

TREFFENSBUCH F 15/13 30 1900

FIFA WEMBLEYSTADION LONDON

WARUM WERDEN FRAGLICHE TORENTSCHEIDUNGEN NICHT

DURCH ZEITLUPENAUFNAHMEN GEKLAERT

MOLLENKOPF TREFFENSBUCH

At_____m
To_____
By_____

For free repetition of doubtful words telephone "TELEGRAMS ENQUIRY" or call, with this form
at office of delivery. Other enquiries should be accompanied by this form, and, if possible, the envelope.   B or C

(89236) Hw.

Deutschland-Fan Mollenkopf ——— FIFA

⑦⁰

Weltmeisterschaft 1958

*Montag 12.5.: Abfahrt 13:30 von K'lautern nach München mit PKW; Rote Rübe (meint: Werner Liebrich, d.Red)
Horst (Eckel, d.Red) u. Friedrich (er selbst, d.Red). Leipheim kurze Rast u. Ankunft in
Grünwald 19:30 Sofort Stehempfang, 20:00 Abendessen.*

*21:00 ins Bett auf Zimmer 115, da Herberger irrtümlich meinte das wäre auch unser Zimmer 1954 gewesen.
Es war aber 116. Ein schlechtes Omen? Hatte mich schon gefaßt gemacht, dass ich die erste Nacht ohne den „Boss"
(Helmut Rahn, d.Red) verbringen müsste, da ging gegen 23:00 das Licht an und „Er" stand in voller Größe da.
Wir erzählen bis 1:00 u. der Schlaf wollte nicht kommen. Herr (Hans, Präsident
des Bayerischen Verbands, d.Red) Huber Eröffnungsrede. Zum Abschied ein Glas Bier.*

Bei der WM 1958 teilt Fritz Walter das Zimmer mit Helmut Rahn. Was etwas an den *Nerven des deutschen Kapitäns* zerrt, wie sein Tagebuch verrät — Mai/Juni 1958

Wie schon vor der WM 1954 nutzen Helmut Rahn und Fritz Walter auch vier Jahre später die letzten Tage vor Turnierbeginn, um sich gemeinsam im Individual-training im Hunsrück für die WM fit zu machen.

Sepp Herberger will die Fußballgötter milde stimmen. Die Vorbereitung zur WM in Schweden soll exakt so ablaufen wie vor dem siegreichen Turnier 1954. Der Bundestrainer lädt seine Spieler zum Auftakt wieder in die Sportschule Grünwald. Er verfügt, dass Kapitän Fritz Walter erneut das Zimmer mit dem phlegmatischen Helmut „Boss" Rahn teilt. Sein Aberglaube geht so weit, dass er den beiden Zimmer 115 zuteilt, in der Annahme, dies sei auch vier Jahre zuvor deren Nummer gewesen. Walter weiß es besser und mutmaßt: „Es war aber 116. Ein schlechtes Omen?" Auch sonst läuft nicht alles nach Plan: Rahn schlägt erst gegen 23 Uhr auf und sorgt dafür, dass Walter in der ersten gemeinsamen Nacht erst weit nach Mitternacht einschlafen kann. Nach der Vorbereitung in Grünwald verabreden die beiden Teamkollegen, die letzten Tage vor Turnierbeginn zu nutzen, um sich beim Individualtraining im Hunsrück den letzten Schliff zu verpassen. Doch erneut lässt es der „Boss" locker angehen. Walters Tagebuchnotizen zeugen vom kamerad-schaftlichen Umgang zweier Fußballer, wie sie unter-schiedlicher kaum sein können. Während der Kapitän alles daransetzt, topfit ins Turnier zu starten, offenbart Rahn chronische Probleme mit der Pünktlichkeit und agiert auch sonst recht eigenwillig. Der sensible Walter findet nur schwer in den Schlaf, der lebenslustige „Boss" braucht nur wenig Ruhe und weckt den Zimmergenos-sen noch kurz vorm Auftaktspiel gegen Argentinien mit knallenden Türen und Radiomusik. Sepp Herberger indes versucht, die Konflikte seiner Stars im Sinne des Erfolgs wegzulächeln. Seine Überzeugung zahlt sich aus: Der Titelverteidiger wird bei der WM in Schweden Vierter. Rahn steht bei allen Spielen der deutschen Elf auf dem Rasen und wird mit sechs Treffern zweitbester Torschütze des Turniers. Und auch der 37-jährige Fritz Walter ist erneut die zentrale Stütze des DFB-Teams.

(70)

(handschriftliche Tagebuchseite)

Letzte freie Tage vor der Abreise. Walter ist über Pfingsten auf Heimaturlaub, dann geht es ins Trainingsquartier in einer alten Mühle im Hunsrück, wohin ihn Frau Italia und auch Teamkollege Helmut Rahn begleiten. Bereits 1954 haben sich Rahn und Walter vor dem WM-Turnier zum Individualtraining getroffen.

… immer schwer kämpfen und schwitzen, um in Form zu bleiben. Frühstück, Waldspaziergang, Liegestühle, lesen, Ruhe u. Erholung. Zum Abendessen Rumpsteak mit Zwiebeln u. grünem Salat, Kartoffeln gestrichen (im Sinne von: weglassen, d.Red.). Frisches Obst als Nachtisch. Roh (Besitzer des Anwesens, d.Red.) wieder ohne Erfolg von Jagd heimgekehrt. Lange u. ausgedehnte Nachtruhe.

Dienstag, 27.5.: Heute fällt Morgentraining besonders schwer. Es fehlt halt die heiße Brause oder das warme Bad, sowie die beliebte Massage. Aber alles kann man ja nicht haben u. heute morgen werden die Runden um den 220 Meter langen See gedreht mit Steigerungsläufen und Starts u. 2 x gespannten Seilen als kl. Hindernisse. Nach Warmlaufen doch noch ganz gute Form. Nach Frühstück u. Spaziergang, Italia macht Wohn-u. Schlafräume in Ordnung, Dixi (Hund des Besitzers Roh, d.Red) als Begleiter, Fahrt nach Kastellaun zum Einkaufen, da ja Boss erwartet wird. Allerdings glauben wir …

… erst an sein Eintreffen, wenn er leibhaftig vor der Tür der Mühle steht. Im Feinkostgeschäft von
20–25 Kirmesumzüglern mit Musikinstrumenten u. Bierflaschen bewaffnet, entdeckt. Ladensturm mit Autogrammgeben,
auch Italia muss dran glauben. Besitzer zittert um sein Inventar u. Auslagen; aber es geht trotzdem alles gut. Sagte:
„Fahre extra von K'lautern weg um Ruhe zu haben u. nun hier tolles Durcheinander. Aber Kirmes muß ja
von der Jugend gebührend gefeiert werden. Hätte mich am liebsten angeschlossen, aber die Pflicht ruft. Vorbereitungen
durch Italia zum Abendessen, immer noch leise Zweifel am Eintreffen vom Boss. Ankunft Koblenz 19:18 und tatsächlich 20:10
Eintreffen mit Wagen und Fahrer Herr Werres, früher großartiger Ringer und einmal 2. Deutscher Meister.
Stürmische Begrüßung und Boss nach kurzem Augenblick schon restlos von Tal u. Mühlchen (begeistert).

Inzwischen im WM-Quartier im schwedischen Bjärred angekommen

… *Rückenpartie, ich der ich in den letzten Wochen wieder ziemlich viel Malheur hatte. Ricardo hatte sie auf Mühlchen nochmals eingerenkt und nun versucht Herr Deuser mich fit zu machen. Die Ausstrahlungen gehen bis in die Beine und behindern die Bewegungsfähigkeit. Dann endlich Ruhe.*

Dienstag, 3.6.: Um 7:30 werde ich durch lautes Türgeknalle unsanft aus dem Schlaf gerissen, der Boss hat mal wieder keine Ruhe. Als ich gerade noch einmal einschlafen will, stellt er das Radio auf „Zimmerlautstärke", dass ich beinahe aus dem Bett falle und rasiert sich in aller Ruhe. Als kurz vor 1/2 9:00 der Chef (Sepp Herberger d. Red) zum Wecken kommt, meint er, ich hätte einen sehr rücksichtsvollen Zimmerpartner. Frühstück und zum ersten Mal Theorie über die Taktik beim Argentinienspiel. Der Chef berichtet als Augenzeuge vom starken Spiel der Argentinier u. zeigt an Hand der Tafel die Stärken u. auch einige Schwächen der Mannschaft auf. Hierbei gleichzeitig die Möglichkeit …

Schiedsrichter Rudolf Kreitlein führt bei der WM in England unfreiwillig *das Kartensystem im Fußball* ein – und protokolliert den Vorgang minutiös — 23. Juli 1966

Der gelernte Herrenschneider Rudolf Kreitlein (1919–2012) war Spieler des Stuttgarter SC. Nach der aktiven Zeit pfiff er 18 Länderspiele, das Weltpokalspiel 1965 sowie das Finale im Landesmeistercup 1966.

Das WM-Viertelfinale zwischen Gastgeber England und Argentinien ist von Beginn an ein kampfbetontes Spiel. Karten hat die FIFA noch nicht eingeführt, Schiedsrichter Kreitlein spricht den Akteuren seine Mahnungen in radebrechendem Englisch aus. Bobby und Jack Charlton kapieren gar nicht, dass sie der Stuttgarter Referee in der ersten Hälfte verwarnt. Auch Argentiniens Luis Artime (*„Albrecht“*), Jorge Solari und Kapitän Antonio Rattín sind vom Platzverweis bedroht – haben es aber nicht mitbekommen. In der 34. Minute kommt es zu einem Gerangel zwischen Rattín und Geoff Hurst, bei dem sich Argentiniens Kapitän theatralisch fallen lässt. Kreitlein spricht ihm daraufhin eine letzte Mahnung aus. Als Rattín drei Minuten später erneut Richtung Schiri blökt, verweist ihn Kreitlein wegen Beleidigung des Feldes (*„Now is end for you.“*). Auf dessen Nachfrage, was der Grund sei, lässt er sich nicht ein. Daraufhin kommt es zu Tumulten in Wembley, und Kreitlein muss nach Abpfiff von Polizisten vor wütenden Argentiniern in Sicherheit gebracht werden. Rattín wird später sagen, er habe ganz normal mit dem Referee sprechen wollen und den Platzverweis nicht verstanden. Kreitlein wiederum erklärt, er könne nun mal kein Spanisch. Zeuge der Vorfälle ist Ken Aston, oberster FIFA-Schiedsrichterinstruktor. Als er nach dem Spiel im Auto nach Hause fährt, hat er beim Halten an einer Londoner Ampel einen Einfall: Um zukünftig Missverständnisse zu vermeiden, könnte man die Ampelschaltung im Fussball einführen. „Gelb für: Pass auf! Rot für: Du bist raus!“, so Aston über seine Idee, die bei der WM 1974 erstmals mit Karten umgesetzt wird.

England-Argentinien
Schiri-Notizkarte

Anstoß: 15³ Pause von: bis   Ende

~~Platzverein~~ Wembley 23 Juli 66 ~~Gastverein~~

Tore: 0   1. Halbzeit

Kabinen Fair Play Mahnung

bis zur 8. Min. normales Spielverlauf

Tore: 1. Halbzeit

8. Minute Stiles foul an Solari. Verw.

10. " Hurst an   Ferreiro Mahnung

17. Min. No 10 Rattin reklamieren " "

22. " Foulspiel von No 15 Solari + reklamieren

Verwarnung

25. Min. No 12 Albrecht unsportliches

Ballwegschlagen, Fair Play

32. Min. Rattin reklamiert lautstark in

seiner Sprache letzte Mahnung

34. Min. Hurst führt den Ball

an der Seitenlinie, Rattin greift von

hinten an und stößt mit den Ellenbogen

Hurst zu Boden, Rattin lässt sich dann

selber fallen. Theatralisch, seine Geste

~~Bemerkungen - Austausch~~

unschuldig was habe ich getan. Verwarnung

once more you go aut

35. Min. Ferreiro rohes Spiel verw.

Rudolf Kreitlein —— WM-Viertelfinale 1966

(71)

ENGLAND - ARGENTINEN – SCHIRI-NOTIZKARTE
ANSTOSS: *15h — Wembley 23 Juli 66 London* — **TORE:** *0* — **1. HALBZEIT** — *Kabinen Fair Play Mahnung bis zur 8. Minute normaler Spielverlauf — 8. Minute Stiles foul an Solari. Verw. — 10. "Hurst an Ferreiro Mahnung — 17. "No. 10 Rattin reklamieren"" — 22. "Foulspiel von No 15 + reklamieren — ***VERWARNUNG*** — 25. Min. No 12 Albrecht unsportliches Ballwegschlagen Fair Play — 32. Min. Rattin reklamiert lautstark in seiner Sprache, letzte Mahnung — 34. Min. Hurst führt den Ball an der Seitenlinie, Rattin greift von hinten an und stößt mit den Ellenbogen Hurst zu Boden. Rattin lässt sich dann selber fallen, theatralisch, seine Geste unschuldig was habe ich getan,* <u>*Verwarnung*</u> *once more you go out — 35. Ferreiro rohes Spiel verw.*

71

37. Min. Foulspiel von Perfumo vor der Strafraumlinie von Arg., ich legte die Mauerbildung fest Rattin reklamierte ich liess den Freistoss ausführen, den Roma abwehrte. Rattin lief an mir vorbei u. meckerte lautstark und machte abfällige Handbewegungen. Nachdem R. bereits wiederholt ermahnt u. verwarnt war, war jetzt der Tatbestand der groben Unsportlichkeit erfüllt. — Now is end for you. — R. I want an interpreter: it is to late. Go out. — 7 Min. Pause — 1. Hälfte nach 53 Minuten beendet. — 2. Hälfte wesentlich ruhiger, nur zwei Ermahnungen an R. Charlton u. Gerreria/ — 1 verw. John Charlton. Nach Beendigung des Spiels Ferreira versperrte den Weg — 2 Offizielle wurden tätlich.

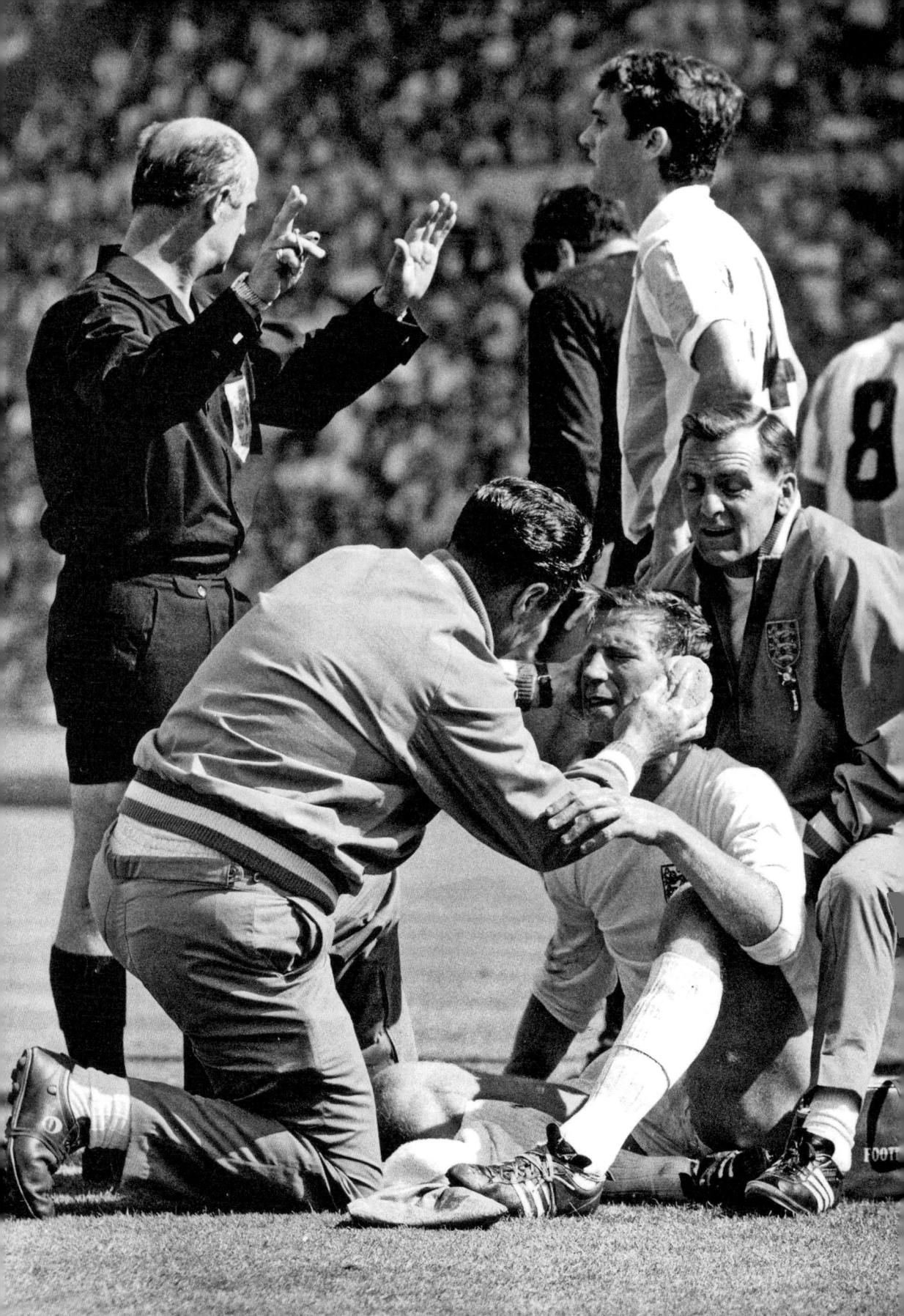

Ein Bankett soll die WM 1974 feierlich abrunden. Doch es kommt zum Eklat.
Politiker und Funktionäre dürfen ihre Frauen mitbringen, nicht aber die Spieler — 24. Mai 1974

Gerd Müller und Paul Breitner mit Sieger-Zigarre beim WM-Bankett 1974. Für Müller ist es nach 62 Länderspielen der letzte Abend bei der DFB-Elf. Breitner wird mit Unterbrechung bis 1982 für das Nationalteam auflaufen.

Es soll der krönende Abschluss der Weltmeisterschaft 1974 sein: das feierliche Bankett nach dem Endspiel zwischen Deutschland und den Niederlanden im Münchner Hilton Hotel am Abend des 7. Juli. Doch der Eklat, der an diesem Abend den deutschen WM-Titel überschattet, ist bereits in der Vorbereitung angelegt. „Die Einladung erfolgt grundsätzlich ohne Damen", heißt es in der Einladungsliste, die unter anderem an die Delegationen der vier besten Teams, an die halbe Bundesregierung und die komplette FIFA-Spitze rausgeht. Eine strikte Anordung, die allerdings nur gegenüber den Frauen und Freundinnen der Spieler umgesetzt wird, während ein Großteil der geladenen Honoratioren mit Begleitung geduldet wird. Darauf ereignen sich im Saal unschöne Szenen. Einige frischgebackene Weltmeister verlassen wütend den Saal, manchen Frauen – etwa Susi Hoeneß – kommen die Tränen. Die DFB-Funktionäre belfern die Spieler an: „Hier herrscht noch Zucht und Ordnung." Mehrere Akteure aus der siegreichen Elf treten noch am Abend zurück, Wolfgang Overath, Jürgen Grabowski und Gerd Müller. Dass auch der „Bomber der Nation" demissioniert, wird in der Öffentlichkeit als direkte Reaktion auf den Bankett-Skandal interpretiert, was Müller glaubhaft verneint. Er hatte seine Entscheidung bereits vor Turnierbeginn getroffen – ebenfalls im Zorn. Müller ist anhaltend verstimmt, weil der DFB ein Jahr zuvor seinen höchst lukrativen Wechsel zum FC Barcelona verhindert hat, mit der ungenierten Drohung, ihn bei der WM als Auslandsprofi nicht einzusetzen. So oder so, das Finale ist Müllers letztes von 62 Länderspielen.

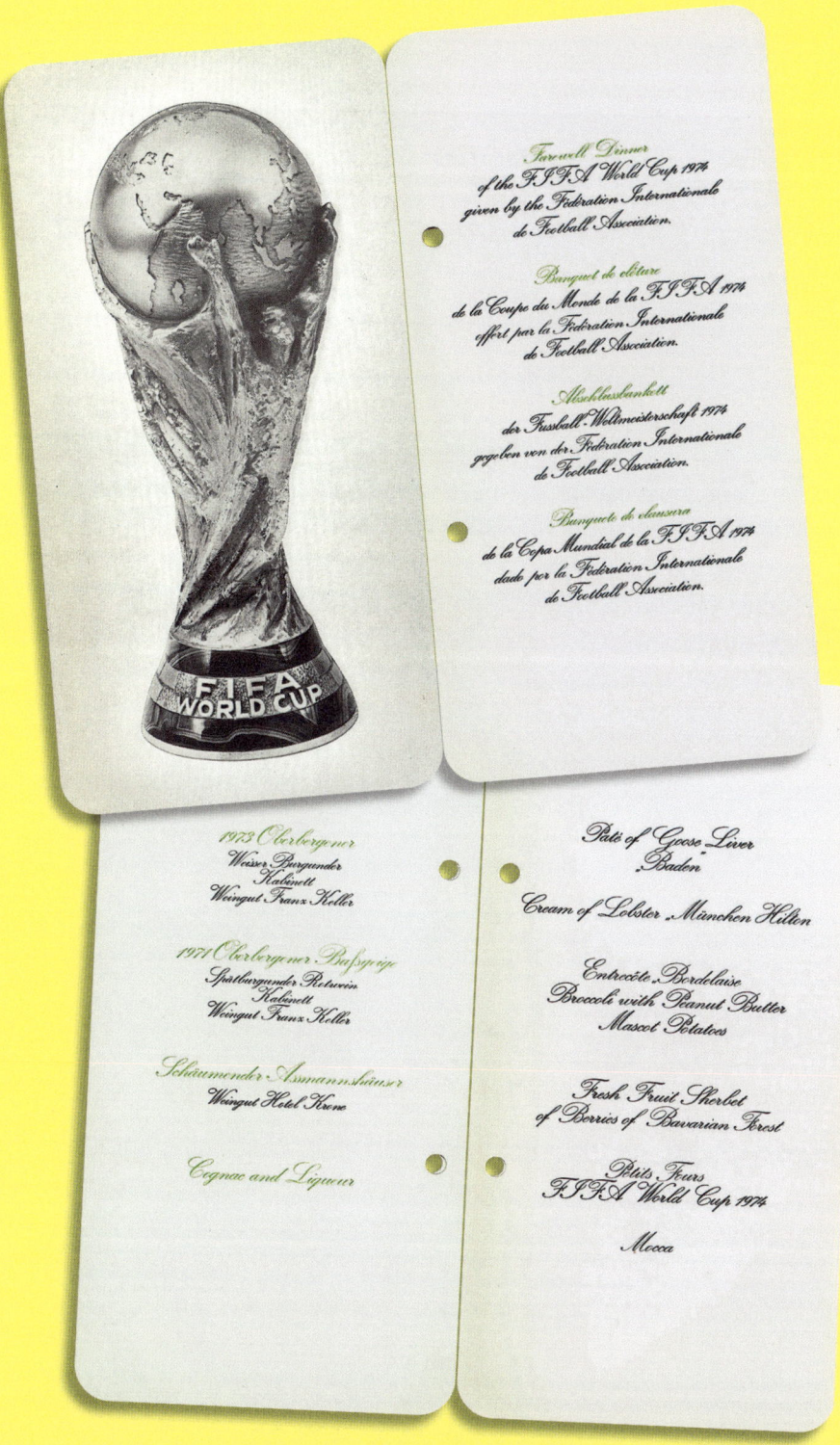

Menüplan für das WM-Bankett am 7. Juli 1974

(72)

Textentwurf für Einladungs-Avisschreiben auf Briefbogen des
Präsidenten des OK für die WM 74

Sehr geehrter Herr xyz!

Die ~~FXXXXXXXXXXXXX~~ Fédération Internationale de Football
Association und das Organisationskomitee *des DFB* für die Fussball-
Weltmeisterschaft *1974* geben am Sonntag, den 7. 7. 1974, 2o.oo Uhr,
im München Hilton ~~einen Empfang mit anschliessendem Bankett~~ zu
ein Bankett Ehren des Siegers der Fussball-Weltmeisterschaft 1974.

aus diesem Anlass
Wir würden uns freuen, Sie als unseren Gast begrüssen zu dürfen
und bitten Sie, uns mit der beiliegenden Antwortkarte bis zum
1. Juli 1974 mitteilen zu wollen, ob wir mit Ihrer Anwesenheit
rechnen können.

rechtzeitigen   *dann*
Im Falle Ihrer Zusage erhalten Sie ~~umgehend~~ Ihre persönliche
Einladung zugesandt.
Mit verbindlicher Empfehlung
Sir Stanley Rous   Hermann Neuberger

Aussendetatum 15. 6. 1974

Frankfurt, den 24. 5. 1974
Sa/Ka

24. Mai 1974
*Der Textentwurf der Einladung zum Sieger-Bankett am Abend nach dem Endspiel in München, aufgesetzt durch das
WM-Organisationskomitee (OK) und vorbehaltlich der Unterschriften des zu diesem Zeitpunkt noch amtierenden
FIFA-Präsidenten Stanley Rous (1895–1986) und OK-Chef Hermann Neuberger. Der Brite wird sein Amt beim Weltverband,
das er 13 Jahre innehatte, noch vor Beginn der WM beim FIFA-Kongress in Frankfurt an den Brasilianer
João Havelange übergeben. Neuberger wird im Oktober 1975 Hermann Gösmann als DFB-Präsident beerben.*

Organisationskomitee
für die Fußball-
Weltmeisterschaft 1974

Liste der einzuladenden Gäste zum Siegerbankett

(Die Einladung erfolgt grundsätzlich ohne Damen)

(72)

FIFA	Präsidium
	Exekutiv-Komitee
	Ausschuss-Mitglieder

Delegationen der letzten vier Mannschaften

Delegationsmitglieder ausländischer Fussballverbände

Botschafter und Generalkonsuln der an den Endspielen
beteiligten Nationen

DFB	Vorstand
OK	Mitglieder
	Vorsitzende und Sekretäre der Aussenstellen

Bundespräsident

Bundesregierung	Bundeskanzler
	Bundesminister des Inneren
	Bundesminister des Äusseren

| Bundestag | Präsident |
| | Vorsitzender des Sportausschusses (Dr.Evers |

Vertreter der vier Parteien im Bundestag (Vorsitzende)

Ministerpräsident des Freistaates Bayern

Oberbürgermeister der Stadt München

Vorsitzender des Deutschen Sportbundes (Willi Weyer)
Ehrenpräsident des Deutschen Sportbundes (Willi Daume)
Vertreter der Spitzenfachverbände des Deutschen Sportbundes
(Erich Götze)

Vertreter der schreibenden Presse (50) ✓
Fotografen (20) ✓
Vertreter DOZ

WM-OK ———— Gäste WM-Bankett 1974

10. Mai 1974
*Einen Monat vor Beginn der WM in Deutschland versendet Protokollchef Hartmut Nevries an seine Kollegen im
Organisationskomitee die „Vorschlagsliste der einzuladenden Gäste" zum Sieger-Bankett am 7. Juli 1974 im
Münchner Hilton Hotel. Explizit legt sein Schreiben fest, dass diese Einladung „grundsätzlich ohne Damen" erfolgt.
Formal gilt dieses Gebot somit nicht nur für die Delegationen der siegreichen Mannschaft und die
Fußballer, sondern auch für die zahlreichen Funktionäre, Politiker und Botschafter, an die das Schreiben rausgeht.*

Bundestrainer Jupp Derwall braucht seinen Regisseur Paul Breitner und verzweifelt zugleich an ihm. Auch als der *zum vorsätzlichen Foulspiel* aufruft — 5. Oktober 1980

Misstrauisch beäugen sich zeit ihrer Zusammenarbeit Jupp Derwall (1927–2007) und Paul Breitner (*1951). Als Letzterer für die WM 1982 zurückkehrt, erhofft sich Derwall spielerische Impulse. Allerdings vergeblich.

Jupp Derwall kommt aus dem Kopfschütteln gar nicht mehr heraus: „Lieber Paul, da bist du wieder einmal in die Vollen gegangen", schreibt er. Adressat ist natürlich Paul Breitner, frisch reaktivierter Regisseur der National-mannschaft. Der hat in seiner Autobiografie *Ich will kein Vorbild sein* nüchtern festgestellt: „Bevor ich dem Gegner erlaube, ein Tor zu schießen, muss ich ihn mit allen Mit-teln daran hindern – und wenn ich das nicht mit fairen Mitteln tun kann, dann muss ich es eben mit einem Foul tun." Die Bagatellisierung des Fouls als selbstverständli-chem Teil des Fußballs bringt Öffentlichkeit und Medien auf die Palme. Bundestrainer Derwall, der in der Vor-bereitung auf die WM 1982 nichts weniger gebrauchen kann als öffentliche Diskussionen um seinen wichtigsten Mann, versucht in einem offenen Brief die Wogen zu glätten. „Selbst wenn man kein Vorbild sein will, was ich durchaus akzeptiere, sollte man vielleicht doch verant-wortungsbewusst für viele andere daran denken, wieviel Unheil solche Worte anrichten." Was Derwall (Branchen-spott: „Häuptling Ondulierte Silberlocke") übersieht, ist die volle Absicht, mit der Breitner wieder einmal einen Konflikt vom Zaun gebrochen hat. Ein wiederkehrendes Motiv in der Karriere des Profis. Ob seine kurze Kar-riere als Mao-Verehrer, seine Verbalinjurien gegenüber Derwall während der WM 1974 („Linkmichel") oder seine Inszenierung als Star unter Provinzlern bei seinem Engagement in Braunschweig – Streit muss immer sein. Und so wird auch Breitners Rückkehr in die National-mannschaft keine Erfolgsgeschichte. Bundestrainer Jupp Derwall hätte es ahnen können.

Quelle _____ Datum _____

Ein offener Brief von Bundestrainer Jupp Derwall an Paul Breitner

„Deine Tips sind sehr gefährlich"

Lieber Paul,

da bist Du wieder einmal in die Vollen gegangen. Das paßt zu Dir, weil Du kein Blatt vor den Mund nimmst und immer nur realistisch zu sein vorgibst. Deine Aussagen sind heutzutage gefragt, der Stil und Inhalt Deiner Erklärungen sind Ausdruck unserer Zeit.

Deine Aussagen zum Foulspiel haben natürlich einige Fußballfans erschreckt und erschüttert. Aber viele auch zum Kopfschütteln veranlaßt.

Ich meine, Du verwechselst Foul mit Zweikampfhärte. Jeder Trainer ist im Training darauf bedacht, den Spielern richtiges Zweikampfverhalten beizubringen. Das fängt beim Stellungsspiel an und hört mit

dem Hineingrätschen auf. Es ist keine Kunst, foul zu spielen. Erst recht nicht zu lehren, besser foul zu spielen. Foul bleibt Foul, der Unterschied liegt lediglich in der Art und Weise und Schwere des Vergehens.

Beispiel: Ein Spieler zieht einem davonlaufenden Stürmer die Beine weg. Sicher, er begeht ein Foul. Jedoch um die Situation zu bereinigen oder einen Fehler auszubügeln. Nicht aber, um mit Absicht zu verletzen.

Was unseren Jugendspielern gelehrt wird, hat seit vielen Jahren Gültigkeit. Daran ändert auch die Situation nichts, daß die Spieler später unter Druck und Erfolgszwang stehen. Du, Paul, hättest es

nie geschafft, Nationalspieler oder ein Spieler der Weltklasse zu werden, wenn Du Dich aufs Kloppen oder Foulspiel konzentriert hättest. Als Mitglied der Weltmeistermannschaft gehörtest gerade Du in der Abwehr zu denen, die geschickt die Gegner stellten, ohne foul zu spielen. Gerade das hat Dich besonders ausgezeichnet. Natürlich fliegen im Training wie im Spiel oft die Fetzen, nicht immer erwischt man den richtigen Zeitpunkt bei der Abwehraktion. Und oft wird die Situation zu spät erfaßt. Aber gerade das ist es, was man lehren und lernen muß.

Im Fußball kommt es darauf an, Zweikämpfe zu gewinnen, um am Ball zu sein und Zweikämpfe aus dem Weg zu gehen, um am Ball zu bleiben. Was nützt mir ein Foul, wenn der Ball doch beim Gegner bleibt. Hier widersprichst Du Dir, Paul, wenn Du sagst, man muß foul spielen.

Foul spielen allein ist keine Lösung. Die von Dir aufgestellte These ist nicht nur für die Bundesliga gefährlich, sondern erst recht für die vielen unteren Klassen und besonders für unsere jugendlichen Fußballer.

Selbst wenn man kein Vorbild sein will, was ich durchaus akzeptiere, sollte man vielleicht doch verantwortungsbewußt für viele andere daran denken, wieviel Unheil solche Worte anrichten.

Schöne Grüße
Jupp Derwall

(73)

Jupp Derwall —— Paul Breitner

Eintracht—Rangers im Frankfurter Stadion

aus der Sicht des Zuschauers!

Aus Wien erreicht uns ein Spielbericht, den ein fußballbegeisterter Frankfurter an seinen Freund in der Donaustadt schrieb.

Wir bringen diesen Bericht ungekürzt, weil wir annehmen, daß viele tausend Frankfurter ähnlich dachten.

Lieber Franz!

Nach der gestrigen Nachtschlacht, die ich für diesen Brief unbedingt abwarten wollte, habe ich mich heute morgen nach einem Tiefschlaf ins Café an der Ecke gesetzt, um Dir Bericht zu erstatten. Du kennst meine Nervosität „uffm Platz", aber mit dem Abstand einer Nacht will ich ganz objektiv sein.

Die 800 km-Reise, die Du hättest machen müssen, wäre nicht umsonst gewesen. Es war eines der ganz großen Spiele, die man nie vergessen wird. Eins ist sicher, — daß ich nämlich noch niemals an einem Spiel so fertig war, als ob ich als Verteidiger, Läufer oder Stürmer selbst mitgemacht hätte.

Mit seiner Bedeutung und seinem phantastischen Rahmen übertraf es noch das Endspiel in Berlin. Das herrliche Waldstadion an einem warmen Frühlingsabend zum Überlaufen voll. Das Tribünengebäude lag wie ein Ozeandampfer vor dem Auslaufen im festlichen Licht. Die riesigen Lichtmasten machten das Stadion zugleich zu einem gewaltigen Festsaal, den 80 000 Menschen mit Stimmung und eine Ami-Kapelle mit flotter Musik füllten.

Die Eintracht-Reserve eröffnete zunächst mit einem guten Spiel (Schämer dabei sehr gut) und schoß 6 feine Tore. Eine Viertelstunde vor Spielbeginn — das Vorspiel war aus — buchte dann das Stadion wie ein Kessel Wäsche oder besser noch wie der Krater eines Vulkans. Rauchschwaden, Raketen, Leuchtkugeln, bengalisches Feuer, wogende Massen und schließlich der große Ausbruch der Stimmenorkane machten die Illusion so zur gespenstischen Wirklichkeit — ein surrealistisches Bild.

Der Lautsprecher sprach von kleinen Waldbränden und beschwor zahlreiche Menschen, die in die Lichtmasten gestiegen waren, wegen Lebensgefahr herunterzukommen. Vergeblich, — nun stiegen noch mehr gen Himmel.

In dieser Viertelstunde nun führten an die hundert Schotten in Uniform und Zivil in fast südländischer Manier Tänze mit Fahnen und Transparenten vor, daß man an den Fasching erinnert wurde. Immer wieder umkreisten sie jubelnd und tanzend die Laufbahn und stürmten die Tore, — ohne Ball allerdings. Allgemeine Heiterkeit, als der Fahnenträger von den Schultern purzelte.

Dann endlich war es so weit. Das Einlaufen der Mannschaften beendet die Spannung, die man innerlich alle Tage und Wochen vorher angesammelt hat. Die Gedanken, die abends vor dem Einschlafen und morgens beim Aufstehen immer um dies Spiel kreisten, haben jetzt nur den festen Punkt — nämlich die Eintracht-Mannschaft, die den prächtigen Rasen wie eine riesige Bühne betritt. Dutzende von Reportern konterfeien Kapitäne und Schiedsrichter bei der Platzwahl. Die schottigen Schlachtenbummler beziehen Stellung hinter dem Eintrachttor, so als wäre es das Selbstverständlichste von der Welt, daß dort die Entscheidung fällt.

Die Ouvertüre war vorbei, jetzt wurde es Ernst. Die ersten paar Minuten schienen die Rangers zu regieren. Einige technische Tricks waren sehenswert. Prächtig wie die Außen sich einsetzten, schneller Antritt von der Außenlinie in direktem Zug aufs Tor, schossen dann selbst oder gaben zum 11-Meter-Punkt zurück, von wo auch prompt 2 Schüsse aufs Eintrachttor zischten. Aber dann wußte man Bescheid — bei Häfer gab's keinen Stich mehr, während Lutz mit Scott zunächst noch einige Mühe hatte, der in seiner Art ein wenig Richard Kreß ähnelt, ohne ihn allerdings an Wirkung zu erreichen.

Sehr bald schon begann sich die Eintracht durchzusetzen, — und das mit einem Fußballzauber gegen einen cleveren Gegner, der trocken, hart und moralisch unerschütterlich spielte, technisch gekonnt, — es will schon was heißen, wenn die Eintracht diesem Gegner langsam aber sicher das Heft aus der Hand wand. Die Schotten konterten eiskalt und Loy mußte wie sein Gegenüber Niven wahre Panthersprünge zeigen, um Einschläge zu verhüten. Niven wehrte eine 15-Meter-Bombe mit der Faust ab und prompt behandelt werden. Was dieser Mann an Schwerarbeit geleistet hat, das verdient Bewunderung und Bedauern zugleich. Mehrmals mußte sein Verteidiger auf der Linie aushelfen.

Schon bei der Halbzeit hätte Eintracht führen müssen und das nicht nur wegen des verschossenen Elfmeters, den Richard Kreß zwar mit genügend Nervenstärke aber mit wenig Geschick prompt daneben schoß. Es gibt Elfmeter, bei deren Verschießen man den Zuschauer spürt, — das kommt nicht wieder! Jetzt kommt Sand ins Getriebe. Merkwürdig, — wohl niemand hatte das Gefühl, daß eine nie wiederkehrende Gelegenheit verpaßt war. Zu sicher lief das Spiel der Eintracht an diesem Tage. Niemand hätte sich gewundert, wenn die Eintracht bei Halbzeit 3:1 geführt hätte. Als scheinbar die Experten kniffen, bewies Richard Mut und faßte sich verzweifelt an den Kopf! Sehr fatal!

Der prächtige faire Stinka verwandelte eine im Direktspiel sauber herausgearbeitete Vorlage und sorgte für das erste Tor des Tages. Ein harter Einsatz gerade im Strafraum, so eben an der Grenze zum Foulspiel, reichte zum Elfmeter für die Schotten. Es war ein ähnliches Vergehen wie das an Kreß, aber der Richard war im Alleingang, aussichtsreich, — niemand sonst im Strafraum. Die Schotten dagegen waren kaum um eine aussichtsreiche Chance gebracht worden. Es war Ansichtssache, aber der ausgezeichnete Referee schien mit dem englischen Fußball sehr vertraut. Für meinen Geschmack ließ er „ge-

strecktes Bein" zu oft durchgehen. Die Schotten waren hart aber fairer als die Wiener, natürlich auch weit besser. Warum die Wiener in Frankfurt ni.t 6:1 verloren haben? Erstens hatten sie mehr Glück und 2. hatte Alfreds Spiellaune damals einen Knacks bekommen.

Gestern aber beflügelte ihn sein einmaliger, phantastischer Strafstoß zum 3:1 etwa 15 Minuten nach der Halbzeit. Er spielte mit einem Einfallsreichtum und mit Tricks am laufenden Band, daß die Schotten für 10 Minuten nach Strich und Faden ins Schwimmen gerieten, ohne daß sie aber hilflos wirkten. Eine gewisse Ruhe strömten sie immer aus, auch wenn viere am Boden lagen und der Ball im Netz zappelte.

Von jenem Strafstoß wird man noch lange sprechen. Für Alfred scheint es manchmal einfacher zu sein, den Ball aus 18 oder 20 Metern um oder über eine Mauer von 8 Spielern ins Tor zu bringen als vom Elfmeterpunkt aus, wenn niemand als der arme Torwart stören kann. Diesmal hatte der Kapitän der Schotten seine Mauer noch vom Schußpunkt aus einvisiert. Diesmal gab es keine Lücke. Alfred leistete eine fast wissenschaftliche Arbeit und drehte den Ball mit Effet um die Mauer. Wer von Zufall spricht, hat Alfreds zahlreiche Traumschüsse aus ähnlichen Situationen nicht gesehen!

Ein weiteres Tor fiel nach einer Kanonade, als 4 oder fünf Bombenschüsse aus allen Ecken des schottischen Tores geschlagen oder geköpft wurden, bis schließlich wiederum Alfred Pfaff klug einknallte. Minutenlang ging es ähnlich weiter: Angriffe, Ecken, Freistöße und dabei zwang Dieter Lindner ein verdientes Kopfballtor. Der Zuschauerkrate hatte seinen größten Ausbruch! Sie spielten wie die Götter und es gelang plötzlich alles. Fliegende Kombinationen brandeten aufs schottische Tor, wobei die königlichen Schotten mit fliegenden Fahnen untergingen. Ihre Schlachtenbummler hatten zu diesem Zeitpunkt offenbar schon die Flucht ergriffen: vom Erdboden verschluckt, vom Krater ausgespien, in die Wälder geflüchtet, — den Schrecken im Nacken!

Aber noch leistete die schonttische Mannschaft verbissen Widerstand. Sie konnten für kurze Zeit verteiltes Spiel erzwingen und sogar gefährlich durchbrechen. Aber Loy war nicht mehr zu schlagen und einmal half ihm die Latte.

Dann kam wieder die Eintracht — einsatzfreudig — schneller am Ball — Direktspiel. Und wieder schlug es ein — Lindner! Die Zuschauerkehlen waren schon matter als die Lungen der entfesselten Eintracht-Mannschaft. Dann bekam Erwin Stein wie damals in Wien eine weite Vorlage, schüttelte den Mittelläufer ab, umspielte auch den Torwart, der ihm entgegenlief und aus spitzem Winkel hart bedrängt schoß er zum 6:1 ein! Gefaßt ertrugen die Schotten das Todesurteil. Dann kam mit dem Schlußpfiff die Erlösung für die tapferen Rangers und zugleich die Bestätigung eines Eintracht-Triumphes ohnegleichen.

Wie ein Bienenschwarm im Aufbruch bewegte es sich im Stadion, Massen liefen auf das Spielfeld und unter den Klängen des Eintracht-Liedes, mit Raketen und Fahnen verließ ein glücklicher, menschlicher Ameisenhaufen die Stätte des großen, unvergeßlichen Spiels.

Den spanischen Spionen war die Reise sicher aufschlußreich. Sie werden nicht schlecht gestaunt haben. Und diesmal muß auch Sepp Herberger zu fassen, wenn er niemanden gesehen hätte, der reif für die Nationalmannschaft ist. Vielleicht schickt er gar nicht die komplette Eintracht nach Chile!

In diesem Sinne

herzliche Grüße

Dein Freund Heinz

5

Bericht eines Fans vom Europacup-Halbfinale Eintracht Frankfurt gegen die Glasgow Rangers (Endstand 6:1), erschienen im Mitgliedermagazin „Eintracht-Hefte" (Ausgabe 5/1960)

Ende einer Dienstfahrt: Nach den grandiosen Halbfinalspielen gegen die Rangers unterliegt die Eintracht im Europacup-Finale 1960 in Glasgow Real Madrid mit 3:7.

Eintracht Frankfurt unternimmt einen Triumphzug durch Europa und besiegt im Landesmeisterpokal den großen Favoriten Glasgow Rangers — 14. April 1960

Zwanzig Jahre muss die Eintracht auf eine weitere Finalteilnahme warten. Dann gewinnen die Frankfurter den UEFA-Pokal, das entscheidende Tor erzielt der 19 Jahre alte Fred Schaub gegen Mönchengladbach.

Als die Elf von Eintracht Frankfurt vom Finale des Europapokals der Landesmeister aus Glasgow zurückkehrt, säumen Zehntausende Fans die Straßen. Dass dem Team ein Triumphzug durch die Stadt geboten wird, obwohl das Starensemble von Real Madrid um Ferenc Puskás und Alfredo Di Stéfano am Ende mit 7:3 gesiegt hat, ist der logische Schlusspunkt einer rauschenden Europacup-Saison. Nach zwei Energieleistungen im Achtelfinale gegen den Schweizer Meister Young Boys Bern und im Viertelfinale gegen den Wiener Sport-Club geraten vor allem die beiden Halbfinalspiele gegen die Glasgow Rangers zu Fußballfesten. So klarer Favorit die Schotten zuvor auch sind, so begeisternd spielt die Eintracht auf und gewinnt sowohl das Hinspiel (6:1) im Waldstadion als auch das Rückspiel im Ibrox Park (6:3). Im Heimspiel steht es zur Pause noch 1:1, dann aber gelingen Alfred Pfaff und Dieter Lindner jeweils ein Doppelpack. Erwin Stein sorgt schließlich für den krönenden 6:1-Abschluss. Das muss Heinz Safran erfahren, denkt sich sein Freund Fritz und telegrafiert ins Hotel Metropol nach Moskau die freudige Nachricht: „Hurra 6 zu 1 gewonnen = Fritz." Heinz Safran ist eingefleischter Fan und Teil einer Familie, in der die Begeisterung für die SGE von Generation zu Generation weitergegeben wird. So auch an Safrans Enkel Christoph, der sich der Eintracht bis zu seinem frühen Tod mit 25 Jahren stets auf besondere Weise verbunden fühlt und neben der Pressearbeit für den Verein auch Redakteur des Magazins *Diva vom Main* ist, in dem immer wieder von legendären Spielen berichtet wird – natürlich auch vom 6:1 gegen die Rangers.

МЕЖДУНАРОДНАЯ
ТЕЛЕГРАММА

МИНИСТЕРСТВО СВЯЗИ СССР

ПРИЕ 1960 APR 14 AM 4 50 ПЕРЕДАЧА

—ГО—Ч.—М.— —ГО—Ч.—Т.

Бл. № 806 СМИРНОВА ГМРГ № связи—

Принял: Передал:—

Из HMO206 FRANKFURTMAIN 13 13
№ сл. го ч. м.

Служебные
отметки: 2320

Адрес: —
HEINZ SAFRAN HOTEL

METROPOL VIA INTOURPST

MOSCOU=

HURRA 6 ZU 1 GEWONNEN= FRITZ *

Eintracht-Fan Fritz ——— Heinz Safran

ABDRUCKNACHWEISE

1. Franz Kremer — Vorstandskollegen
Quelle: FC-Archiv/Dirk Unschuld

2. Bobby Moore — Ehepaar Keston
Quelle: FIFA Museum Collection, FWFM 1394

3. Bernd Schuster — Hermann Neuberger
Quelle: DFB-Archiv

4. Bernd Schuster — Franz Beckenbauer
Quelle: Süddeutsche Zeitung, 8. März 1986

5. Italia Walter — Fritz Walter
Quelle: FCK-Museum, Kaiserslautern, Nachlass Fritz Walter, Leihgabe Familie Lutzi (Texthinweise: Hans Walter)

6. Eintracht-Geschäftsführung — Gäste Meister-Gala 1992
Quelle: Eintracht Frankfurt Museum (Texthinweise: Matthias Thoma)

7. Helmut Schön — Adi Dassler
Quelle: DFB-Archiv

8. DFB — Europameisterinnen 1989
Quelle: DFB-Archiv

9. Paul Pohl — Borussia Mönchengladbach
Quelle: Vereinsmuseum FohlenWelt

10. Franz Beckenbauer — Pelé
Quelle: Bild, 9. September 2005 & Bild am Sonntag, 18. Oktober 2020

11. Ernst Happel — Fußballer
Quelle: Archiv Philipp & Christina Happel

12. Erich Beer — Hertha BSC
Quelle: Vereinsarchiv Hertha BSC (Texthinweise: Frank Schurmann)

13. Sepp Herberger — Fritz Walter
Quelle: Sepp Herberger Stiftung/DFB Archiv

14. Sepp Herberger — Helmut Rahn
Quelle: Sepp Herberger Stiftung

15. Adi Dassler — Sepp Herberger
Quelle: DFB-Archiv/Sepp Herberger Stiftung

16. Sepp Herberger — Helmut Schön
Quelle: Sepp Herberger Stiftung/DFB-Archiv

17. Sepp Herberger — Oswald Pfau
Quelle: FC-Archiv/Dirk Unschuld

18. Sepp Herberger — Aki Schmidt
Quelle: Borussia Dortmund/Fritz Lünschermann

19. Bundeskanzler — Rekordnationalspieler
Quelle: Welt am Sonntag, 25. Juni 2000

20. Gerhard Mayer-Vorfelder — VfB-Lizenzkader
Quelle: Privatarchiv Karl Allgöwer

21. Gerhard Mayer-Vorfelder — Karl Allgö-wer Quelle: Privatarchiv Karl Allgöwer

22. Sepp Blatter — David Beckham
Quelle: Privatarchiv Sepp Blatter

23. Ernst Kuzorra — Otto Faist
Quelle: FC Gelsenkirchen-Schalke 04 e.V.

24. Helmut Grashoff — Rosa Lienen
Quelle: Privatarchiv Ewald Lienen

25. Paul Kroeseler — Gebrüder Schricker
Quelle: DFB-Archiv (Texthinweise: Conrad Tyrichter)

26. Walther Bensemann — Ivo Schricker
Quelle: DFB-Archiv (Texthinweise: Conrad Tyrichter)

27. Erwin Schricker — Reichskanzler
Quelle: DFB-Archiv (Texthinweise: Conrad Tyrichter)

28. Käte Witthöft — Tagebuch 1912
Quelle: Thomas Edelhoff (Besitzer der Tagebücher)/100 Jahre Holstein Kiel (Berlin, 2000) (Texthinweise: Patrick Nawe)

29. Otto Erhart Nunn — Thea
Quelle: Eintracht Frankfurt Museum (Texthinweise: Matthias Thoma)

30. Otto Nerz — Sepp Herberger
Quelle: DFB-Archiv

31. Joseph Goebbels — Tagebuch 1936
Quelle: Institut für Zeitgeschichte, München, IfZArch, ED 172, Tagebucheintrag vom 8.8.1936.

32. Peco Bauwens — Ivo Schricker
Quelle: DFB-Archiv

33. NSRL-Schatzmeister — Fachamt Fußball
Quelle: DFB-Archiv

34. Peco Bauwens — FIFA
Quelle: DFB-Archiv

35. Tull Harder — Britisches Militärgericht
Quelle: The National Archives, London, WO 235/348 (Eidesstattliche Erklärung) The National Archives, London, WO 235/348 (Leumundszeugnis) (Texthinweise: KZ-Gedenkstätte Neuengamme/Christian Römmer)

36. FC Schalke 04 — Bert Trautmann
Quelle: FC Gelsenkirchen-Schalke 04 e.V.

37. Hans Appel — Fussballtotozentrale
Quelle: FC St. Pauli-Museum/1910 e.V. (Texthinweise: Christoph Nagel)

38. RC Paris — Ernst Happel
Quelle: Archiv Philipp & Christina Happel

39. 1. FC Nürnberg — Lizenzspieler
Quelle: Club-Museum 1. FC Nürnberg

40. 1. FC Kaiserslautern — Ronnie Hellström

Quelle: FCK-Museum, Kaiserslautern, Schenkung Ronnie Hellström

41. Borussia Dortmund — Aki Schmidt
Quelle: Borussia Dortmund/Fritz Lünschermann

42. Heinz von Plato — Peco Bauwens
Quelle: DFB-Archiv

43. Hermann Neuberger — Innenminister
Quelle: DFB-Archiv

44. VfB-Präsidium — VfB-Lizenzkader
Quelle: Privatarchiv Karl Allgöwer

45. Spielerberater — Andreas Rettig
Quelle: Privatarchiv Andreas Rettig

46. DFB — Sektion Fußball
Quelle: DFB-Archiv

47. Hermann Neuberger —João Havelange
Quelle: DFB-Archiv

48. Hertha BSC — Fans in der DDR
Quelle: Vereinsarchiv Hertha BSC (Texthinweise: Frank Schurmann)

49. Günter Pinske — Klaus Fichtel
Quelle: FC Gelsenkirchen-Schalke 04 e.V./ Privatarchiv Frank Pinske

50. DFB — DFV
Quelle: DFB-Archiv

51. Anonymus — 1. FC Lokomotive Leipzig
Quelle: Bundesarchiv, Abteilung Stasi-Unterlagen-Archiv, BArch, MfS, HA XX Nr. 19067 S. 84 und 85

52. Anonymus — Ralf Minge
Quelle: Privatarchiv Ralf Minge

53. Hermann Neuberger — Verband der UdSSR
Quelle: DFB-Archiv

54. DFB — Bewerber zur Bundesliga
Quelle: DFB-Archiv

55. FC Bayern München — DFB
Quelle: DFB-Archiv

56. Paul Oßwald — Lizenzkader Eintracht Frankfurt
Quelle: Eintracht Frankfurt Museum (Texthinweise: Matthias Thoma)

57. Hertha BSC — DFB
Quelle: Vereinsarchiv Hertha BSC

58. Horst-Gregorio Canellas — DFB-Chefankläger
Quelle: DFB-Archiv

59. Werder-Anwalt — Ewald Lienen
Quelle: Privatarchiv Ewald Lienen

60. FC St. Pauli — Wertekanon
Quelle: FC St. Pauli-Museum/1910 e.V.

61. DFB-Ligaausschuss — FC 08 Homburg
Quelle: DFB-Archiv

62. Albert Speyerer — Stefan Kuntz
Quelle: FCK-Museum, Kaiserslautern, Bestand Privatarchiv Georg Speyerer (Textmitarbeit: Matthias Gehring)

63. Klubpräsidenten — Bosman-Urteil
Quelle: DFB-Archiv

64. Walter Baresel — Mitgliedsverbände
Quelle: DFB-Archiv

65. TFF — FIFA
Quelle: www.tff.org

66. Nationalmannschaft — Robert Enke
Quelle: DFB-Archiv

67. DFB — WM-Kader 1954
Quelle: DFB-Archiv

68. DFB — WM-Kader 1990
Quelle: DFB-Archiv

69. Deutschland-Fan Mollenkopf — FIFA
Quelle: FIFA Museum Collection, FWFM 344

70. Fritz Walter — Tagebuch 1958
Quelle: Privatarchiv Hagen Leopold

71. Rudolf Kreitlein — WM-Viertelfinale 1966
Quelle: FIFA Museum Collection, FWFM 351

72. WM-OK — Gäste WM-Bankett 1974
Quelle: DFB-Archiv

73. Jupp Derwall — Paul Breitner
Quelle: Welt am Sonntag, 5. Oktober 1980

74. Eintracht-Fan Heinz — Eintracht-Fan Franz
Quelle: Eintracht Frankfurt Museum („Eintracht-Hefte", Ausgabe 5/1960)

75. Eintracht-Fan Fritz — Heinz Safran
Quelle: Eintracht Frankfurt Museum (Texthinweise: Matthias Thoma)

Zitate

Beckenbauer-Zitat (Seite 13): Bild am Sonntag (18. Oktober 2020)

Herberger-Zitat (Seite 45): Sepp Herberger Stiftung (1. Juli 1960)

Breitner-Zitat (Seite 71): www.fcbayern.com (3. Januar 2022)

Schricker-Zitat (Seite 89): DFB-Archiv (16. November 1899)

Mayer-Vorfelder-Zitat (Seite 127): Privatarchiv

Karl Allgöwer (15. September 1980)

Zitat Stasi-Bericht (Seite 161): Bundesarchiv, Abteilung Stasi-Unterlagen-Archiv (4. Februar 1974)

Zitat Beschwerde FC Bayern (Seite 201): DFB-Archiv (17. Mai 1963)

DFB-Zitat „London" (Seite 237): DFB-Archiv (25. Oktober 1989)

Zitat DFB-Einladung (Seite 257): DFB-Archiv (12. Mai 1954)

DANKSAGUNGEN

Ohne Ihre/Eure große Unterstützung wäre dieses Buchprojekt nicht realisierbar gewesen:
Karl Allgöwer, Markus Aretz und das Vereinsmuseum FohlenWelt, Erich Beer, Sepp Blatter, Bundesarchiv (Abteilung Stasi-Unterlagen-Archiv), Thomas Edelhoff, Philipp & Christina Happel, Ronnie Hellström, Sepp Herberger Stiftung, Institut für Zeitgeschichte, Petra Landers, Hagen Leopold, Rosa & Ewald Lienen, Familie Lutzi, Fritz Lünschermann und Borussia Dortmund, Marc Mayer-Vorfelder, Ralf Minge, Martin Mollenkopf, Christoph Nagel und das FC St. Pauli-Museum/1910 e.V., The National Archives, Markus Naegele, Patrick Nawe und der KSV Holstein von 1900 e.V., Frank Pinske, Sebastian Pantförder und der FC Gelsenkirchen-Schalke 04 e.V., Thomas Renggli, Andreas Rettig, Christian Römmer und die KZ-Gedenkstätte Neuengamme, Michael Schmalholz und die FIFA Museum Collection, Bernd Siegler und das Club-Museum, Frank Schurmann und das Vereinsarchiv Hertha BSC, Bernd Schuster, Familie Speyerer, Matthias Thoma und das Eintracht Frankfurt Museum, Conrad Tyrichter und das DFB-Archiv, Dirk Unschuld und das FC-Archiv, Astrid Wegner, Hans Walter, Matthias Gehring, Stefan Rosskopf und das FCK-Museum, Julia Winkel.

Bildnachweise:
Cover: Imago Images — S. 4: Imago Images — S. 12: Imago Images — S. 14: Imago Images — S. 17: Imago Images — S. 18: Imago Images — S. 24: Imago Images — S. 29: Imago Images — S. 30: Imago Images — S. 35: Vereinsmuseum FohlenWelt — S. 36: Imago Images — S. 39: Imago Images — S. 40: Imago Images — S. 42: Imago Images — S. 44: Imago Images — S. 49: Imago Images — S. 51: Imago Images — S. 53: Imago Images — S. 56: Imago Images — S. 59: Imago Images — S. 60: Imago Images — S. 63: Imago Images — S. 64: Imago Images — S. 68: Imago Images — S. 70: Imago Images — S. 74: Imago Images — S. 78: Imago Images — S. 85: Imago Images — S. 87: Imago Images — S. 88: Imago Images — S. 97: ullstein bild — S. 99: © Wikimedia Commons: Unknown author (https://commons.wikimedia.org/wiki/File:Karlsruher_Kickers_1895.jpg), „Karlsruher Kickers 1895", als gemeinfrei gekennzeichnet, Details auf Wikimedia Commons: https://commons.wikimedia.org/wiki/Template: PD-old — S. 100: Archiv Thomas Edelhoff — S. 102: Archiv Holstein Kiel — S. 113: Imago Images — S. 114: Imago Images — S. 120: The National Archives, London, WO 309/403 — S. 121/122: HSV-Archiv, Hamburg — S. 126: Imago Images — S. 128: Imago Images — S. 131: Imago Images — S. 133: ullstein bild — S. 136: Imago Images — S. 138: Imago Images — S. 141: Archiv Fritz Lünschermann — S. 146: Imago Images — S. 149: Imago Images — S. 153: Imago Images — S. 155: Imago Images — S. 160: Imago Images — S. 169: Imago Images — S. 174: Archiv Frank Pinske — S. 179: Imago Images — S. 183: Imago Images — S. 184: Imago Images — S. 199: Imago Images — S. 200: Imago Images — S. 206: Imago Images — S. 225: Imago Images — S. 226: Imago Images — S. 235: Imago Images — S. 236: Imago Images — S. 238: Imago Images — S. 247: Imago Images — S. 248: Imago Images — S. 251: Imago Images — S. 253: Imago Images — S. 254: Imago Images — S. 256: Imago Images — S. 264: Imago Images — S. 267: Imago Images — S. 271: Archiv Hagen Leopold — S. 272: Imago Images — S. 275: Imago Images — S. 276: Imago Images — S. 280: Imago Images — S. 283: Imago Images — S. 289: Imago Images — Nachsatz: Jens Kuiper & Philipp Pernkopf